B&E 营销学系列

市场营销调研（第3版）

欧阳卓飞　编著

MARKETING RESEARCH

清华大学出版社

北 京

内 容 简 介

本书主要包括市场营销调研概论、市场营销调研方案设计、调研样本设计、调查问卷设计、营销调研中的测量量表、二手资料的收集、定性调研法、一手资料的收集方法、数据资料的整理与基本数据分析、数据的统计检验分析、几种重要的多变量数据分析方法、营销调研中的预测分析、营销调研报告等内容。作者在系统阐述营销调研的理论与知识的同时，针对该学科知识的应用性特征，注重营销调研技术、方法、程序等可操作性知识和应用实例的介绍。

本书可用作高等院校工商管理类专业及相关专业的教材或教学参考用书，也可供市场调研工作者参考阅读。

图书在版编目 CIP 数据

市场营销调研/欧阳卓飞编著.—3 版.—北京：清华大学出版社，2016（2021.9 重印）
（B&E 营销学系列）
ISBN 978-7-302-43227-2

Ⅰ．①市…　Ⅱ．①欧…　Ⅲ．①市场营销学—调查研究　Ⅳ．①F713.50

中国版本图书馆 CIP 数据核字（2016）第 041546 号

责任编辑：王　青
封面设计：汉风唐韵
责任校对：宋玉莲
责任印制：宋　林

出版发行：清华大学出版社
   网　　　址：http://www.tup.com.cn，http://www.wqbook.com
   地　　　址：北京清华大学学研大厦 A 座　　　　　邮　　编：100084
   社 总 机：010-62770175　　　　　　　　　　邮　　购：010-62786544
   投稿与读者服务：010-62776969，c-service@tup.tsinghua.edu.cn
   质量反馈：010-62772015，zhiliang@tup.tsinghua.edu.cn
   课件下载：http://www.tup.com.cn，010-62770175-4506
印 装 者：北京鑫海金澳胶印有限公司
经　　销：全国新华书店
开　　本：185mm×260mm　　印　张：16.75　　插　页：1　　字　　数：386 千字
版　　次：2006 年 5 月第 1 版　　2016 年 4 月第 3 版　　　　印　　次：2021 年 9 月第 5 次印刷
定　　价：39.00 元

产品编号：066997-02

B&E 第 3 版说明

　　在第 3 版的修订过程中,本人结合教学研究及实践的心得体会,重点对部分章节内容进行了适当增补完善,同时进一步对第 2 版未曾发现的疏漏与不当之处进行了修正。希望通过此次修订不再留下遗憾。若能得到读者和同行的指教,不胜荣幸!

　　　　　　　　　　　　　　　　　　　　　　　欧阳卓飞

　　　　　　　　　　　　　　　　　　　　　　　2015 年 10 月 1 日

目　录

第一章

市场营销调研概论

市场营销调研作为企业的营销职能之一,其发展与市场营销的发展基本同步,出现于19世纪末,到20世纪中期走向成熟。百余年来企业营销发展的历史已经充分说明:一个成功的企业、一个不断发展的企业一定是在激烈的市场竞争中能够比竞争对手更好地服务于目标市场的企业。要做到这一点,发现、认识、理解和满足消费者的需求,比竞争对手拥有更强大的信息优势,成为问题的关键。因此,在现代企业市场营销活动中,市场营销调研已经成为企业市场营销活动的重要组成部分,成为企业在战略上和战术上都必须认真对待和重视的一项重要工作。

第一节 营销调研的定义、内容与作用

一、营销调研的定义

市场营销调研(或营销调研)译自英文 Marketing Research,它也被译为市场调查、市场研究等,译法虽然不同,但内涵基本相同。事实上,随着社会经济和企业市场营销实践的不断发展,Marketing Research 的概念、内容、作用和研究范围也在不断地发展、扩大,从早期的主要针对顾客的市场调查发展到当今针对企业的市场营销决策中所遇到的各种问题的调研。目前,市场营销调研(或营销调研)的称谓被更广泛地采用。

美国市场营销协会对营销调研的定义为:营销调研是一种通过信息将消费者、顾客和公众与营销者联系起来的职能。这些信息用于识别和确定市场营销机会与问题,产生、提炼和评估营销活动,监督营销绩效,改进人们对营销过程的理解。营销调研明确了解决这些问题所需要的信息,设计了收集信息的方法,管理并实施信息收集过程,分析结果,最后探讨所得出的结论以及该结论具有的意义。

美国加州大学的布鲁尔教授认为,市场营销调查是系统、公正地收集、分析与营销问题有关的数据,针对所面临的问题制定满意的解决方法,推动企业实现其经营目标。

简单地说,营销调研就是系统、客观、科学地设计、收集、分析和报告与企业特定营销问题有关的信息的活动。

从营销调研的定义可知,营销调研是为企业解决所面临的市场营销问题服务的,它为企业的决策者提供所需的决策信息,是企业营销中一项目的性很强的活动,是企业的重要营销职能之一。同时,营销调研是一项系统性很强的工作,它根据企业所要解决的营销问题,设计调研计划,按照调研计划的要求收集相关的信息,并对收集到的信息进行分析处理,最后为相关的决策部门提供调研报告。

显然,营销调研是改进企业营销决策的一种有效手段,它对决策的作用将直接影响营利组织为其目标市场提供服务的能力。

二、营销调研的内容

营销调研的内容涵盖市场主体从事市场营销活动所涉及的全部领域,所以营销调研的内容相当广泛。营销调研主要和常见的内容包括以下几个方面。

(一)市场营销环境调研

市场营销环境是企业生存和发展的基础,也是影响企业营销的重要因素。企业在制定重大的战略决策时,一般都必须对市场营销环境进行调研,通过对环境的分析,把握环境的变化趋势,增强企业对环境的适应能力。企业的生存与发展既取决于企业与外部环境的相适应性,也取决于企业影响外部环境的能动性。如果企业能够能动地影响外部环境,使自己的经营目标和营销活动与外部环境相适应,企业就可以生存与发展;相反,如果企业只是一味被动地听凭环境的摆布,其生存与发展就会面临很多困难。所以,市场营销环境调查是市场营销调查的主要内容之一。从整体来看现代市场营销环境复杂性和动荡性都在增加,企业越来越难以适应环境,这进一步增加了市场营销环境调研的重要性。

市场营销环境调研的具体内容主要包括以下几个方面。

1. 政治和法律环境的变化

掌握一定时期内政府关于产业发展、财政、税收、金融、价格、外贸等方面的政策和法令;调查和分析在这些政策和法令影响下市场的变化情况。

2. 经济和科技的发展

掌握一定时期内社会生产总值及社会商品购买力的变化;了解新技术、新材料、新工艺及新产品的开发和问世情况;了解原材料及能源供应情况;分析经济与科技的发展对企业营销的影响。

3. 人口状况调查

了解目标市场人口的数量、构成的变化;掌握各类人的生活习俗、购买动机、购买习惯及其对市场的影响。

4. 社会时尚的变化

掌握一段时期内某些消费行为在广大群众中的流行趋势和流行性影响;分析时尚的流行周期的长短及其对市场的影响。

5. 竞争状况调查

了解竞争者的生产状况、经营状况及其规模、特色和竞争优势;掌握竞争者所采取的各种营销战略和策略、竞争者的市场、竞争者的核心能力及其对市场的影响等。

注意,并不是任何一次营销调研对上述所有的市场营销环境因素都要涉及,在实际营销调研中要视具体问题进行具体分析。

(二)市场需求调研

市场是企业的舞台,企业对市场需求的调研应该是经常的和系统的,主要调研内容包括以下几个方面。

1．市场需求总量及其构成的调研

了解市场上可支配的货币总额、用于购买商品的货币额及投放于各类商品的货币额的变化情况；掌握本行业及相关行业的市场需求状况；掌握市场的供求关系及其变化情况。

2．各细分市场及目标市场的需求调研

了解各细分市场及目标市场的现实需求量和销售量；分析产品市场的最大潜在需求量、各细分市场的饱和点及潜在能力、各细分市场的需求量与行业营销努力的关系。

3．市场份额及其变化情况调研

了解本企业及竞争对手产品的市场地位、市场份额及其变化情况；掌握市场上某类产品的需求特征及其原因和规律性。

（三）消费者行为调研

消费者是市场的主体，是企业和其他组织服务的最终市场。企业要在市场上立足，必须清楚地了解消费者的行为特征，有针对性地为消费者提供更多、更好的服务，满足消费者的需要。消费者行为调研包括消费者需求调查、购买心理调查、动机调查、购买模式和购买行为调查以及影响消费者购买决策的主要因素和消费者需求变化趋势分析、消费者的满意度研究等。只有在充分了解消费者需要的基础上，发现消费者真正需要的产品，才有可能发现更多的机会，不断改进产品和营销组合，真正满足消费者的需要。

（四）营销组合调研

1．产品状况调研

从市场营销的角度来看，产品要满足市场的需要，一是要注重产品的性能质量，二是要注重产品外形及品牌包装，三是要注重产品的服务。产品状况调研主要包括以下几个方面的内容。

（1）产品实体研究。了解产品的市场生命周期，分析产品所处的生命周期的阶段，调查消费者对产品的耐用性、耐久性、坚固度等性能的要求，了解消费者对产品的特殊性能的要求及其变化。

（2）产品形体研究。调查各个市场对各种色彩、图案的偏好和禁忌，了解各市场中各种色彩和图案的象征意义和情感。调查了解各市场对产品规格的要求，如尺寸大小、轻重等。调查了解市场对产品包装的要求。例如，对于运输包装，需要了解运输过程中各环节的装卸、储存、防盗要求及温湿度要求等；对于工业品包装，需要了解用户对包装的拆封、分装、回收的要求，对包装内产品的识别和储存的要求等；对消费品包装，需要了解消费者对产品包装的色彩、图案的反应，包装对产品的保护、说明及促销功能等。

（3）产品服务研究。了解市场对售前、售中、售后服务的要求，以及企业所进行的一系列服务活动的效果，为改进服务、提高服务水平提供依据。

2．产品价格调研

产品价格调研主要包括以下几个方面的内容。

（1）产品成本及比价的研究。了解产品生产、经营过程中的各种成本费用，为合理定价提供依据；了解同一时期同一市场上各种相关产品间的比价关系；了解消费者可以接受的同类产品的各种差价。

（2）价格与供求关系研究。调查研究各种产品的供求曲线和供求弹性,为合理制定和调整价格策略提供依据。

（3）定价效果调查。了解本企业产品与竞争对手同类产品的价格差异及其对需求的影响;了解产品价格的合理性及价格策略的有效性;调查分析调整价格和价格策略的可行性及预期效果。

3. 销售渠道的调研

销售渠道的调研主要包括以下几个方面的内容。

（1）现有销售渠道的研究。了解本企业产品现有销售渠道的组成状况;各组成部分的作用及库存情况;渠道组成部分被竞争者利用的情况及其对各企业的态度;各渠道环节上的价格折扣及促销情况。

（2）经销单位调查。了解各经销单位的企业形象、规模、销售量、推销形式、顾客类型、所提供的服务等。

（3）渠道调整的可行性分析。了解新建渠道的成本、费用及预期收益,为合理调整销售渠道提供依据。

4. 广告及促销状况调研

广告及人员推销、营业推广、公共关系等促销措施的合理运用,对企业产品的销售起着重大的催化作用。了解和分析企业的促销状况是企业进行市场营销调研的重要内容。广告及促销状况的研究主要包括以下几个方面。

（1）广告及促销客体的研究。需要运用广告等手段进行宣传和促销的产品及企业是促销的客体。调查了解欲宣传的企业及产品的情况,为合理选择促销手段、正确制定促销组合策略提供依据。

（2）广告及促销主体的研究。承接和从事广告等促销活动的单位和个人是促销的主体,包括促销活动的决策者、设计者和操作者。了解可能承担促销任务的各个组织的业绩和素质,以便合理选择促销主体(如广告公司等)。

（3）广告及促销媒体的研究。了解各种广告媒体及各种促销媒体的特征、费用及效果,以便正确选用促销媒体。

（4）广告及促销受众的研究。了解目标市场消费者的生活习俗、购买习惯及消费心理,以便有针对性地开展促销活动。

（5）广告及促销效果的研究。运用定性和定量方法,分析各种促销手段的认知率、促销率及收益成本比,以合理进行促销决策。

除上述内容之外,市场营销调研的内容还包括企业形象调研、经销商调研等。对于各种内容,企业在市场营销调研中的关注或重视程度是不一样的。国外有统计资料表明,在所有的市场营销调研中,有 67% 是调研销售问题的,其他项目则包括分销渠道、价格、市场占有率、新产品等方面的内容。

三、营销调研的作用

根据前面所介绍的内容我们可以看出,通过营销调研,企业可以获得各种与企业的市场营销决策相关的多方信息,通过这些信息资料的客观描述和分析,企业能够实事求是地评价自己的营销状况,发现存在的问题,把握营销发展的趋势和方向。由此可见,营销调研是企业市场营销的基础。一个企业如果没有营销调研这个基础,企业的市场营销决策将会成为空中楼阁,市场营销的失误就在所难免。因此,目前国内外成功的企业无不将营销调研放在企业营销的突出地位。

营销调研在企业市场营销中的作用,主要是通过为企业的决策者提供便于制定决策的信息体现出来的,具体作用表现在以下几个方面。

1. 有利于企业发现市场营销机会

对于市场营销机会的把握能力,是企业营销能力的重要组成要素之一。市场营销机会与市场营销环境的变化是密切相关的。随着经济的发展、社会的进步,人们的观念及需求也在不断发生变化。变化意味着新的市场机会。在这样一种不断变化的市场环境下,只有不断捕捉变化的企业才有可能发现市场机会。营销调研是探索新的市场机会的基本工具,通过营销调研,可以使企业随时掌握市场营销环境的变化、积极主动地适应这种变化,并从中寻找到企业的市场营销机会,为企业带来新的发展机遇。市场营销机会往往稍纵即逝,它只会被那些高度重视并坚持不懈地进行营销调研的企业所把握。那些无视市场营销环境变化、不重视营销调研的企业,必将处处被动,其发展将会面临很大的风险,最终难逃被市场所淘汰的命运。

2. 有利于企业制定正确的营销战略决策

营销调研在营销管理中居于非常重要的地位。企业市场营销是建立在特定的市场营销环境基础上的,并与市场营销环境构成相互协调的关系。因此,要制定正确的市场营销战略,就必须全面掌握市场环境与顾客需求变化的信息,而这些信息只有通过市场营销调研才能获得。为战略决策提供有效的信息资料,是市场营销调查最根本的任务,也是营销调研存在的理由。

企业的营销战略是关于企业长远发展的纲领,是为了使企业适应未来环境的变化而制定的有长远目标的企业整体规划,是关系到企业未来发展的长期计划。企业在制订战略计划时,必须进行系统、周密的市场调查和研究,为营销战略决策提供可靠的依据。这样才能保证企业的经营战略方向是正确的,企业的战略目标是可行的,企业营销活动的中心和重点是符合市场要求的,企业的发展模式同外部环境是相适应的。如果不能制定有效的战略,那么企业是根本不可能获得长期发展的。

人类已经进入了信息时代,从某种意义上讲,信息优势就是最大的优势,在制订企业长期发展战略计划时尤其如此。一个好的战略计划总是在出色的营销调研基础上得出的,它有助于企业实现长期利润和市场占有率目标。没有营销调研信息,管理者很难制定完善的营销战略决策,即使勉强制定出来,其结果也往往会是代价高昂的失败。

3. 有利于提高企业的竞争能力

市场经济离不开市场竞争,特别是在市场已经或正在由卖方市场转向买方市场的条件下,一个企业如果不具备一定的竞争能力是无法在市场经济的大潮中立足的。现代市场的竞争实质上是信息的竞争,谁先获得了重要的信息,谁就将在市场竞争中立于不败之地。信息这一重要资源,其流动性远不如其他的生产要素强,一般只有通过企业主动调研才能得到。此外,由于市场不断变化,企业要想在激烈的市场竞争中取胜,必须随时关注市场的变化。因此,在激烈的市场竞争中,企业必须通过强有力的市场营销调研系统,对市场进行认真的研究,随时掌握竞争者的各种信息和其他的相关信息,根据市场的变化、竞争者的动向和消费者的偏好,不断地提高产品和服务的质量,适时制定、调整出具有竞争力的市场营销策略,提高企业的应变能力和适应能力,确立企业的竞争优势,从而在激烈的市场竞争中立于不败之地。

4. 有利于企业对其市场营销战略与策略进行有效控制

企业营销活动所面对的市场营销环境是企业不能控制的。企业在制定市场营销战略与策略时,即使已经进行了深入的市场营销调研,也很难完全把握市场营销环境的变化。因此,在企业的市场营销战略与策略实施中,必须通过市场营销调研,充分掌握所没有预料到的环境条件的变化,研究环境条件的变化对企业市场营销战略与策略的影响,并根据这些影响对企业的市场营销战略与策略进行调整,以便有效地控制企业的市场营销活动。

5. 有利于企业目标市场的培育与巩固

现代市场上消费者已经成为市场的主体,企业要实现自身的发展,关键是要比竞争者更好地满足目标市场的需要。企业应该努力做到在适当的时候、适当的地点,以适当的价格、适当的信息沟通和促销手段,为适当的消费者提供适当的产品和服务。这就要求企业首先要了解并认识目标市场的需要。而目标市场的需要是不断发展变化的,只有通过系统的市场营销调研,根据目标市场的要求,提供其所需要的产品和服务,才能真正满足目标市场的需要,培育起企业的目标市场。

目标市场的巩固有赖于顾客的"忠诚度",这一点对企业非常重要,它可以减少企业争夺顾客时在资金、时间、精力上的投入,可以提高企业收入和市场份额。美国贝恩公司的一项研究估计,顾客流失率下降 5%,可以使企业的利润提高 25%～95%。市场上侵害消费者利益的事件不断出现,而很多消费者投诉的主要问题是产品质量和售后服务。因此,企业要想留住现有顾客就必须对顾客的售前、售中、售后各方面的需求进行详细了解,而要做到这一点也必须依赖营销调研。

第二节　营销调研的特征和分类

一、营销调研的特征

了解营销调研的特征对于营销调研人员正确认识和应用营销调研都是非常有帮助的。市场营销调研有很多特征,我们不可能也没有必要一一讨论。这里从调研过程和调研结果的应用两方面介绍其中的主要特征,以便在对营销调研进行评价时应用。

1. 营销调研的主动性

市场营销调研是个人或组织的一种有目的的、主动性的活动,是企业对市场营销环境的主动适应,在企业主动式的营销管理中发挥着重要的作用。被动式的营销管理总是要等到对企业有重大影响的变化出现时才决定采取什么行动,这样的企业不会有前途。持续、系统的营销调研增强了企业参与市场活动的主动性和自觉性,减少了盲目性。主动式的营销管理通过有针对性地展开深入细致的营销调研,及时捕捉有关商品价格、供求、竞争对手状况及消费者心理趋向等各类市场信息,对影响目标市场和营销组合的因素有一个透彻的了解,主动调整营销组合来适应新的经济、社会和竞争环境,在不断变化的市场中寻找新的市场机会。可以毫不夸张地说,营销调研的主动性特征正是营销调研发挥其作用的立足点。

2. 营销调研的系统性

市场营销调研从对研究问题的确认到提出研究报告以及事后的追踪反馈,是一个系统的、完整的过程。在这一过程中,各种活动和各个阶段相互联系、相互依存、相互影响,共同组成了营销调研的有机系统。在营销调研过程中,如果不按照这一系统的要求开展工作,哪怕仅在某一环节稍有疏忽,都难以得出正确的调研结果。因此,企业在进行决策时,不能抱有任何侥幸心理去破坏营销调研的系统性,一定要认真系统地进行营销调研,否则根据零星的、非系统的调查获得的不完全的信息进行决策,将会给企业造成难以挽回的损失。

3. 营销调研的科学性

市场营销调研是一项相当复杂的工作,需要周密的计划、精心的组织和科学的实施。企业在进行市场营销调研时,必须以科学方法为指导;在调研过程的设计中,必须按照科学的程序进行;在研究方法的选择中,必须根据科学的原理,选择最恰当的分析问题和解决问题的方法;在研究结果的报告中,必须排除研究人员的个人偏见和主观影响以及其他人员的干扰,以科学的态度为企业的决策人员提供研究报告。如果研究方法选择不当,或为了迎合某些领导人的意见而提供研究报告,都会给企业带来不利的影响。

4. 营销调研的创造性

市场营销调研工作虽有一定的程序可循,也有可供选择的研究方法,但是,针对具体的调研问题,调研人员必须发挥自己的创造性,设计出科学合理的调研方案,选择科学的研究方法,有时甚至要针对调研问题的特殊性创造新的调研方法。在市场营销调研中,一定要根据每个调研项目的特点,创造性地开展市场营销调研活动,切忌将在一个项目上的调研方法照搬到另一个调研项目上。

5. 营销调研的应用性

市场营销调研可以分为基础性调研和应用性调研。基础性调研是用于对现有的营销理论和营销方法进行验证,以说明现有的理论和方法的科学性的调研。应用性调研是用于解决企业所面临的特定问题的调研,如更好地了解市场、为决策提供依据、减少决策的盲目性等。在实际中,企业进行的市场营销研究大多数是应用性的。作为企业的市场营销调研,其中心就是要为企业解决问题,因此,在调研项目的选择、调研工作的安排等方面,必须紧密结合企业实际,服务于企业的市场营销决策。

6. 营销调研的伸缩性

企业遇到的待研究的具体问题有大有小,有的简单、有的复杂,因此,营销调研目标的确定要受到客户的需要和财力等多方面因素的限制。简单的小问题的调研可以在几天内完成,可能只需访问少量的样本,对数据进行基本的简单分析,形成几千字的研究报告。复杂的大规模的调研课题可能耗资十几万元甚至上百万元,访问样本数千人甚至数万人,数据分析采用计算机和专用数据分析程序,形成数百页的研究报告。正因为市场营销调研存在伸缩性这一特点,无论是中小企业还是大型跨国公司,都可以利用市场营销调研的方法和技术获取企业营销决策所必需的信息。

需要指出的是,市场营销调研虽然具有以上特点,但是我们仍经常听到来自各方面的对营销调研的批评。由于市场营销调研中所调研的问题往往与人们的心理或行为有直接的关系,而这些方面又是随着环境的变化而变化的;另外,在营销调研的每一个环节和步骤,各种各样的干扰也不可避免,所以调研结果不可避免地存在错误和误差。即便调查没有发现错误和误差,调查研究的结果也无法直接给出企业未来行动的方向。这些批评或谴责反映了营销调研的局限性。对于调研过程中出现的不准确问题,研究人员的一个重要任务就是要将误差控制在一个允许的范围内;企业还可以通过市场营销工作的执行和控制过程的调研对相应的决策进行调整。必须注意,营销调研的结果为企业决策提供了非常重要的依据,但绝不意味着营销调研可以准确地得出决策方案。

二、营销调研的分类

区分不同的市场营销调研类型,是为了正确设计市场营销调研方案和保证市场营销调研的顺利实施。按照不同的标准,可以将市场营销调研分为不同的类型。

(一) 按营销调研的主体分类

按此标准,可以把营销调研分为政府、企业、社团组织和个人进行的市场调查活动。

1. 政府有关管理部门的营销调研

在市场经济活动中,政府管理部门起着至关重要的作用,承担着宏观管理者和协调者的职责。有时,政府也会直接参与一些经济活动或者市场活动。为了促进经济的发展,政府管理部门通常要从整体上统筹安排、全面部署,对经济的发展进行宏观的调节和管理。因此,政府有关管理部门往往要开展市场营销调研工作,掌握一手资料。一般而言,政府管理部门从事的市场营销调研活动所涉及的内容比较多,范围比较广,对于国计民生的意义比较重大。所以,政府进行的市场营销调研活动及其结果,对于市场经济条件下的各种主体,尤其是企业具有重要的指导意义。企业在营销实践中,应该善于利用政府有关管理部门的市场营销调研的信息资料。

2. 企业的营销调研

企业是市场营销调研的主体,企业经常要根据市场变化对各种营销问题进行判断和决策,不失时机地采取有效的对策。一般情况下,发达国家的企业会将占新产品开发费用5%的资金用作投资前的市场营销调研,其用于进行市场营销调研的费用要占推广(促销)费用的15%~20%。相比较而言,我国企业在对营销调研的重视方面还存在巨大的差距。企业的营销调研主要由企业营销信息系统有关部门承担。但实际上,并非所有的企业都有能力自己开展市场营销调研,所以很多企业(特别是中小企业)要依靠专业的营销调查公司进行市场营销调研。因此,广义的企业营销调研的主体还应该包括专门的营销调查公司、市场调查公司、广告公司等。

3. 社团组织的营销调研

各种社团组织为达到某些特殊的目的,比如为了向政府提出建议,或者为了进行学术研究,或者因为接受委托等,也会开展某些市场营销调研活动,如消费者保护组织对某个地区或某个市场的某种产品质量的调研。社团组织的营销调研由于受功利因素的影响比较少,因此,其调研活动往往具有专业性比较强、调研结果比较可信及参考价值比较高的特点。

4. 个人的营销调研

个人由于某种原因有时也会进行一些市场营销调研,或者是各种不同内容、不同方式的信息资料收集工作,这其中有人是为了求知,有人是为了研究,有人是为了进行报道,有人是为了兴趣,有人是为了消费,也有人是为了生存。当代社会,个人的营销调研有逐渐增加的倾向,例如,大学教师为开展教学所进行的市场营销调研,研究机构的研究人员为了研究某个项目所进行的市场营销调研,消费者为一次复杂的购买所进行的相关市场信息的收集等。个人的市场营销调研一般范围较小、内容少、历时短,调查活动本身也不规范,但是有时会发现一些企业难以挖掘的信息。在内容和方法都具有隐蔽性特点的调研活动中,个人进行的调研活动比较多。

(二) 按营销调研的范围分类

按此标准,可将营销调研分为专题性营销调研和综合性营销调研。

1. 专题性营销调研

专题性营销调研是为解决某个专门性的具体问题而进行的针对性很强的市场营销调研,调研的目的是降低决策中某个方面的不确定性,或者应付临时出现的困难。这类调研目的明确、涉及的范围较小、调研内容少、历时短、所需投入的资源也较少。企业所做的大多数市场营销调研都是专题性的,如改变包装对产品销售的影响、对广告效果的评价以及影响消费者购买某种产品的最主要的因素等。

2. 综合性营销调研

综合性营销调研一般是指企业为全面了解市场的整体情况所进行的全面的市场营销调研。这类调研的特点与专题性营销调研正好相反,它涉及的问题比较多、覆盖面比较广、费时长、所需投入的资源多、决策难度大、风险高。企业为开发某种新产品所进行的市场营销调研,企业为进入一个新的市场领域所进行的市场营销调研等,就属于综合性营销调研。综合性营销调研收集的信息资料可以反映市场的全貌,有助于调研主体确切了解和全面掌握市场状况,有利于企业据此作出比较正确的决策。

(三) 按营销调研的功能分类

一般认为按此标准可以把营销调研划分为探索性调研、描述性调研和因果关系调研三种,也有学者认为还应该有第四种——预测性调研。前三种调研将在第二章详细介绍,下面对这四种调研作简要说明。

1. 探索性调研

探索性调研是在正式调查开展之前进行的初步的、具有试探性的调研活动,它是一种对市场进行基本认识和了解的市场营销调研,其目的是掌握和识别所要研究的问题的基本特征和与之相关的各种影响因素,为正式的营销调研确定方向和大致范围,为进一步深入研究做必要的准备。一般情况下,企业在进行比较大规模的调研活动或者方向不明的市场营销调研活动前,应该首先进行探索性的调研。

2. 描述性调研

描述性调研是对所研究的问题目前所处的客观状况进行结论性的或准确的描述,使有关人员对之有比较全面的了解和正确的认识。描述性调研的目的在于客观地反映市场的实际情况。要做到这一点,所收集的信息资料必须真实、详尽、完整。市场营销调研中的许多调研都是描述性的,如企业对目标市场的调研,对目标市场的结构、组成、特征、职业、收入等的分析。虽然描述性调研反映的往往是一些表面现象,但是只要全面和真实,就会为企业的决策提供有力帮助。

3. 因果关系调研

因果关系调研是为了研究某种市场现象与各种影响因素之间客观存在的关系而进行的市场营销调研,其目的是确定有关事物之间的深层次因果关系,以寻找解决问题的方法。一般情况下,企业在进行了描述性调研后,为了更好地确定事物发展和变化的根本原因,确定引起变化的影响因素等,都会进行因果关系调研。因果关系调研的难度较大,它是在描述性调研的基础上进一步研究产生某种结果的原因,是对事物的更深入的认识,它要回答"为什么"的问题。正因为描述性调研和因果关系调研既有在顺序上的前后关系,也有实质上的因果关系,因此经常一并进行。

4. 预测性调研

预测性调研是指为了对市场未来的发展进行预测所做的市场营销调研活动。预测性调研要求必须对影响市场未来发展的各种因素进行调研,并且对未来可能出现的各种状况及其概率进行估计和测算性调查。预测性调研是企业进行新产品开发、市场开拓和其他经营性决策时,必须开展的市场营销调研活动。

营销调研的分类标准不止上述四种,还可以按照其他一些标准进行分类。例如,按调查时间的不同,可以分为一次性调研、定期调研和经常性调研;按调查区域的不同,可以分为国内市场营销调研和国际市场营销调研。此外,还可以直接按照调研内容来划分,如销售调研、企业形象调研、产品调研、价格调研、分销渠道调研等(这实际上就是专题性营销调研)。

第三节 营销调研的原则和程序

市场营销调研是一个复杂而细致的过程,为了提高市场营销调查工作的效率和质量,市场营销调研应该遵循一定的原则,按照科学的程序进行。

一、营销调研的原则

市场营销调研的原则是指在进行市场营销调研活动的整个过程中应该遵守的规范和标准。调研的原则是调研活动取得成效的保证。为了提高市场营销调研的质量,提高企业经营决策的正确性,进行市场营销调研活动时应该遵守下列原则。

1. 客观性原则

客观性原则是指在市场营销调研中,对信息的提供、收集、加工处理都必须真实地反映实际情况。客观性原则是贯穿整个调研过程的最重要的原则。市场营销调研是为了给企业的决策提供依据的,如果调查后获取的资料内容虚假,可能会对企业产生误导,它所造成的危害可能比没有调查还要大。由于市场的复杂性和多变性,为了尽可能减少信息的误差,对所收集的信息要进行反复的核实,不能有任何主观臆断,更不能任意歪曲或虚构事实。唯有如此,市场营销调研才能为决策提供科学的依据。

2. 全面性原则

全面性原则是指在市场营销调研中要根据研究目的全面、系统地收集有关市场和所研究的问题的资料,完整、系统地反映事物的特征。企业从事市场营销调研,所收集的信息不仅应准确而且应完整,只有这样,才能根据综合分析、判断得出正确的决策。如果所收集的信息资料不完整,企业将很难作出正确的判断。例如,企业要想进入一个新的市场,如果只注意企业自身有关问题的研究而缺少对竞争者的了解,盲目决策将有可能给企业带来很大的风险。

3. 时效性原则

所谓时效性原则,是指对信息的收集、加工处理、分析和提供必须及时,这样才能使企业及时作出决策,对各种市场变化采取有效的对策,从而使企业处于有利的地位。市场就是战场,各种机会稍纵即逝。用时效的标准来要求市场营销调研工作有利于企业争取时间,创造机会,抢先占领市场,从而掌握市场竞争的主动权。

4. 适用性原则

市场营销调研面临的是信息的汪洋大海,但并非收集的信息资料越多越好。市场营销调研活动的质量不在数量,而在对企业决策的适用性上。适用性原则包括两层含义:一是所收集的信息是对决策有用的信息,能够给企业的营销决策提供科学的依据;二是所收集的信息够用即可,企业依靠这些信息足以作出正确的决策。企业进行市场经营决策,有时需要的信息可能只有关键的几条。如果市场调查机构收集了数量比较大的信息资料,可是偏偏少了关键的那么几条,企业仍然不能很好地进行决策。所以,企业应根据不同的研究目的,针对不同的需求,收集与之相适应的信息。

5. 经济性原则

经济性原则是指市场营销调研应尽量使用最小的成本和最短的时间提供可信的、有用的信息资料。市场营销调研一定要考虑经济效益,在信息的收集、分析、处理、提供过程中,要尽量减少费用支出,尽可能地提高效益。坚持经济性原则,首先应该注意调研活动的成本和收益之间的关系,其次应尽量节省调查活动过程中的费用。可以采用低成本的方法就不要使用高成本的方法,能够节省的开支就应该尽力节省,只有这样,才能以较小的投入争取更大的产出。

6. 动态性原则

市场中的任何事物都处于不断的变化和发展过程中,因此,也必须用发展、变化和动态的观点指导市场营销调研活动。用动态性原则指导调研活动,不仅要注意市场的现状,而且要了解市场的过去;不仅要重视已经掌握的信息资料,而且要注意发现和收集没有掌握的信息资料;不仅应该妥善保管已经拥有的信息资料,而且要不断地进行信息资料的更新和完善,尽量保持信息资料与市场变化的动态同步性。

二、营销调研的程序

市场营销调研是一个由不同阶段、不同步骤、不同活动构成的有目的的连续过程,各阶段、各步骤在功能上相互联系、相互衔接,共同构成了一个整体。

从功能上看,市场营销调研程序可以分为四个阶段。

第一阶段是市场营销调研的准备阶段。这一阶段,应从企业决策所面临的问题出发,通过对问题以及企业内外各相关因素的分析,提出调查课题以及调查的主要目的。

第二阶段是市场营销调研的设计阶段。主要包括调查项目总体设计以及调查方案、内容、方法和手段的设计。

第三阶段是市场营销调研的实施阶段。这是市场营销调研的关键阶段,主要工作是利用各种有效的方法组织人员采集所需要的信息资料,管理、组织、控制、监督和检查资料的收集活动,以保证信息资料的质量。

第四阶段是市场营销调研结果的形成阶段。在这一阶段,要利用多种定量分析和定性分析方法对资料进行整理、分析和数据处理,得出结论性的报告,提交有关部门和管理决策者。

从操作层面上,可以将市场营销调研过程分为下列七个步骤,这样做对指导实际调查工作更具有意义。

1. 问题或机会的识别

市场营销调研的第一步是识别问题或机会。所谓识别问题或机会,是指确定市场营销调研的任务,选择市场营销调研的课题。在企业的经营过程中,企业的外部环境会发生变化,企业应该意识到这种变化,去发现企业如果不适应环境变化将会造成的问题,或者去发现变化中出现的各种机会。在这里,关键的问题是什么条件能激发企业识别和界定问题或机会。一旦问题或机会已引起企业的注意,企业就能够准确地选择市场营销调研的课题。

市场营销调研课题的选择需要良好的洞察力和创造力,它是寻求解决方案的第一步,是进行市场营销调研的前提。良好的开端是成功的一半,正确选择市场营销调研课题将为市场营销调研提供正确的方向。

正确确定市场营销调研的任务和课题,对整个调研工作具有重要的意义。它决定着市场营销调研的总方向和总水平;决定着市场营销调研方案的设计,调研课题不同,调研内容、方法、对象和范围就不相同;它还决定着市场营销调研的成败和调研成果的价值。

因此,为了正确识别和界定问题或机会,应注意下面几个问题:

(1)明确收集信息的目的。为什么要收集信息?要利用这些信息制定什么决策?哪些是最需要的信息?

(2)确定信息是否已经存在。所要收集的信息是否存在?现有的信息能否满足所界定的问题?如果不能,才需要收集信息。

(3)确定所界定的问题能否找到答案。要考虑实际取得资料的可能性,即市场营销调研的问题能否得到解决,所需要的信息是否存在并且能够收集到。

(4)确定市场营销调研目标。识别和界定问题的最终结果就是形成市场营销调研的目标。目标应对所需要的具体信息加以描述，目标必须尽可能具体和切实可行。

（5）市场营销调研的问题应该具体、明确，范围不能太大。只有这样，才能有效地收集高质量的信息。

2. 设计和制定市场营销调研方案

市场营销调研是一项有计划的工作，其计划性是通过设计和制定市场营销调研方案具体体现出来的。市场营销调研方案是市场营销调研工作的行动纲领，它保证了市场营销调研工作的顺利进行。设计和制定市场营销调研方案就是对市场营销调研做周密的计划。市场营销调研总体方案一般包括以下主要内容。

（1）明确市场营销调研的目的。明确市场营销调研的目的是开展市场营销调研工作首先需要解决的问题，即为什么要开展某项市场营销调研？通过调研要解决哪些问题？要达到什么目的？如果目的不明确、不具体，就无法具体设计调研方案。

（2）设计市场营销调研的内容和工具。设计市场营销调研的内容和工具是制定市场营销调研方案的主要工作。

（3）规定市场营销调研的空间与时间。空间是指市场营销调研在哪些地区进行，范围有多大；时间是指市场营销调研在什么时候进行，需要多少时间才能完成。市场营销调研的空间和时间的选择要有利于目标的实现，有利于调研工作的顺利进行，有利于节省资源。

（4）确定调查对象和调查单位。调查对象是指市场调查的总体，它决定了市场营销调研的范围。调查对象由调查目的、调查空间、调查方式和调查时间等共同决定。调查单位是指组成总体的个体。确定调查对象和调查单位，必须对总体单位数量、调查单位的选择方法和数量做出具体的设计和安排。

（5）确定市场营销调研的方法。应根据调研课题的目的、内容和性质的不同，选择最适当、最有效的方法。

（6）确定市场营销调研的组织，并对费用进行预算。为了保证市场营销调研课题的顺利进行和圆满完成，在有条件的情况下一般应设计和制定多个方案供管理者选择。

3. 选择调研方法

选择调研方法就是确定收集数据的基本手段，有三种基本的调研方法：调查法、观察法和实验法。

4. 样本设计

样本设计在市场营销调研过程中是一个独立的步骤，也是一个非常关键的步骤，它直接关系到整个市场营销调研的质量。

5. 数据收集

数据收集的主要任务是采取各种调研方法，按照调研方案的要求收集所需要的资料。数据收集是取得一手资料的关键工作。市场营销调研的组织者必须集中精力做好外部协调和内部组织工作，力求以最短的时间、最少的人力、最好的质量完成资料收集任务。

6. 数据整理和分析

市场营销调研人员要对所收集的大量信息资料进行分类整理、审核、检验、加工，以提高数据的准确性。要进行单变量和复杂的多变量分析，分析的目的是对数据进行解释并从中得出科学的结论。

7. 分析结果和提交报告

市场营销调研报告是市场营销调研成果的集中体现,市场营销调研人员应该把整个调研过程、分析结果、结论和建议以书面报告的形式提交管理层和相关部门。

要注意的是,上述从操作层面介绍的营销调研的步骤并非一成不变的,实际调研的操作步骤有可能少于七步也有可能多达十多步,这要依具体调研的情况决定,而且具体步骤的顺序是可以改变且可以互动的。

第四节　营销调研行业的道德问题

在市场营销调研活动过程中,涉及的行为主体包括委托方(企业)、受托方(调研者)、被调查者三个方面(受托方如果把调查实施或调研过程中的某方面任务委托给一些专业服务机构完成,还会涉及第四方行为主体,但第四方的行为主体可以划归为受托方)。因此,像大多数商业活动一样,作为一种涉及多方主体的利益的活动,在营销调研行业也可能存在不道德的行为。不道德行为对调研行业正常发展的危害是致命的,对此,调研活动行为主体各方必须保持清醒的认识。

营销调研道德是指在市场营销调研过程中调整各行为主体之间关系与行为的准则和规范。正确规范调研活动主体各方的行为,协调各方关系,化解可能产生的各种矛盾冲突,不但是保证营销调研活动正常进行并取得良好效果的基本条件,也是维持正常的社会经济秩序、保证市场经济健康发展的基本条件。这种基本条件的实现,不仅要靠健全的法律来制约,还要靠基本的道德来规范。

对于不同行为主体在市场营销调研中的道德问题,各国或地区的行业组织都制定了相应的行为准则,如《美国市场营销调研协会道德准则》(Code of Ethics for the Marketing Research Association)、《国际商会/欧洲民意和市场研究协会关于市场和社会研究国际准则》(ICC/ESOMAR International Code of Marketing and Social Research Practice)、中国信息协会的有关章程及规范,中国信息协会市场研究业分会管理办法(章程)等。这些准则或章程都在一定程度上规定了市场营销调研主体的行为,成为市场营销调研的道德准则。下面对市场营销调研中不同行为主体所面临的道德问题予以简单介绍。

一、调研者(调研机构、受托方)的道德规范

调研者作为营销调研服务的提供者,其所提供的信息对委托方的营销决策有着重要的影响,因此,调研者在提供市场营销调研服务时必须遵守下列道德规范。

1. 信守合同,尊重客户

信守合同既是一种法律规范,也是一种道德规范。合同规定了委托方和受托方双方的权利和义务。市场营销调研机构一旦与企业签订调研合同,就应按照合同的要求按时按质完成任务而不应寻找理由无故拖延调研时间,随意更改或减少调研内容,以免对企业的营销决策造成不利影响。市场营销调研机构在调研过程中,还应尊重客户的意见,与客

户及时进行沟通,认真考虑客户提出的意见和建议,以保证与客户建立良好的合作关系。

2. 客观公正,实事求是

客观公正的信息是保证企业营销决策正确性的基础,市场营销调研机构在调研过程中必须严格控制收集信息的过程,避免带着某种预先设定的目标确定调查范围或样本。在收集信息时应避免使用职业被调查者,不能为了迎合客户而不顾事实,更不能为图省事和节约开支而随意减少调查样本或人为地修改、编造数据资料;在资料处理和分析过程中,应避免片面追求方法的复杂性而不考虑研究对象的特点,以致将企业对调研结果的评价引入歧途。要通过科学、有效、详尽、正确的分析,为客户正确地认识市场、做出正确的营销决策提供可靠的依据。客观公正、实事求是是市场营销调研中应遵守的最基本的道德准则,也是最容易犯的错误。市场营销调研机构必须在调研过程的各个阶段严格遵守这一准则,以提高市场营销调研服务的质量和市场营销调研机构的声誉。

3. 公平交易,如实报价

市场营销调研服务的价格一般是由调研项目的难度和工作量决定的。市场营销调研机构在报价时,应使企业了解调研项目的难度,并对调研的内容进行适当的界定,避免为了提高价格而夸大项目的难度和扩大项目的研究范围以加大调研的工作量。另外在报价时,应明确界定企业所花费用的范围,避免在项目执行中提出新的费用开支项目。同时,对于所需花费的调研费用,市场营销调研机构不应以任何理由给予克扣,以保证调研工作的质量。在市场营销调研中,虚报价格、克扣调研过程中的费用开支都被认为是不道德的行为。

4. 信守行规,为客户保密

市场营销调研机构除非是为客户提供标准服务,否则不允许同时为处于竞争状态的其他客户和与企业有利害关系的客户提供同种类型的调研服务。不能利用客户之间的竞争关系达到自己的目的,更不能搬弄是非,制造矛盾,侵害客户的利益。对于企业委托完成的市场营销调研结果,必须为客户严格保密,在保密期限内,未征得企业同意,市场营销调研机构不得向任何第三方泄露相关的调研结果。

二、企业(委托方)的道德规范

企业在组织市场营销调研活动时也应恪守道德规范。在寻找市场营销调研机构的过程中,不能以项目招标等名义骗取他人的研究方案和信息。在调研项目执行过程中,不应随意增加调研内容,不应要求调研机构收集国家不能公开的资料信息,不应要求调研机构提供涉及竞争者的商业秘密的资料,不应向调研机构提供误导性的或不实的资料,不能以市场营销调研为由误导公众。对于合同中的承诺,包括经费的支付,应严格按合同执行。在调研报告的完成过程中,不应要求调研机构将企业的观点强加在调研报告中。调研结果最终用于决策,决策的后果应由委托方自己负责,不能要求调研者担负决策责任。

企业自身在市场营销调研中可能出现的不道德的行为,不但会对调研结果的准确性造成不利的影响,而且一些不道德行为也会影响企业的声誉。因此,企业应本着实事求是的态度,积极配合市场营销调研机构的工作,以保证调研者向企业提交客观公正的营销调研结果。

三、被调查者的道德规范

被调查者是市场营销信息的直接提供者。在企业的市场营销调研中,必须尊重被调查者的权利,如是否接受调查的自主权、隐私权、所花费的时间和精力的补偿等。

被调查者接受调查以后,也应遵守相应的道德规范。被调查者应保持诚实、合作、积极的态度,向调查者提供有关信息,并应对所回答的问题和所提供的信息的真实性承担道德责任;被调查者有责任保守在接受调查过程中涉及的企业商业秘密,不得随意泄露。

思 考 题

1. 什么是营销调研?
2. 营销调研的主要内容有哪些?
3. 分析营销调研的重要作用。
4. 分析说明营销调研的特征。
5. 简述营销调研的分类。
6. 营销调研应遵循哪些基本原则?
7. 营销调研的程序如何?
8. 调研者、企业、被调查者各有哪些基本道德规范?
9. 分析调研行业道德规范的重要性。

第 二 章

B&E 市场营销调研方案设计

市场营销调研在帮助企业解决问题和改进决策方面扮演着重要的角色。调研获得的有价值的信息带来的益处不言而喻。然而,营销调研是要花费资金的,要进行营销调研,就一定要让这笔费用花得物超所值。要做到这一点,就必须对营销调研进行周密的计划、安排和监控。所谓市场营销调研方案设计,就是在对某项研究的研究主题、研究目的、研究设想、研究方法、研究程序和实施过程中的各种问题进行详细、全面的考虑的基础上,制订营销调研的总体计划和切实可行的调查研究大纲。

研究方案在市场营销调研中有着十分重要的作用,它是整个研究的指导大纲,又是研究计划的说明书,还是对研究过程、方法的详细规定。因此,有了方案,研究就有了方向、目的;有了方案,就便于对调查过程实施监督、管理和控制;同时,研究方案还是向有关方面申请研究项目和研究经费的文本依据。

第一节　市场营销调研主题的界定

一、市场营销调研主题界定的含义和意义

市场营销调研主题是指某项营销调研项目所面临和需要解决的核心、关键性的问题。

市场营销调研主题的界定是市场营销调研设计中的关键,它制约着整个市场营销调研策划和实际运作过程。只有在主题被十分正确和清晰地认识和界定之后,市场营销调研项目才能顺利有效地实施。如果对市场营销调研主题产生错误的理解或者界定不准确,所有为此投入的努力、时间和资金都将付诸东流。更为严重的是,如果用这种调研结果作为决策的依据,对企业营销活动所造成的危害将不堪设想。大量的事实表明,对营销调研主题了解得越透彻、清楚、详细、正确,越有利于市场营销调研活动的有效开展,并能保证以较少的投入取得最大的效果。因此,在一项市场营销调研项目开始时和在进行市场营销调研方案设计之初,正确地界定市场营销调研的主题具有十分重要的意义。

确定市场营销调研主题包括确定营销管理决策问题和具体的市场营销调研问题这两个既不相同但又密切联系的层面。营销管理决策问题是企业决策者在企业经营管理中面临的问题,它所要解决的是"什么是决策者所要做的"这一问题。营销管理决策问题是以行动为导向的,它所要考虑的是决策者可以采取的行动。例如,怎样挽回已经丢失的市场份额? 是否应该进行市场细分? 是否向市场推出一种新产品? 是否增加促销预算开支? 市场营销调研问题所解决的是"什么信息是所需要的,如何获取这些信息"这一问题,它以信息为导向,包括判断需要获得什么信息,以及如何获得最大效益和效率。显然,市场营

销调研问题受营销管理决策问题的影响和制约。在日常用语中,"问题"常有消极的含义,即某些东西是错误的,并需加以注意;而"机会"则常含有事情并不一定是错误的,通过行动可能加以改进的意思。营销管理决策问题和市场营销调研问题都含有"问题"和"机会"的含义。从营销管理的角度看,营销问题代表改善经营管理的一种机会,这种机会可以通过市场营销调研得到明确。从市场营销调研的角度看,营销机会必须被转换成市场营销调研问题,才能对其开展调查。

二、市场营销调研主题的界定程序

市场营销调研主题的界定涉及很多方面,必须进行多方面的工作。为保证主题设定工作的规范化和高质量,需要遵循一定的市场营销调研主题的界定程序(见图2-1)。

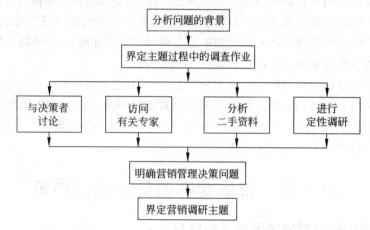

图 2-1 市场营销调研主题的界定程序

(一)分析市场营销调研问题的背景

为了了解市场营销调研问题的背景,市场营销调研人员必须了解客户及其所在的行业,特别应该重点分析那些对界定主题有较大影响的因素。为此,必须了解各种有助于背景分析的相关资料。

1. 掌握与企业和所属行业相关的各种历史资料和发展趋势

这些资料包括销售额、市场份额、盈利性、技术、人口统计、生活方式等。掌握这些资料,对于揭示潜在的问题和机会很有价值。对历史和发展趋势的分析应分别在行业层面和企业层面进行。例如,当一个企业的销售额与整个行业的销售额同时下降时,比之企业的销售额下降而行业的销售额上升的情况,所反映的问题是不同的,前者的问题很可能出自行业,而后者的问题很可能出自企业。

2. 掌握与分析企业的各种资源和面临的制约因素

资金、研究技能、成本、时间、调研手段等都是营销调研的制约因素。如果一个拟议中的调研项目需要15万元经费,而实际上的预算经费只有10万元或更少,这个项目就难以得到管理者的批准。在很多情况下,营销调研的范围都受到预算费用的限制,比如经费有限,在安排对公司顾客进行调查时,不得不将调查范围从全国压缩到几个主要的区域市场。而如果只增加少量成本，能使调查问题的范围大幅扩展，显著地增强调研项目的效用，就很容易得到管理者的批准。当必须尽快作出决策的时候，时间因素的限制就显得非常重要。

此外，委托企业的人员、组织结构、文化、决策风格等，也可能成为营销调研的制约因素。但是，不能因为这些制约因素存在而削弱调研对于决策者的价值或危及调研程序的完整性。如果一项调研项目值得进行，就应该认真做好。如果资源过于有限，以至于无法进行高质量的调研，则应建议客户量力而行。因此，了解资源及其他限制条件是非常必要的，尤其是在结合考虑企业和决策者目标的情况下，更是如此。

3. 分析决策目标

决策目标包括决策者组织目标和决策者个人目标。调研必须服务于决策目标，这是调研成功的前提条件之一，但要做到这一点却并非易事。

决策者对组织目标的界定通常并不十分准确，且过于原则，即使目标是明确的，往往也难以操作，如"改善公司的形象""提高经营效益"等。这就需要调研人员具备提炼组织目标的能力，应注意并善于使组织目标具体化和清晰化。一个有效的办法就是为决策者提供可选择的解决问题途径，问他们将采取什么行动。如果每个答案都不被采用，应做进一步探查，以便揭示导致这些答案未被采用的原因。

有时，决策者不想明确组织目标可能是出于某些个人目标的考虑，如想通过调研来推迟一个棘手的决策，或者是出于对现行决策的尊重，或者是为了逃避责任，或者是为了保护自己或他人的名誉等。对上述情况，调研人员应予以明察。此外，调研人员还应当遵照组织策略来检查组织目标和决策者个人目标，积极争取决策者参与调研。

4. 了解消费者购买行为以及法律环境、经济环境、文化环境、企业开展市场营销的技术等因素

（二）主题界定中的调查工作

为了确保问题的准确界定，在主题界定中也需要进行一定的调查工作，以获取有关调研主题的足够的信息。

1. 与决策者交流讨论

营销调研是为营销管理决策提供依据，决策者需要了解调研的功能和局限。调研可以提供与营销管理决策相关的信息，但并不能提供解决问题的办法，这需要管理者做出判断和选择。反过来，调研者也需要了解决策者面临的决策或营销管理问题的实质，了解决策者和组织的目标，以及决策者希望通过调研获得的信息。此外，决策者也是全面情况的掌握者。所有这些都决定了调研者在确定调研问题过程中与决策人员交流讨论的重要性和必要性。在实践中，要接触决策人员，尤其是主要决策者往往比较困难。尽管如此，调研者仍然有必要与关键的决策者进行接触。

例行的问题审计是调研人员与决策者交流讨论的绝好时机。问题审计是对市场问题的全面检查，其目的在于找出实质性问题。此时，调研者应就以下一系列问题与决策者进行广泛的探讨。

（1）导致需要采取调研行为的决策事件或问题的演变过程。

（2）决策者可以选择的采取行动的不同方式。这些选择可能还不够全面，还需要进

行定性调查,以找到更具有创新性的行动方式。

(3) 评价选择有关行动方式的标准。例如,对于是否推出新的产品,可以用销售额、市场份额、盈利性、投资回报等标准进行评价。

(4) 根据调研结果,建议采取的行动。

(5) 回答决策者的提问所需要的信息。

(6) 决策者在制定决策时利用信息的方式。

(7) 与制定决策有关的公司文化。一些公司非常看重决策制定的程序,而另一些公司则更重视决策者的个性。因此,了解公司文化是判断调研者能否对战略性营销决策产生影响的最重要因素之一。

实行问题审计非常重要,因为多数情况下,决策者对于"问题究竟是什么"认识模糊。由于决策者更趋向于重视问题的症状,他们可能知道公司的市场份额正在减少,但并不知道发生这一事实的原因。例如,不能满足市场预测情况、市场份额下降以及利润减少等都是问题的症状,而丢失市场份额、利润减少可能是激烈的市场竞争、公司产品供给不足或其他原因造成的。只有找到问题的原因才能成功地界定问题。调研者应该努力探寻问题产生的原因,而不是仅仅强调症状。

根据国外专家的经验,要使调研者和决策者之间的交流卓有成效,应遵循 7C 原则:

(1) 沟通(communication),双方之间自由地交换观点和各种看法。

(2) 合作(co-operation),双方之间建立良好的合作关系。

(3) 信任(confidence),双方之间应相互信任。

(4) 坦率(candor),互不隐瞒事实观点,开诚布公。

(5) 亲密(closeness),双方的关系应热诚而亲密。

(6) 持续(continuity),应保持经常的接触。

(7) 创造性(creativity),接触应富有创造性。

2. 拜访有关专家

拜访一些熟悉营销调研问题相关情况的专家,向专家进行咨询,将有助于对营销调研问题的了解和认识。调研者应通过多种渠道从企业内部和外部选择合适的专家。但要注意,拜访专家只是为了界定调研问题,而不是寻求解决问题的方法。拜访专家之前应做好充分准备,提前列明将要谈论的问题,但拜访中无须严格按照提前准备的问题顺序进行咨询,而应根据访问现场的具体情况,营造出轻松气氛,以灵活的形式进行交流,这样有助于专家充分发表自己的见解,达到获得专家知识的目的。

从专家处获得建议存在两个潜在的困难:①有些人自称内行并迫切地想要参与,但他们未必是真正的专家;②向客户单位以外的专家求助往往比较困难。因此,拜访专家的方法更多地适用于为工业企业或技术含量高的产品而进行的营销调查,这一领域的专家相对比较容易发现和接近。

3. 分析有关的二手资料

二手资料是指并非为解决当前问题而收集的资料。在界定营销调研主题的过程中,对二手资料的分析是非常必要和有益的,它是调研者了解有关调研问题背景的最节约、最迅速的渠道。因此,分析有关的二手资料是调研主题界定中的一个基本环节。

4. 进行定性调研

有时,从上述环节所获得的信息仍不足以界定调研主题,还需要从根本上理解调研问题及其影响因素。这种情况下,就有必要开展定性调查以补充信息来源和进一步摸清情况。这种定性调研没有固定的格式,通常只在不大的样本范围内进行,具有一定的探索性。尽管在这个阶段进行的调研并不正式,但它能提供很有价值的信息。

从定性调研中获得的信息,结合与决策者的交流、与工业专家的会谈以及对二手资料的分析,能够使调查者充分了解调研问题的背景内容。

(三) 变营销管理决策问题为营销调研问题

在充分掌握有关信息的基础上,调研者应正确界定营销管理决策问题,并把它们转化为营销调研问题。例如,某企业某个产品系列的市场份额在一个时期以来逐渐下降,此时的营销管理决策问题是"怎样恢复失去的市场份额"。针对这一问题,可供选择的行动方向有改进现有产品、推出新产品、改变其他营销组合因素、细分市场、寻求新市场等。假设决策者认为不合适的市场细分是失去市场份额的原因,并要求营销调研针对该问题提供有关信息,那么营销调研问题就是如何对影响市场细分的各种因素进行识别和评价。

表2-1的示例进一步说明了营销管理决策问题与营销调研问题之间的关系。

表 2-1　营销管理决策问题与营销调研问题之间的关系

营销管理决策问题	营销调研问题
一个新产品是否应该向市场推出	确定消费者对此新产品的偏好程度以及购买意向
是否应该对市场进行细分	掌握市场消费者购买行为与特点
是否应该改变促销活动	确定现行促销活动的效果
是否应该改变某牌号产品的价格	确定价格的需求弹性,不同销售额对盈利的影响
怎样恢复失去的市场份额	测量现有顾客对企业及产品的印象

为了做好由营销管理决策问题向营销调研问题转化的工作,可以参考下面的方法。在调研者与决策者的交流中,由决策者描述他的问题和所需的信息,由调研者把他对决策问题的理解写在一张单子上,这张单子至少要包括如下几项:

(1) 行动——在调研基础上期望采取的行动。

(2) 原因——导致拟采取行动的事件。这使得调研者更深刻地理解问题的实质。

(3) 信息——决策者在决定采取一组行动当中的一个之前必然获悉什么信息。

(4) 使用——思考过程的一个断面,它能帮助我们解释每一条信息是如何支持做出行动选择决策的。

(5) 目标群体及次目标——关于所需信息应该取自何人的一个思考断面。

(6) 支持资源——对于时间和资金的估计,在何种程度上它们能用于开展调研。

这张单子写成后交决策者过目,确认表述无误后由其签字。

(四) 界定营销调研主题

营销管理决策问题转变为营销调研问题后,营销调研主题实际上就已经被界定了。

但是在实际调研中,调研者一定要注意防止所界定的调研主题过于宽泛或者过于狭窄。主题界定过于宽泛(如品牌营销战略、提高公司竞争地位、改善公司形象等),无法清楚地指导调研者完成调研任务;主题界定过于狭窄,可能会将一些创造性的但不明显的行动方案排除在考虑范围之外,也可能会阻止调研者为管理决策问题的重要组成部分提供信息。

可以通过先用宽泛原则性的语言概括调研问题然后分析其具体组成部分的方法来减小犯上述两种错误的可能性。对调研问题的宽泛描述可以提供全面的看法并能防止犯第二种错误,而对调研问题具体组成部分的描述能够突出重要的方面,并为完成调研提供清晰的指导。

第二节　营销调研设计

一、营销调研设计方案的分类

不同的营销调研问题需要不同的营销调研方案。营销调研方案大体上可以分为探索性调研方案和结论性调研方案,其详细分类情况如图 2-2 所示。

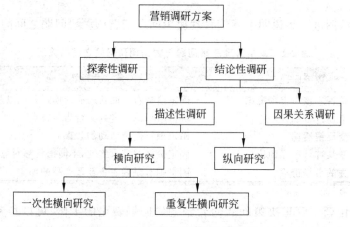

图 2-2　市场研究设计分类

表 2-2 概括比较了探索性调研方案与结论性调研方案的区别。探索性调研的主要目标是针对研究人员所面临的问题提出看法与见解。当你必须更准确地定义问题、确定相关的行动方案,或者想在提出研究方法之前考虑得更加周到时,就需要进行探索性调研。这一阶段只是大体定义所需要的信息,采用的研究程序是灵活的、非结构化的。例如,可以通过对行业专家进行访谈而得到数据。原始数据从性质上看属于定性数据,并用相应的定性方法进行分析。考虑到研究过程中的这些特征,探索性调研的结果应当被看作是初步的,或者作为进一步研究的参考。一般来说,这样的研究之后是进一步的探索性调研或者结论性调研。

探索性调研所得到的观点可以被结论性调研所验证,因为结论性调研的目的是检验特定的假设,并验证特定的相互关系。这就要求清楚地说明所需要的信息。结论性调研通常比探索性调研更加正式与结构化,它建立在大量有代表性的样本的基础之上,所得到的数据倾向于定量分析。这种研究所得到的结果从性质上看是结论性的,因为它们可以用作管理决策的依据。结论性调研可以是描述性调研或者因果关系调研,描述性调研可以是横向的或纵向的。

表 2-2　探索性调研与结论性调研的区别

比较项目	探索性调研	结论性调研
目标	提供对问题的看法与理解	检验特定的假设,并验证特定的相互关系
特征	只是大体定义出所需要的信息 研究程序灵活、非结构化 样本小、代表性不强 对原始数据进行定性分析	清楚地定义所需要的信息 研究过程正式且结构化 样本大、有代表性 对数据进行定量分析
结论	尝试性的	结论性的
结果	进一步的探索性调研或结论性调研紧随其后	结果被用作管理决策的依据

二、营销调研设计的三种类型

(一)探索性调研

探索性调研是从假设出发探测出企业问题的一种研究方法,是一种基础性研究,其重点在于通过对一个问题(或情况)的探索或研究,来提供对问题的洞察和理解。探索性调研可用于下列任何一种目的:①更准确地界定或形成调研问题;②确定可供选择的调研实行程序;③提出设计假设;④为进一步的检验而分离出关键的变量和关系;⑤了解解决问题的办法;⑥确定进一步调研所应优先考虑的事情。

通常,当研究人员对开始进行的调研项目缺乏足够的了解时,探索性调研便有重要的意义。由于探索性调研还没有采用正式的调研计划和程序,因而其调研方法具有灵活性。探索性调研很少采用设计调查问卷、大样本以及概率抽样计划等研究方法,但研究人员要善于捕捉探索性调研所产生的新想法或新线索,同时调查的重点应随着发现的新线索而不断改变。这样,研究人员的创造力和灵敏性就在探索过程中发挥了举足轻重的作用。探索性调研不仅取决于研究人员的能力,而且在很大程度上受益于专家调查、预调查、对二手资料的分析、定性研究等方法的使用。

(二)描述性调研

描述性调研就是通过事实资料的收集、整理,对市场的客观情况如实地加以描述,如描述市场功能或特征,其目的通常如下。

(1)描述相关群体(如消费者、销售人员、组织)的特征。例如,我们可以描述常在武汉广场购物的人群的形象与特征。

(2)估计在某个具体的群体中,具有特定行为特征的人所占的比重。例如,估计那些常在豪华商场购物的消费者中经常光顾一般百货商店的人的比重。

(3)判断消费者对产品特征的感知。例如,判断消费者如何理解不同的百货商店的显著特点。

（4）判断营销变量的相互关联程度。例如,我们可以判断逛商场和在餐馆吃饭有多大的关联。

（5）进行特定的预测。例如,我们可以预测特定商店热销的特定产品在特定地区的零售额将达到多少。

进行描述性调研的一个假设是调研者对调研问题状况有非常多的提前了解。实际上,探索性调研和描述性调研的一个关键区别在于描述性调研提前形成了具体的假设,非常清楚需要哪些信息。因此,描述性调研通常是提前设计和规划好了的。它通常建立在大量有代表性的样本的基础上。一个正式的调研设计必须明确指出选择信息渠道的方法以及从这些渠道收集资料的方法。描述性调研的设计通常需要明确回答与调研有关的六个基本问题。这六个问题可以归纳为"6W",即对象是谁(Who)？什么事情(What)？什么时间(When)？什么地点(Where)？什么原因(Why)？什么方法(Way)？

许多市场营销调研都涉及描述性研究,描述性调研的主要方法有二手数据法、调查法、固定样本组、观察数据与其他数据等,但是研究并不局限于这些方法。

描述性调研又可进一步分为横向研究与纵向研究。

1. 横向研究

横向研究是市场营销调研中最常用的描述性调研设计。横向研究是指一次性地从特定的样本总体中收集信息,包括一次性横向研究与重复性横向研究。一次性横向研究是指在目标总体中仅抽取一个调查对象样本,从这一样本中只能收集一次信息,这种调研设计也叫作抽样调研设计。重复性横向研究是指有两个或两个以上的调查对象的样本,并且只能从每一个样本中收集一次信息,不同样本的信息通常在不同时期获取。

队列分析是一种重要的横向研究方法,它是指在两个或两个以上的时点对一个或一个以上的队列进行测量的研究。其中队列是分析的基本单位,一个队列是在相同的时期经历同一事件的一组调查对象。例如,出生队列是指在同一时期内出生的一群人,如1981—1991 年出生的人。

在时期 I 所研究的任何一个人不太可能也包含在时期 II 中。例如,选择年龄队列中8～19 岁的人,并且在此后 30 年中每隔 10 年检查他们的软饮料消费量。换句话说,从8～19 岁的人中每隔 10 年抽取不同的样本。所抽取的样本独立于以前从 8～19 岁的总体中所抽取的任何样本。

表 2-3 是美国某调查机构对美国软饮料市场消费情况的调查结果。很明显,因为曾被选中的人在下期的抽样中将变老,所以他们不可能又被包括在同一年龄队列中(8～19 岁的队列)。这一研究说明这一队列的软饮料消费量是随时间增长的,在其他年龄队列（20～29 岁,30～39 岁,40～49 岁,50 岁以上）中也可以得到相似的结果。此外,每一队列的软饮料消费量并没有随着队列年龄增长而下降。沿着对角线阅读可以得到各个年龄队列在不同时期的软饮消费量。通常认为软饮料消费量随着老龄化而有所减少,但队列分析的结果与此认识并不一致。通常的认识是不正确的,它是建立在一次性横向研究的基础之上的,值得注意的是,如果将表 2-3 的任何一列隔离开来看（一次性横向研究就是按列阅读）,软饮料的消费量随着年龄的增长而减少,恰恰与错误的认识一致。

表 2-3　不同年龄队列软饮料的消费量（平均日消费百分比）

年龄	1950 年	1960 年	1969 年	1979 年	
8～19 岁	52.9	62.6	73.2	81.0	
20～29 岁	45.2	60.7	76.0	75.8	C8
30～39 岁	33.9	46.6	67.7	71.4	C7
40～49 岁	23.2	40.8	58.6	67.8	C6
50 岁以上	18.1	28.8	50.0	51.9	C5
	C1	C2	C3	C4	

C1: 1900年之前出生的队列	C5: 1931—1940年出生的队列
C2: 1901—1910年出生的队列	C6: 1941—1949年出生的队列
C3: 1911—1920年出生的队列	C7: 1951—1959年出生的队列
C4: 1921—1930年出生的队列	C8: 1961—1969年出生的队列

在西方国家,队列分析常被用于竞选中投票意向变化的预测。一些市场营销调研公司定期调查选民所组成的队列(在一定时间段具有相似投票模式的人群),询问其投票倾向,以此来预测选举结果。

2. 纵向研究

纵向研究是指对目标总体中的固定样本组进行连续调查。纵向研究与横向研究不同,因为纵向研究中样本或样本组随时间保持不变,也就是说,随着时间的推移对同样的调查对象进行多次调查。典型的横向研究是在某一时点上给感兴趣的变量拍照,而纵向研究是提供一系列的图片来深刻地描述情形以及随时间推移所发生的变化。例如,要研究"是否大多数 15～25 岁的年轻人都喜欢饮用碳酸饮料"这一问题,应该采用横向研究。但是如果研究"最近 20 年,15～25 岁的年轻人对碳酸饮料的喜好情况"这样的问题,就要采用纵向研究。

纵向研究采用固定样本组进行调查。固定样本组一般是由家庭作为调查对象而组成的样本,他们同意在特定的时间段内长期提供信息。从固定样本组所获取的数据不仅提供了关于市场份额的长期信息,而且可以帮助研究人员审视市场份额随时间的变化。这样做的最大好处是有利于对数据进行深入的分析。

纵向数据可以让研究人员审视个体单位行为的变化,将行为变化与营销变量联系起来,如广告、包装、定价和分销等方面的变化。因为相同的调查对象被反复测量,所以可以排除样本变化所引起的变动,甚至可以明显地观察到小的变化。

3. 横向研究与纵向研究的相对优缺点

表 2-4 总结了横向研究与纵向研究的相对优缺点。纵向研究相对于横向研究的一个主要的优势在于它针对同一样本组反复测量相同的变量,因而可以洞察变化。

对比表 2-5 和表 2-6,可以清楚地说明横向研究数据在有关时间变化方面如何误导着研究人员。表 2-5 中的横向研究数据显示在时间段Ⅰ和时间段Ⅱ,对三个品牌 A、B、C 的购买情况相同。在每次调查中,20％的调查对象购买 A,30％的调查对象购买 B,50％的调查对象购买 C。表 2-6 中的纵向数据以品牌转换的方式说明了在研究期间品牌购买的重要变化。例如,在时间段Ⅰ购买品牌 A 的调查对象只有 50％ (100/200)在时间段Ⅱ仍然购买 A。相应地,重复购买品牌 B 与 C 的比例分别是 33.3％(100/300)与 55％(275/500)。

表 2-4　横向研究与纵向研究的相对优缺点

评价标准	横向研究	纵向研究
洞察变化	－	＋
收集大量数据	－	＋
准确性	－	＋
样本代表性	＋	－
回答偏差	＋	－

注："＋"表示相对另一种研究设计的优势；"－"表示相对劣势。

表 2-5　横向研究数据不能反映变化

购买的品牌	时　间　段	
	调查时间段Ⅰ/人	调查时间段Ⅱ/人
A 品牌	200	200
B 品牌	300	300
C 品牌	500	500
合计	1 000	1 000

表 2-6　纵向研究数据可以反映变化

购买的品牌	调查时间段Ⅱ购买的品牌		
	A 品牌/人	B 品牌/人	C 品牌/人
A 品牌	100	50	50
B 品牌	25	100	175
C 品牌	75	150	275
合计	200	300	500

因此,在这一时间段,C 的品牌忠诚度最高,而 B 的品牌忠诚度最低。表 2-6 提供了关于品牌忠诚度和品牌转换的有价值的信息(这种表称为品牌转换矩阵)。

(三) 因果关系调研

因果关系调研的目的是找到因果关系的证据,以便作出决策。营销经理总是根据假设的因果关系不停地作出决策,这些假设可能不正确,必须通过正式的调研对它进行检验。例如,通常假设价格下降会引起销售的增加和市场份额的提高,但在特定的竞争环境下,这个假设并不能获得支持。

因果关系调研对于实现下列目的很有必要:

(1) 辨别哪些变量是原因(独立变量),哪些变量是结果(非独立变量);

(2) 判断原因变量和结果变量之间的关系的实质。

与描述性调研相似,因果关系调研也需要有计划、有结构的设计。尽管描述性调研可以判断变量之间的相互联系程度,但对于检验因果关系却不合适。检验因果关系需要进行原因调研设计,使得原因和独立变量能够在相对控制的环境里被操作运用。这里所说的"相对控制环境"是指尽最大可能对那些影响非独立变量的其他变量实施控制和检查的环境。因果关系调研的主要方法是实验调查法。

例如,在百货商店顾客调查项目中,研究人员希望确定销售人员的存在与帮助是否会影响家庭用具的销售。在其下属连锁店中,选择两个可比的家庭用具柜台作为两组,从而构成因果研究设计。在一段时间内,训练有素的销售人员只出现在家庭用具柜台中的一组,而没有出现在另一组。在控制其他变量的同时监测两个小组的销售额,比较两个小组的销售额就可以揭示销售人员对商场家庭用具销售额的影响。另外,研究人员也可以只选择其中一组,在两个可比的时段中进行控制,即销售人员在一个时段中出现,在另一个时段中不出现,通过比较两个可比时段的销售额得出结论。

三、三种调研设计方案的选择

探索性调研、描述性调研与因果关系调研之间的区别并非是绝对的。调研是一个“螺旋式”的过程,在执行一个调研项目时,我们可能发现还需要进行其他一些调研。一个给定的市场营销调研项目可能涉及多种类型的研究设计,以满足多种目的。问题的性质决定应如何联合运用研究设计。我们提供如下选择研究设计的指导方针。

(1)当对问题的情形几乎一无所知时,应该先使用探索性调研。当需要更加准确地定义问题、确定备选行动方案、提出研究问题或者假设、分离主要变量以及区分因变量与自变量时,适合进行探索性调研。

(2)探索性调研是整个研究设计框架的起点。在大多数例子中,探索性调研之后应该是描述性调研或者因果关系调研。采用这种顺序模式的理由是调研人员为完成后面的设计需要对调研问题有更多的了解,因为探索性调研将为调研人员提供实施描述性调研所需要的信息,而描述性调研将为进行因果关系调研提供所需信息。例如,探索性调研所提出的假设应利用描述性调研或者因果关系调研来进行统计上的检验。

(3)每个研究设计没有必要都从探索性调研开始。我们有充分的理由可以从任何一种调研设计开始实施调研并且整个调研只使用这一种调研设计。它有赖于问题定义的准确程度以及调研人员对于解决问题的方法的明确程度。研究设计也可以从描述性调研或者因果关系调研开始。例如,顾客满意度调查不需要从探索性调研开始,也不需要包括探索性调研。

(4)探索性调研也可以在描述性调研或者因果关系调研之后。实际调研中,在实施了描述性调研或因果关系调研之后很可能会发现还需要回过头来进行探索性调研。例如,如果描述性调研或者因果关系调研所得到的结果让主管很难解释,那么探索性调研可以提供更多的观点来帮助理解这些结果。

第三节　营销调研方案策划书与方案的可行性研究

一、营销调研方案策划书

当市场营销调研设计基本完成,项目的预算和日程基本确定之后,应该准备和提交一份书面的营销调研方案策划书或称项目建议书。方案策划书是指导调研项目的正式文本,它包含营销调研过程的所有阶段、内容。方案策划书格式可能有所区别,但大多数方案策划书都由以下部分组成。

(1) 概要。概述策划书中各部分的要点,提供整个项目的概况。

(2) 背景。描述与营销调研问题相关的背景和来龙去脉。

(3) 调研问题及研究目的。应陈述清楚营销调研问题(包括其包含的各种组成要素),更应明确说明营销调研的目的。

(4) 研究调研问题的方法。明确营销调研问题中应用的有关方法,如假设、模型、相关因素分析等,在建议策划书中应作适当的交代。

(5) 调研设计。所确定的营销调研设计应该具体化,下述几个方面的信息是必须提供的:需获取的信息类别;抽样计划和样本规模;调查问卷的特征,包括所提问题的类型、时间长度、平均会见时间等;实施调查问卷的方法,如邮寄、电话询问、人员访问等;测量技术等。

(6) 现场工作和资料收集。包括谁去收集资料,怎样收集资料,以及保证资料收集质量的措施等。

(7) 资料分析。包括资料分析的方法,分析结果的表达形式等。

(8) 报告。策划书中还应包括调查结果的汇报形式,如是否要有阶段性成果的报告,最终报告的形式等。

(9) 费用和时间。应详细列明调研项目的费用测算和时间进度日程表。

(10) 附录。如果存在与研究项目有关的其他有价值的资料,应作为策划书的附录附上。

范伟达编著的《市场调查教程》介绍了上海复旦市场营销调研中心为某烟草集团公司调研项目所提供的方案策划书,摘录如下,供读者结合实例了解方案策划书的形成。

某地卷烟消费市场调查方案策划书

一、研究目的

1. 某地卷烟消费市场总量测算。

2. 某地各区县卷烟消费市场分区总量测算。

3. 某地各类卷烟及主要品牌在某地各区县的消费量以及所占市场份额分布。

4. 某地吸烟率估算。

5. 卷烟消费群体的消费行为研究。

6. 某地卷烟消费市场趋势预测。

7. 某地假烟、走私烟比例估算。

8. 加入世界贸易组织(WTO)对卷烟消费的影响。

二、研究内容

1. 调查范围:某地各区县。

2. 调查对象:某地15岁以上卷烟消费者,包括有正式户籍人口和外来常住及流动人口。

3. 卷烟类型:烤烟型、低焦油型、混合型,并注意沪烟、云烟等各产区卷烟,探讨主要类型的市场趋势。

4. 研究品牌：中华、双喜、牡丹、红塔山、云烟、三五、七星等。

5. 研究结果将反映出吸烟人数及卷烟消费总量。

6. 了解区域人口结构，包括各区县人口数、人口性别数、人口性别比、各年龄段人口比、文化程度、职业构成、外来常住及流动人口总数等，以及吸烟者在上述各结构中的分布，为推算总体数据提供依据。

7. 了解卷烟消费者吸烟现状：各类卷烟消费者人数、吸烟率、各类卷烟消费量、主要品牌消费量、卷烟知名度、消费者戒烟意向及卷烟消费趋势。

8. 卷烟消费者消费行为研究，包括购买考虑因素、购买场所时段、品牌认知程度等。

9. 新产品发展前景，单项预测及其他类型产品比较预测。

10. 研究结果要求有95%的可靠性，经抽样调查的估计消费量与真实消费量之间的抽样误差不超过 2%～3%。

三、研究方法

本研究运用科学的随机抽样方法调查，采用入户问卷面访及部分定点补充调查方式实地收集资料，并辅之以文献资料查阅了解基本状况。

（一）问卷设计

问卷内容涉及卷烟品牌、消费数量、消费群体、地区分布及市场规模估计和市场需求预测等上述调查研究要求中所涉及的相关指标，据此统计推断市场消费总量、地区总量相关数据。

在具体设计中，问卷将设置下列指标。

1. 关于品牌：对于翻盖中华、云烟、三五、摩尔等35种品牌的认知程度（提示前、提示后）、吸烟数量（吸得最多、次多、常吸）、最喜欢的品牌等。

2. 关于类型：以烤烟型等7种类型分，以焦油含量分，以口味浓淡分。研究各自的喜欢程度、对低焦油烟的认知程度、对"花色烟"的认知、喜欢及可能购买情况。

3. 关于消费行为：每天吸烟数量，香烟来源比例，隔多少天买一次烟，每月花多少钱买烟，影响购买的因素（如品牌、口味、价格、包装、焦油含量、季节等），购买地点，吸烟原因（如缓解情绪、社交、提神、好奇、减肥、显示个性等），对"戒烟"的看法等。

4. 关于假冒烟和外烟：能否辨别真烟、假冒烟，是否吸过假冒烟，吸过假冒烟的品牌，WTO与外烟等。

5. 关于生活态度：列出一些形容自己的句子，由被访者回答同意的程度，如"我认为自己是个外向型的人""现今社会有关系比才能更重要"等。

6. 背景资料：性别、年龄、文化、户籍、家庭人口、职业、收入等。

7. 记录被访者对某地卷烟的生产和销售提出的希望和要求。

（二）抽样方案

1. 调查总体

本研究的调查研究总体为15岁以上在本地居住，包括有正式户籍的人口和外来流动及外来常住人口等在内的所有卷烟消费者。

2. 抽样方法

本研究主要采用分段系统随机抽样法抽取样本,抽样框为市区(县)—居村(委)—家庭(人)三阶段。三段抽样的抽样框如下:

20个区县到303个街道(镇)的抽样清单。

303个街道(乡镇)到6 213个居(村)委的抽样清单。

6 213个居(村)委到户的抽样清单。

对外来人口除以上方式抽取样本以外,再补充从各类企业单位外来人员集体居住户、船上、市郊结合部及海陆空等通道进行定点补充抽样调查。

3. 样本大小(略)

四、研究进度(略)

五、经费预算(略)

二、方案的可行性研究

在对复杂的社会经济现象进行调研时,所设计的调研方案通常不是唯一的,调研者需要从多个调研方案中选取最优方案。同时,调研方案的设计也不是一次完成的,而要经过必要的可行性研究,对方案进行试点和修改才能最终形成。对营销调研方案的可行性研究可以参照以下三种方法进行。

(一)逻辑分析法

逻辑分析法用于检查所设计的调研方案的部分内容是否符合逻辑和情理。例如,对于学龄前儿童,要询问其文化程度,对于没有通电的山区要了解其对电视的看法等都是有悖于情理的,也是缺乏实际意义的。

(二)经验判断法

经验判断法是组织一些具有丰富调查经验的人士或专家,对设计出的调研方案加以初步研究和判断,以说明方案的可行性。例如,对劳务市场中的保姆问题进行调查,就不宜采用入户面访或电话调查方式,而适合采用拦截式调查;对于IT行业的专家和企业家进行调查,就适宜采用深层访谈或电话访谈等。经验判断法能够节省人力和时间,在比较短的时间内得出结论。

(三)试点调查法

试点的主要目的是使调研方案更加科学和完善,而不在于收集具体资料。

从认识的全过程来说,试点是从认识到实践,并从实践到再认识,兼备了认识过程的两个阶段。因此,试点具有实践性和创新性两个明显的特点,两者相互联系、相辅相成。试点正是通过实践把客观现象反馈到认识主体,以便起到修改、补充、丰富、完善主体认识的作用。同时,通过试点,还可以为正式调研取得实践经验,并把人们对客观事物的了解推进到一个更高的阶段。

三、方案的评价

对于一个研究方案的优劣,可以从下列不同角度加以评价:

(1) 方案设计是否体现调研目的和要求;

（2）方案设计是否科学、完整和可操作；

（3）方案设计能否使调研质量有所提高；

（4）调研实效检验，即通过实践检验调研方案的科学性。

方案的评价有其重要的意义。首先，方案的评价架起了方案与实施的桥梁，为研究创造了条件。其次，对于研究者来说可以不断总结提高，推动市场营销调研的发展。

思　考　题

1. 简述市场营销调研主题的界定程序。

2. 调研主题界定中有哪些调查工作？

3. 探索性调研与结论性调研的区别主要表现在哪些方面？

4. 说明探索性调研、描述性调研、因果关系调研的主要目的。

5. 简析探索性调研、描述性调研与因果关系调研的关系。

6. 营销调研方案策划书一般由哪些部分组成？

7. 营销调研方案可行性研究有哪几种基本方法？

8. 营销调研方案的评价应从哪些角度进行？

市场营销调研工作的目标是获取总体的各类信息及特征。一般来说,有两种方法可供选择:一是普查,二是抽样调查。普查是了解调查对象真实情况的最准确的方法,它是通过逐一调查总体的每一个单位的信息,加以汇总,得到调查对象特征的调查方法。但是普查在人、财和物力成本上的耗费过于庞大,有时甚至不可能进行普查,因此,在市场调研中并不经常使用普查方法,本书也不对其进行介绍。抽样调查是一种专门组织的非全面调查,它是按照一定的方式,从调研总体中抽选出一部分单位作为样本进行调查,并根据所得的结果推断总体情况和特征的专门性的调查活动。抽样调查是现代市场营销调研中的重要方式,是国际上公认的和普遍采用的科学的调查手段。抽样调查的理论基础是概率论中诸如中心极限定理等一系列理论。本章介绍抽样调查的概念、抽样调查的特点与程序、抽样调查的方法、样本容量的确定等问题。

第一节　样本和抽样的基本概念

样本的确定和抽样方法的选择是市场营销调研基础性和关键性的工作,为了更好地理解和执行后面的操作步骤,有必要详细介绍关于样本和抽样的基本概念。

一、调查总体与抽样总体

市场营销调研活动首先要确定需要了解的问题及内容,然后明确调查对象。从市场调查的范围来看,将所有调查研究的对象的全体称为调查总体(简称总体),有时也可称为全域。

定义总体要明确总体的范围、性质和构成。例如,某超市曾经调查了解附近的中南财经政法大学及周边居民日常消费品的市场状况、消费者的消费理念、消费习惯、消费偏好等,以便调整该超市的商品结构和经营行为,因此,超市周边所有消费者就是这家超市对调查总体的定义。因为该地区流动人口并不多,所以目标市场主要包括附近社区的居民以及该大学的学生。

抽样总体是由抽样调查时被抽取的调查对象所构成的集合(简称样本)。在上述例子中,该超市不可能就目标市场的所有居民和学生作调查,因为其物力、人力、财力资源都是有限的,所以只允许调查部分但有代表性的消费者群体以达到这次市场营销调研的目的,那些被抽中拟对其进行调查的消费者就构成了样本。

二、总体单位与样本单位

总体单位就是构成总体的每一个单位。例如,在对家庭轿车购买以及普及情况进行市场调查时,应该以户为单位,调查范围内的每一户就是总体单位。又如,如果对某个品牌的洗发水进行市场调查,每个消费者都是一个总体单位。

样本单位就是抽样调查时被抽中的总体单位,也叫抽样单位。例如,调查研究武汉市场购买化妆品的女性消费者的行为特征时,被抽中的女性即为样本单位。

一定数量的样本单位所组成的集合又称为样本。样本单位的多寡又称样本容量的大小,即所谓的大、小样本。样本单位是按一定的抽样方法从总体中抽取出来的,为了尽量减少调查结果与真实情况之间存在的误差,有许多具体的抽样方法,但最基本的原则是,使样本对总体具有极大的代表性。用通俗的话说,就是无论分布特征、数值水平,还是结构状况等,都与总体相似。

三、总体指标与抽样指标

根据总体各个单位标志值计算出来的综合指标称为总体指标,用 X 表示。它是我们想知道的对象特征的数量反映。根据样本中各样本单位标志值计算出来的综合指标称为抽样指标,用 x 表示。它是我们能够得到并且希望用它来推断总体指标的指标。这里所说的指标主要有两种:一种为平均数,另一种为成数(如在上面目标超市的市场调研中,社区居民消费者所占的比例为 70%,中南财经政法大学学生消费者所占的比例为 30%,这里的 70% 和 30% 均为成数)。成数一般用 P(总体指标)或 p(样本指标)来表示。

(一)总体指标

总体指标是指根据调研总体各个体指标值计算的综合指标。常用的总体指标有总体平均数、总体成数、总体方差和均方差。

1. 总体平均数

总体平均数是调研总体所研究标志的平均值,有简单式和加权式两种计算方法,其计算公式为

简单式: $$\overline{X} = \frac{\sum\limits_{i=1}^{N} X_i}{N} \tag{3-1}$$

式中,X_i 为总体单位标志值;

$\quad$ N 为总体单位数目。

加权式: $$\overline{X} = \frac{\sum\limits_{i=1}^{n} X_i N_i}{\sum\limits_{i=1}^{n} N_i} \tag{3-2}$$

式中,X_i 为各组标志值;

$\quad$ N_i 为各组总体单位数目;

$\quad$ n 为组数。

2. 总体成数

总体成数是指一个现象有两种表现时,其中具有某种标志的个体数在总体中所占的比重。例如,对于某种商品,消费者可分为已拥有和尚未拥有两种情况,消费者总体中已拥有率和尚未拥有率就称为成数。总体成数计算公式为

$$P = N_1/N, \quad Q = N_0/N \tag{3-3}$$

式中,N 为总体单位数目;

P(或 Q)为成数;

N_1、N_0 分别为两种表现的总体单位数,并且 $N_1 + N_0 = N$,$P + Q = 1$。

3. 总体方差和均方差

总体方差和均方差是用来说明总体指标变异程度的指标,是理解和应用抽样调查时很重要的基础指标。方差与均方差的关系是平方和开平方的关系,可分别计算平均数与成数的方差和标准差。

总体平均数方差和均方差的计算公式为

简单式: $$\sigma^2 = \frac{\sum_{i=1}^{n}(X_i - \overline{X})^2}{N} \tag{3-4}$$

$$\sigma = \sqrt{\frac{\sum_{i=1}^{n}(X_i - \overline{X})^2}{N}} \tag{3-5}$$

加权式: $$\sigma^2 = \frac{\sum_{i=1}^{n}(X_i - \overline{X})^2 N_i}{\sum_{i=1}^{n} N_i} \tag{3-6}$$

$$\sigma = \sqrt{\frac{\sum_{i=1}^{n}(X_i - \overline{X})^2 N_i}{\sum_{i=1}^{n} N_i}} \tag{3-7}$$

总体成数方差与均方差的计算公式为

$$\sigma^2 = PQ = P(1 - P) \tag{3-8}$$

$$\sigma = \sqrt{PQ} = \sqrt{P(1 - P)} \tag{3-9}$$

式中,σ^2、σ 分别为方差、均方差,其他符号含义同前。

(二) 抽样指标

抽样指标是根据样本总体各个标志值计算的综合指标。常用的抽样指标有抽样平均数、抽样成数、抽样方差和均方差,其计算方法与调研总体综合指标计算方法相同,只是计算公式中所采用的符号有所不同,故不再重复。市场营销调研中,一般用抽样平均数、抽样成数、抽样方差和均方差来推断总体平均数、总体成数、总体方差和均方差。

四、抽样框及抽样框的选择

抽样框就是所有总体单位的集合,是总体的数据目录或全部总体单位的名单。抽样

框在抽样调查中处于基础地位,编制抽样框是抽样的前期工作,其作用在于方便抽样。理想情况下,会有一个完整而准确的总体单位名单,叫作完整的抽样框。在完整的抽样框中,每个调研对象应该出现一次,而且只能出现一次。例如,"沪深两地股票上市公司"就是完整的抽样框。但在大多数情况下,这种理想的抽样框是不存在的,调研人员只能用别的来代替,如黄页簿、工商局企业登记库、行业年鉴等。可借用的抽样框有多种类型时,调研人员必须从中选择一个"最理想"的抽样框。所谓最理想的抽样框起码具有下面一些特点。

（1）包含尽可能多的样本单位,即尽可能地将所有样本单位都包括在这个集合之中。抽样框的不完整会导致抽样框误差的产生甚至导致调查无法实施。例如,在一项调研中,调研的总体是那些在 3 个月内曾经在网上购物的人,但是根本没有办法掌握这份名单。

（2）所有样本单位出现在这一集合中的概率相等,即在这一抽样框中每个样本单位出现的机会相同,从而保证每个样本单位被抽中的机会相同。例如,调研人员所依据的《黄页电话号码簿》不仅要将调研对象一一列入,而且每个单位被列入的次数要相等,从而保证他们被抽中的机会相同。

在实际抽样操作中,满足这两点非常不容易。例如,在城市居民户的抽样中,经常会出现一户有多处住房的情况,这样很容易把这一户重复列入抽样框,使得他们在抽样中的中选概率高于其他居民;而在一些居住条件较差的城市,很多居民同住在一个门牌号中,因此很容易被遗漏,其中选概率变为零。这些都会导致违背随机抽取的等概率原则。

可见,在调研中形成一个适当的抽样框经常是调查者面临的最有挑战性的问题之一。

五、调查误差与抽样误差

调查误差是指调查的结果与客观实际情况之间的偏离,一般以工作性误差和代表性误差两种形式存在。市场调查中,误差总是难免的,无论是全面调查还是非全面调查,都有可能发生误差。只要能够对这种误差加以估计和控制,从而使用调查结果来推断总体情况可信,这种误差就不至于影响决策的正确性。如果调查误差过大,调查就很难有意义。

工作性误差,是在市场调查工作过程中由于调查方案有缺陷、调查方法不科学、调查人员不诚实或者由于抄写、记录、登记、计算等工作上的失误而导致的误差。这种误差有可能存在于任何方式的调查中,市场调查对象范围越广、规模越大、内容越复杂、调查环节越多、参加人员越庞杂,发生这种误差的可能性也就越大。但是,这种误差是能够通过采取一定措施来避免的。

代表性误差是指用样本代表总体,推断总体时产生的误差。代表性误差只在非全面调查中存在,具体又分为系统性偏差和抽样误差两种。系统性偏差是由于调查者违背抽样的随机原则,人为地选择偏高或偏低单位进行调查而产生的误差,它是调查者通过努力可以避免的;抽样误差则是在不违背随机原则的情况下必然出现的误差,它是抽样调查固有的代表性误差。

总之,抽样误差就是按照随机原则抽样时,所得样本指标与总体指标的实际差数,主要是指样本平均数与总体平均数之差$(\bar{x}-X)$,样本成数与总体成数之差$(p-P)$。这种误差不包括抽样调查时的工作性误差,也不包括假如破坏随机原则而可能发生的系统偏差。抽样误差大小与样本的代表性成反比,即抽样误差越大,所抽样本的代表性越低;反之,样本的代表性越高。

抽样误差的大小主要受以下三个因素的影响。

(1) 被研究总体各单位标志值的差异程度。被研究总体各单位标志值的差异程度越大,即总体的方差和均方差越大,抽样误差也就越大;反之,抽样误差越小。如果总体各单位标志值之间没有差异,那么抽样指标和总体指标相等,抽样误差也就不存在了。

(2) 抽取的调查个体数目。在其他条件不变的情况下,抽样单位数越多,抽样误差就越小;反之,抽样误差就越大。当抽样单位数大到与总体单位数相同时,就相当于全面调查,抽样误差也就不存在了。

(3) 抽样调查的组织方式。抽样误差也受抽样调查的组织方式影响,一般来说,按照系统抽样和分层抽样方式组织抽样调查,由于经过排队或分类可以缩小差异程度,因而在抽取相同数目样本的情况下,其抽样误差要比用简单随机抽样方式小。

第二节　抽样调查的特点及程序

一、抽样调查的特点

1. 费用低,易推广

样本容量只是总体中的一小部分,确定合理的样本容量既可以把调查对象降低到较小的程度,又能保证调查的有效性,从而可以大大减少工作量,降低费用开支。同时,由于抽样调查只需较少的人力、财力、物力,企业易于承担,容易组织和执行。

2. 质量高,可信度好

由于抽样调查是建立在科学的数理统计分析的基础上的,因此,只要能够按照科学合理的程序进行抽样,就可以排除个人主观因素的影响,保证样本的代表性,将误差控制在一定的范围内,确保获取的信息资料有较好的可靠性和准确性。同时,由于抽样调查只调查部分总体单位,数目较小,参加调查的人员较精干,可以最大限度地减少工作性误差,从而提高调查的质量。

3. 时间短,收效快

市场营销调研对时间的要求是非常严格的。由于抽样调查的样本单位少,操作方便,因此能十分迅速地得到调查结果,这对于现代企业营销决策迅速适应市场的变化是非常有益的。

二、抽样调查的适用情况

前面已经提到普查由于受到人、财、物力和时间的限制不可能经常使用,大量的市场营销调研都是采用抽样调查。那么,在什么情况下采用抽样调查呢?

(1) 用于认识那些不能或难以采用全面调查的总体的数量特征。这样的总体有无限总体(如大气或海洋污染情况的调查)、动态总体(如连续生产的产品性能检验),以及范围过大、分布过散的有限总体(如居民家计调查、江河水库中的鱼苗数量调查、森林的木材积蓄量调查等)。对于这样的总体,只能用抽样调查来取得有关数据资料。

(2) 用于认识不适宜进行全面调查,但又必须了解总体数量特征的事物。例如,对于产品的耐用时间所作的具有破坏性或消耗性的产品质量检测,人体的血液检验,饮料的品尝等,都是不适宜进行全面调查的,有关数据和结论要通过抽样调查来解决。

(3) 用于认识不必进行全面调查的总体。有些总体虽然可以进行全面调查,但从调查的人、财、物力的投入与所取得的调查结果的对比上看却是不必要的。例如,城乡居民收支调查,人体的身高、体重调查等,虽可全面进行,但工作量很大,而居民的收支、人体的身高与体重等本身都有内在的相似性和规律性,全面调查与抽样调查的结果相差无几。因此,对于这样的总体,只需抽样调查即可。

(4) 用于收集灵敏度高、时效性强或时间要求紧迫的信息资料。例如,在激烈的市场竞争中,企业所需的市场信息有很强的灵敏度和时效性,若不及时取得将毫无用处。很显然,既不可能也不允许进行全面调查,只有采用抽样调查的方法才能在时间上满足企业的要求。再如,对于连续生产中的产品质量控制,要求随时了解产品生产过程是否处于技术要求的正常状态,一旦发现问题,就要分清原因,及时纠正。否则,待大量生产后才发现问题,所造成的损失将难以挽回。由于不可能边生产边进行全面调查,因而要用抽样调查方法来及时了解生产情况。此外,产品交易中的验收检验、易变化波动现象的调查、特殊情况下的特殊调查(如战时的物资调查)等,都对及时性有很强的要求,都需要进行抽样调查。

(5) 在核对和补充普查准确性时采用抽样调查。例如,可以用定期普查(调查项目较少)与非普查年份的抽样调查(调查项目较多)相结合,既可以在内容上相互补充,又可以在时间上相互衔接。同时,用抽样调查的方法也可以核对普查的质量。例如,中国在历次人口普查后都要进行差错率的抽样调查,并对普查的结果进行修正。

此外,抽样调查和推断还可以用来对总体特征的某种假设进行检验,并判断这种假设的真伪,决定方案的取舍,为行动决策提供依据。例如,要确定某项新工艺或新配方在生产中的推广是否具有显著价值,就可以通过抽样推断来进行假设检验,以决定是采用还是放弃。

三、抽样调查程序

制订一个具有可操作性的抽样调查计划大致需要经过的步骤是:界定调查总体及样本单位→选择资料收集方法→选择抽样框→选择抽样方法→确定样本容量→制定抽取样本的操作程序。

(一) 界定调查总体及样本单位

为了满足调研目的的需要,应该详细说明和描述提供信息或与所需信息有关的个体或实体(如公司、商店等)所具有的特征,确定调查范围及总体单位。例如,西安市旅游局为了了解当地居民的旅游消费行为,准备安排一项电话访问调查。那么,调查总体就是调查期内在西安市居住超过 2 年,本年在西安居住超过 5 个月并且年满 25 岁的成年人。一般来说,调查总体可以从地域特征、人口统计学特征、产品或服务使用情况、对产品或服务的认知度等几个方面进行描述。

1. 地域特征

地域特征是指总体单位活动的范围或区域,可能是一个城镇、一个城市、整个国家或者许多国家,有时指的是总体单位的户籍所在地或长期居住地。例如,当需要在武汉市进行产品推广、制定媒体广告策略时,消费者的地域特征就是上述概念。还有在上面的例子中,西安市旅游局所作的市场调查中调查总体就要着重考虑地域特征。

2. 人口统计学特征

考虑到调研目标和企业产品的目标市场,我们要着重考虑在人口统计变量方面具有某些特征的总体单位。例如,在进行护肤品市场调查时,被访者主要应为女性,其中,年龄在 18 岁以上 50 岁以下的被访者的意见是至关重要的,而了解 60 岁以上的被访者意见的意义则不大。再如,中南财经政法大学工商管理学院的一位教授一直致力于"银发市场"消费特征的研究,在选择调查对象时,他着重考察的是人口统计特征中的年龄因素。

3. 产品或服务使用情况

除了上述因素外,同质总体的共同特征通常根据产品或服务的需求情况来定义。例如,在对消费者的满意度进行调查时,被访者应该是某产品或服务的消费者。有时通过一定时间内消费者是否使用产品或服务和使用的频率来描述。例如,在 1 个月内你是否使用过快递服务?近 1 年内,你是否打算购买汽车?

4. 对产品或服务的认知度

企业在传递其产品和服务的信息,或者做品牌传播时,所采取的方式是多种多样的。当我们想探知每一种方式传递信息的效果如何以及消费者对所传递信息的理解程度如何这些问题时,消费者对产品或服务的认知度就成为定义同质总体的重要特征。

样本单位是抽样的基本单位,有时是个人,有时是家庭,有时是公司等。明确了同质总体的特征,在市场调查的操作过程中还要选择合格的样本单位。所以,如果有必要的话,应在问卷的开始部分或者某组问题的开始部分设立过滤性的问答题,以剔除不合格的样本,减少或避免人力和物力的浪费。

另外,被访者获得商品或服务信息的渠道也是调研人员应该考虑的因素。如果被调查者是该类商品的生产者、销售者或市场营销人员等具有专业知识的人员,则他们的观点、反应与普通的消费者是不一样的。他们的观点和看法并不重要,并且如果把他们所反映的信息统计到调查结果中去,会影响调查的客观准确性。因此,这样的样本应该剔除。例如,在进行家用轿车消费者的市场调查时,调查对象应排除汽车销售商及其直系家属、汽车生产职工及其直系家属、广告公司职员等。

(二)选择资料收集方法

资料收集方法的选择对抽样过程、市场调查的成本控制以及市场调研结果的正确性和准确性等都有很大的影响。例如,采用入户面访、电话调查、街上拦截,或者是网上调查、邮寄调查,其抽样结果都会有所不同。由于不同的资料收集方法有其独特的优势和局限,因此,应根据具体情况和具体要求选择合适的方法。

例如,某商业公司一向注重服务,而且公司自信在这方面的口碑颇佳。他们想在良好的商誉基础上继续提供更为出色的服务。根据经验,他们选择了两家供应商来设计和制作追踪消费者满意程度的系统,这两家公司拟采用不同的资料收集方式。

第一家公司建议通过电话访问来建立一个调查系统。该公司提议电话号码随机抽取,全部访问由当地电话中心调控,每月对 400 名消费者进行采访。经计算,该抽样方式所提供的消费者满意程度评估的结果误差不超过 5%。

第二家公司建议通过邮寄调查收集必要资料。理由是:第一,此方法成本低、质量高;第二,消费者在回信时比在接受电话访谈时更坦率。此外,电话采访的月成本比邮寄方式的月成本要高。

从抽样的角度来看,对这两种方法可以作出以下初步评价。

(1)邮寄调查的回收率估计为 25%。这表明 75% 的收信人不会回信。如果回信的人与不回信的人观点截然不同,那么调查结果就有偏差并且不能真实代表公司的顾客。

(2)电话采访的回答率估计为 70%。这表明 1/3 以下(30%)的被采访人联系不上或拒绝接受采访。尽管电话采访仍存在很高的不回答率,但潜在的不回答者的不同意见要少得多,调查结果也更接近该商业公司消费者的真实观点。

(3)电话采访更快捷。电话采访可以在大约两周内完成调查、制表并提交报告。同样的程序,邮寄调查则需差不多 6 周时间,因为人们收信、填表、回收都需要时间。而且,邮寄方式如果仅收到 25% 的回信,还需要进行二次调研。

显然,在进行抽样设计时,要反复比较不同的资料收集方式,争取做出最好的选择。

(三)选择抽样框

本章第一节提过,在理想情况下,会有一个完整而准确的抽样框。但在大多数情况下,这种理想状态是不存在的,即调研人员无法获得完整的抽样框,只能用其他代替。在这种情况下,调研人员只能从几个抽样框中选择一个最好的。对于一家准备开展一项消费者需要调研活动的公司,又假定他们准备采用随机抽样确定访问对象后实施"入户访问",可供调研人员作为抽样框架的是一份详细的地图,或者是由户籍管理部门或住宅小区物业管理部门提供的"住户门牌号码表",调研人员最后应根据"最准确""最可行""最便利"的原则确定以哪个作为自己此次抽样的抽样框。在没有现成名单的情况下,可由调研人员自己编制。

在实践中,抽样框可以是有一定顺序的名单的形式,例如,由户籍管理部门或住宅小区物业管理部门提供的户籍资料或"住户门牌号码表";抽样框也可能是以一定的逻辑关系形成的顺序表,例如,在调查某城市公交公司多条线路在某一时段的载客率时,可以把它的全部线路以及相邻站点之间的路段为单位排列起来,对抽中路段内的车辆进行调查,这就是将空间以逻辑关系排列成抽样框。

调研实践中,有时较易于得到的抽样框包括部分非总体单位,调研人员仍然可以使用它,但是需要注意对样本按照确定的总体单位特征再进行过滤。

(四)选择抽样方法

抽样方法的选择取决于调查研究的目的、调查问题的性质以及调研经费和允许花费的时间等客观条件。调研人员应该掌握各种类型的具体的抽样方法,只有这样才能在各种环境特征和具体条件下及时选择最为合适的抽样方法,以确定每一个具体的调查对象。

抽样方法可以分为两大类：随机抽样和非随机抽样(也称概率抽样和非概率抽样)。

1. 随机抽样方法

随机抽样方法是对总体中每一个总体单位都给予平等的抽取机会的抽样技术。在随机抽样的条件下,每个总体单位抽中或抽不中全靠概率,排除了人的主观因素的选择。随机抽样方法一般包括简单随机抽样方法、系统随机抽样方法、分层随机抽样方法和整群随机抽样方法等。

(1) 随机抽样方法的优点

① 因其排除了人为的干扰,抽取的样本可以大致上代表总体。

② 能够计算调查结果的可靠程度。可通过概率推算抽样误差(又称代表性误差),并将误差控制在一定范围内。

(2) 随机抽样方法的缺点

① 对所有调查样本都给予平等看待,难以体现重点。

② 抽样范围比较广,所需时间长,参加调查的人员和费用多。

③ 需要具有一定专业技术的专业人员进行抽样和资料分析,一般调查人员难以胜任。

2. 非随机抽样方法

非随机抽样方法是指在抽样时,按照一定的主观标准来抽取样本的抽样技术。在非随机抽样的条件下,总体中的每个总体单位不具有被平等抽取的机会。由于主观标准的确定和判断力不同,以及采用的具体方法、操作技巧等也不同,常用的非随机抽样方法可分为便利抽样方法、判断抽样方法、配额抽样方法、滚雪球抽样方法等。

(1) 非随机抽样方法的优点

① 可以充分利用已知资料,选择较为典型的样本,使样本更好地代表总体。

② 可以缩小抽样范围,节约调查时间、调查人员和调查费用。

③ 操作方便,易于实施,统计上也远较随机抽样简单。

(2) 非随机抽样方法的缺点

① 无法判断其误差和检查调查结果的准确性。因为在用非随机抽样技术进行调查的总体中,每一个样本被抽取的概率不一样,概率值的大小不清楚,无法借助概率计算推算值与实际值的差异。其可靠程度只能由调查人员主观评定。由于主观标准不当或主观判断失误均会增大抽样误差,所以难以核实出现的差错。

② 有目的的非随机抽样可能会导致系统地排除或过分强调研究对象的个性特征,评估非随机抽样的总体质量有很大的困难。

在进行实际市场调研时,调研人员要根据不同的调研要求和目的,选择最合适的抽样技术,才能取得良好的效果。

在选择抽样方法时,调研人员要进行综合考虑。总的来说,需要考虑的因素可以有以下几个方面：

① 如果调研人员在最后使用各种统计学的方法分析与处理调研数据,确定调研单位的方法必须是随机抽样,以保证调研数据对总体具有足够的代表性。

② 如果市场调研在方案设计中就明确规定最终必须获得具有一定准确性和把握性

的调研结果,那么在确定调研单位时就应该选择随机抽样的方式。

③ 如果市场调研存在一个近乎理想的抽样框,就可以选择随机抽样的抽样方法。例如,中国工商银行调查研究储户对银行提供新服务的需求时,就可以很方便地获取储户的数据库作为相当完整的抽样框,然后经过编程就可以由计算机完成简单随机抽样。

④ 在调研人员没有掌握随机抽样的程序、原理和原则的情况下,或者由于调研的时效性要求越来越高,调研的频度也越来越大,研究人员也常采用非随机抽样的方法。

本章后两节将对两类抽样方法作详细的介绍。

(五)确定样本容量

对于一个特定的抽样调研,在达到一定的样本容量后再增加它的样本容量对提高它的统计准确度起不了多大的作用,而现场调研的费用却成倍地增加。因此,在选择好抽样方法以后,就要确定合适的样本容量。对于随机抽样,我们需要在允许误差的目标水平(抽样结果与总体指标的差异绝对值)、置信水平(置信区间的概率值,置信区间是样本结果加减允许误差形成的一个能涵盖总体真实值的范围)和研究对象数量特征波动水平下计算样本容量。而对于非随机抽样,通常只依靠可得预算、抽选原则、样本的大致构成等来主观地决定样本容量。总之,样本容量确定的原则是控制在必要的最低限度,但要能够尽可能准确和有效地推断总体特征,获得调研信息。

(六)制定抽取样本的操作程序

为了规范资料收集行为,我们在使用随机抽样或非随机抽样方法时,必须制定一个明确的操作程序,以保证抽样调查结果的可信度。对于随机抽样,这一程序显得尤为重要,否则,随机抽样的随机性将得不到保障,调查结果将变得不可信。

例如,对某城市进行电视收视率调查,其总体单位为住户。如果已有城市的街道名单,并且依照随机数码表确定在某条街道抽取 5 户进行调查,则可以进一步制定具体的入户调查抽样操作程序。

入户调查抽样操作程序为:

(1)到达街道找到门牌号为 1 号的第一个住户。

(2)按照门牌编号顺序抽取样本户。

(3)从第一户开始(第一户不作为样本户),每隔 20 户确定一个样本户。

(4)如果一个门牌号为多户,可继续沿"附"号顺序抽样。如果该多户门牌号内未编"附"号,可按如下原则、顺序抽取:①进入多户门牌号院内,按右手方向为先的原则数户;②如果遇到楼房可按其所编的栋、单元及门牌号数户;③如果楼房也未编号,可按右手为先的原则逐栋、逐户数户。

(5)对抽取的住户记下门牌号或具体位置(对于多户门牌号内抽取的样本户应画一示意图)。

(6)按上述方法抽取样本户直至抽足 5 户为止。

(7)如果上述方法数到街道最后一户时仍不足 5 户,可将开始时的第一户放入数户抽样顺序编号中继续数户抽样。如果这时正好抽到第一户,则放弃第一户,并将抽样间隔调整为 12 户或者其他与"20"不重复的频率间隔。

(8) 对于上述方法抽中的住户应排除一切困难进行调查,如果因某户无电视或长期不居住在此地等其他无法调查的原因需要排除,应报调查项目负责人批准后方可排除并重新按上述方法抽样。

在实施适宜操作的抽样计划前,应先对其进行充分的讨论研究。

在调查现场,要完全熟悉抽样背景、抽样区域,然后再进行抽样。遇到特殊情况不能拿定主意时要多问,还要把抽取样本的详细情况清楚地记录下来,保证调查时能够找到、联系到。

第三节　随机抽样方法及其应用

一、简单随机抽样方法及其应用

简单随机抽样是抽样技术中最简单也是最完全的随机抽样,这种方法一般应用于调研总体中各个体之间差异程度较小的情况,或者调研对象不明,难以分组、分类的情况。如果市场营销调研的范围较大,总体内部各个体之间的差异程度较大,则要同其他概率抽样技术结合使用。

前面已经提到,随机抽样就是总体中的每一个单位在抽选时都有同等的被抽中机会。在随机抽样技术条件下,抽样概率为

$$抽样概率 = 样本单位数(n) / 总体单位数(N)$$

简单随机抽样技术常用的有抽签法和随机数表法。

1. 抽签法

用抽签法抽取样本需先将调研总体的每个个体编上号码,然后将号码写在卡片上搅拌均匀,任意从中抽选,抽到一个号码,就对上一个个体,直到抽足预先规定的样本数目为止。这种方法适用于调研总体中个体数目较少的情况。

2. 随机数表法

随机数表法又称乱数表法,随机数表是含有一系列组别的随机数字的表格(如表 3-1 所示)。该方法首先将总体中的全部个体分别标上 $1\sim n$ 个号码,然后利用随机数表随机抽取所需样本。一般利用特制的摇码及其在 $0\sim 9$ 的阿拉伯数字中按照数字位数的要求自动随机逐个摇出一定数目的号码编成,也可利用 Excel 软件中的 rand( )函数产生随机数,所以在客观上随机数表内任何数码出现的机会都是相等的。

表 3-1　随机数表

28	46	53	35	74	72	13	45
20	67	42	15	20	57	80	90
04	36	28	19	26	64	37	15
55	01	26	64	98	56	71	49
72	58	43	57	89	64	27	54

使用随机数表法时,首先要把调查总体中的所有单位予以编号,根据编号的位数确定使用若干位数字,然后查乱数表。把乱数表中任一行或一列的数字作为开始数,接着可以

从上而下或从左至右,或按一定间隔顺序取数,凡编号范围内的数字号码即为被抽取的样本。如果不是重复抽样,碰到重复数字应舍掉,直到抽足预定样本数为止。

例如,现在要从 80 户居民中抽取 10 户进行收入调查,首先将 80 户居民从 1 到 80 进行编号,然后假设从随机数表(见表 3-1)第一行的第六列开始自左向右、自上而下取样,那么顺序取得的样本号为:72、13、45、20、67、42、15、57、80、04。由于 90 大于 80,20 出现重复,故 90 和第二个 20 应舍弃不用。

简单随机抽样的优点是方法简单,并且保证每个总体单位在抽选时都有相等的被抽中机会。当进行相对较小的总体的调研时,这一抽样技术非常有效。但是简单随机抽样的局限也很明显:①该法需以一个完整的总体单位表为依据,但是在现实中编制这样一个完整的总体单位表往往是极其困难的,很多情况下不可能做得到;②这一方法要求事先对所有研究对象编码,当研究对象较多时,这一工作非常复杂,也不易做到;③与其他随机抽样技术相比,这一方法的精度往往较低,标准差较大;④该法抽出的样本能否代表目标总体值得商榷,当样本较小时尤其如此,样本中可能过多或过少地包含某一子集中的人群。

在实际工作中我们可以通过电话随机拨号功能、从计算机档案中挑选访问对象等来完成简单随机抽样。

二、系统抽样方法及其应用

系统抽样也称等距随机抽样,经常作为简单随机抽样的替代方法使用。它是先将调研总体的各个体按一定标志排列起来,然后按照一定顺序和一定间隔来抽取样本个体。

系统抽样方法的应用程序如下。

(1)先按一定标志把总体中的个体顺序排列

排列所依的标志有两种:一种是按与调查项目无关的标志排队,例如,在进行住户调查时,可以选择住户所在街区的门牌号码排列;另一种是按与调查项目有关的标志排列,例如,在进行住户调查时,可按住户平均月收入排列,再进行抽选。总之,必须获得一份总体单位表,这一点与简单随机抽样方法一样。

(2)确定一个抽样间隔,并在此间隔基础上选择样本单位

计算公式为

$$抽样间隔 = 总体单位数(N)/样本单位数(n) \tag{3-10}$$

(3)确定起始抽号数,即抽样起点

可以采用简单随机抽样方式,从第一段距离中抽取一个个体,为简化工作并防止出现某种系统偏差,也可以从第一段距离的 $1/2$ 处抽取第一个个体。

(4)按抽样间隔继续抽取余下的个体,直至抽够为止

例如,某地区有零售店 110 户,采用系统抽样法抽选 11 户进行调查,可以将总体进行编号排列,即从 1 到 110 号。

$$抽样间隔 = N/n = 10 户$$

在第一个 10 户中用简单随机抽样方法抽取第一个样本个体,假设抽到的是 7 号,那么其后依次抽出的就是 17 号、27 号、37 号……107 号这 10 户零售店。

系统抽样与简单随机抽样相比更为简便,耗时更少,更为经济。该法可使中选的个体比较均匀地分布在调研总体中,尤其当被研究对象的标志变异较大,而在实际工作中又不可能抽选更多的样本个体时,这种方式更为有效。但系统抽样也有一定的局限性,主要表现在:

(1) 运用系统抽样的前提是要掌握调研总体每个个体的有关资料,特别是按有关标志排列时,往往需要较为详细、具体的相关资料,这是一项细致而又烦琐的工作。

(2) 可能会出现系统误差。这是因为调研对象的变动可能会带有某种规律,即一定数量间隔发生周期性变化,而此时抽样间隔又与这类周期性间隔相似。例如,对某商场每周的商品销售量情况进行间隔调查时,抽取的第一个样本是周末,抽样间隔为 7 天,那么抽取的样本个体都是周末,而周末往往是商品销售量较大的时候,这样就会产生系统性误差,从而影响系统抽样的代表性。

三、分层抽样方法及其应用

分层抽样方法在市场调研中经常被采用,是一种优良的随机调查组织形式。它将总体各单位先按照与我们关心的对象特征标识相关的标志进行分组(层),然后在各组(层)中采用简单随机抽样或系统抽样方法,确定所要抽取的单位。例如,调查人口可按年龄、收入、职业、位置等标志划分为不同的阶层,然后按照要求在各个阶层中进行随机抽样。分层抽样实质上是科学分组和抽样原理的结合。

(一) 分层抽样的分类

分层抽样的方式一般有等比例分层抽样与非等比例分层抽样两种。

1. 等比例分层抽样

等比例分层抽样是按各层(或各类型)中的个体数量占总体数量的比例分配各层的样本数量。用公式表示为

$$\frac{n_i}{n} = \frac{N_i}{N} \quad \text{或} \quad n_i = \frac{N_i}{N} \cdot n \tag{3-11}$$

式中,n 为样本量;

N 为总体单位数;

i 为各组(层)单位数。

例如,某地共有居民(N)20 000 户,按收入高低进行分类,其中,高收入居民(N_1)为 4 000 户,中等收入居民(N_2)为 12 000 户,低收入居民(N_3)为 4 000 户。从中抽选 200 户进行购买力调查,则各类型应抽取的样本个数为

高收入样本数目为 $n_1 = \frac{N_1}{N} \cdot n = 4\,000 \div 20\,000 \times 200 = 40$(户)

中等收入样本数目为 $n_2 = \frac{N_2}{N} \cdot n = 12\,000 \div 20\,000 \times 200 = 120$(户)

低收入样本数目为 $n_3 = \frac{N_3}{N} \cdot n = 4\,000 \div 20\,000 \times 200 = 40$(户)

这种方法简单易行,分配合理,计算方便,适合各类型之间差异不大的分类抽样调查。

如果各类之间差异过大,则不宜采用,而应采用非等比例分层抽样。

2. 非等比例分层抽样

非等比例分层抽样不是按各层中个体数占总体数的比例分配样本个体,而是根据其他因素,如各层平均数或成数均方差的大小,抽取样本的工作量和费用大小等,调整各层的样本个体数,即有的层可多抽些样本个体,有的层可少抽些样本个体。这种分配方法大多适用于各类总体的个体数相差悬殊或均方差相差较大的情形。在调研个体相差悬殊的情况下,如按等比例抽样,可能在总体个数少的类型中抽取样本个数过少,代表性不足,此时可适当放宽多抽;同样,均方差较大的,也可多抽些样本个数,这样可起到平衡均方差的作用。但是,在调查前准确了解各层(组)标志变异程度的大小是比较困难的。

如果按分层均方差的大小调整各层样本个体数(称分层最佳抽样),其任意一层抽取的样本量 n_i 的计算公式为

$$n_i = \frac{N_i \sigma_i}{\sum N_i \sigma_i} \cdot n \qquad (3\text{-}12)$$

式中,σ_i 为任意一层的标准差;

N_i 为任意一层的单位数。

(二) 分层抽样的应用

分层抽样实质上是把科学分组方法和抽样原理结合起来,前者能划分出性质比较接近的各层(组),以减少标志值之间的变异程度;后者是按照随机原则,可以保证大数法则的正确运用。

1. 分层抽样的应用程序

(1) 找出与所研究的行为相关的突出的(重要的)人口统计特征和分类特征。例如,研究某种产品的消费行为时,按照常理,男性和女性有不同的偏好。为了把性别作为有意义的分层标志,调查者一定能够拿出资料来证明男性和女性的消费水平明显不同。采用这种方式就可以识别出各种不同的显著特征。

(2) 按照所选定的特征把总体各单位分成两个或两个以上的相互独立的完全的层(组)。例如,按性别分为男性、女性两组;按收入分为高收入、中等收入、低收入三组。至于分层(组)使用何种标志,我们一般根据常识来判断。例如,我们要进行一次新产品的销售调查,要预测销售额,通常要按经济收入进行分组,因为经济收入高的人群购买新产品的可能性比较大。

(3) 在每个层(组)中进行简单随机抽样。分组后,在一层(组)中保证每个总体单位都有被选中的机会,在每个层(组)中独立进行简单随机抽样。

(4) 各层(组)中抽出的子样本共同构成调查样本。

2. 分层抽样的优点

(1) 该法比简单随机抽样和系统抽样等方法更为精确,能够通过对较少的抽样单位的调查,得到比较准确的推断结果,特别是当总体较大、内部结构复杂时,分层抽样常能取得令人满意的效果。

(2) 分层抽样在对总体进行推断的同时,还能获得对每层的推断。

3．分层抽样存在的技术问题

（1）有时在实际工作中层的划分并不容易，需要收集必要的资料，从而耗费额外的费用。

（2）分层抽样要求各层的大小都是已知的，当它们不能精确得知时，就需要通过其他手段进行估计，这不仅增加了抽样设计的复杂性，而且会带来新的误差。

4．分层抽样适用的场合

分层抽样作为一种精度最高的常用抽样技术，在以下场合特别适用。

（1）调查中不仅需要对总体的参数进行估计，而且需要对各层的参数进行估计，并且考虑它们的精度。例如，在消费者购买行为调查中，往往既要求获得消费者总体的行为结果，也需要不同层次消费者的行为结果。

（2）要保证样本更具代表性。由于分层抽样中每层（组）一定有单位被抽到，所以样本分布更均匀。

（3）要使调查的组织及数据的汇总都比较方便。因为分层抽样中的数据收集、汇总和处理都是按层（组）独立进行的，所以能够做到调查的组织及数据的汇总都比较方便。

四、整群抽样方法及其应用

整群抽样方法又称分群抽样方法，它是当总体的所在基本单位自然组合为或被划分为若干个群后，从中随机抽取部分群并对抽中群内全部或部分单位进行调查的一种抽样组合方法。前面介绍的几种抽样方法都是从总体中一个一个地抽取样本，在某些实际场合，总体是由许多群集组成的，每个群集包含的个体数目不等，以个体为单位编制抽样框本身就不可行。这时为了便于调查，节省人力和时间，如果把总体分为若干群集，并按群集的抽样框进行简单随机抽样，再从抽中的群集里抽取个体，工作量无疑将大大减少。例如，对工业产品进行质量调查时，每隔五个小时抽取一个小时的产品进行检验。

在整群抽样中，目标总体被分成相互排斥且无个体遗漏的部分或群，样本是从随机抽取的某个群或某几个群中获得的。对每个被选的群而言，要么所有的个体都包括在样本中，要么依概率抽取个体。如果所选群中的个体都包括在样本中，这种抽样称为一步整群抽样；如果个体是从各个选中的群中再依据随机抽样抽取，这种抽样称为二步整群抽样。

整群抽样的应用程序为：①将同质总体分为多个相互独立的完整的较小子集；②随机抽选子集构成样本。

因为以群为单位进行抽选，抽选单位比较集中，明显地影响了样本分布的均匀性，因此，整群抽样与其他抽样方式相比，在抽样单位数目相同的条件下抽样误差较大，代表性较低。在抽样调查实践中，采用整群抽样时，一般都要比其他抽样方式抽选更多的单位，以降低抽样误差，提高抽样结果的准确程度。

整群抽样是假定样本群中单位特征与总体特征一样存在差异性，其可靠程度主要取决于群与群之间的差异大小。当各群间差异越小时整群抽样的调查结果越精确。因此，在大规模的市场调研中,当群体内各个体间的差异较大而各群之间差异较小时,最适合采用分群抽样方式。

尽管与其他抽样方式相比,整群抽样效果一般较差,但整群抽样的实际应用却比较广泛,除抽样框容易获得之外,还有以下几个方面的原因。

(1)当缺少基本单位的名单而难以直接从总体中抽取所要调查的基本单位,但以由基本单位组成的群体(即组合单位)作为抽样单位却有现成的名单或有明显的空间界限时,整群抽样就显得方便实用,避免了编制抽样框的问题。

(2)即使容易获得个体的抽样框,但从费用上考虑,直接从个体抽样获得的样本可能比较分散,从而将增加诸如差旅交通之类的费用,耗时也将增加很多。相反,按整群抽样,由于样本相对集中,既方便调查,也节省费用。因此,虽然对同样多的个体而言,整群抽样的精度稍低,但因每调查一个小单元的平均费用和耗时均低,因此可以通过适当增加样本量来达到费用省、精度高的目标。

(3)采用整群抽样是抽样调查本身目的的需要。有些抽样调查,只有进行整群抽样才能说明问题。例如,普查后的抽样复查,要想估计出其差错率,只能通过对一定地理区域(如省、市、县、街道等)的抽样复查后的人口群体进行全面调查。类似的,人口出生率、流动率等调查都需要采用整群抽样。

(4)在某些总体的各个子总体之间的差异不大时,采用整群抽样的精度不比直接从总体中抽取样本的精度低。例如,调查目标是中学生的性别比例或城市居民户平均拥有彩电数等,此时对班级或社区采用整群抽样的精度就不比直接抽取学生或居民户的精度低。

值得指出的是,整群抽样虽然和分层抽样一样都要将总体分为相互独立的、完整的子集,但是两者之间有着根本区别:①分层抽样的样本是从每个子集中抽取的,而整群抽样只是对部分子集进行抽取;②分层抽样是按照与调查所关心的总体特征相关的标志对总体进行分层(组),而整群抽样往往是按照总体单位自然形成的分组特征进行分群的;③整群抽样的误差取决于群间差异,而不受群内单位之间差异的影响,这就要求由总体基本单位所形成的各个群尽量有相同或相近的群内结构,也就是说,要尽量把总体方差转化为群内方差、小群间方差。这与分层抽样的"层内差异尽量小,层间差异尽量大"的要求形成了鲜明的对比。

第四节　非随机抽样方法及其应用

在实际市场调查中,采用非随机抽样通常是出于以下几种原因:①受客观条件限制无法进行严格的随机抽样;②为了快速获得调查结果;③调查对象不确定或无法确定,例如,对某一突发(偶然)事件进行现场调查等;④总体各单位间离散程度不大,且调查人员具有丰富的调查经验。

但应当特别注意的是,用非随机抽样的结论推论总体时要极其慎重,避免以偏概全的错误。

一、便利抽样

便利抽样又称方便抽样、偶遇抽样,是根据调查者的方便与否来抽取样本的一种抽样方法。使用这种抽样方法,回答者之所以被选中,通常只是因为他们当时碰巧在调研现场。在市场调查中,利用学生、社会组织的成员或工厂机关的职工作为调查对象,没有认定被调查者身份的商场拦截式访问,利用客户的名单(名片、来往信件等方式寻得)进行调查,在杂志或报纸上撕下问卷填好寄回的调查,大多数的街头访问等,都是便利抽样的例子。在这种场合中,调研人员无法了解到某一类受访者在调查点出现的概率,每名受访者进入样本的概率都可能是不相等的,而且无法进行估计。影响个体是否被选中进入样本的因素非常多,调研设计人员只能从总体上进行把握,以保证样本不出现大的偏差。

便利抽样的优点在于:由于对调查条件要求较低,在操作时的难度更小,简便易行;因为并不严格限制受访者,容易获得调研对象的合作,所以访问的成功率更高,同时访问的进度更容易控制,能及时取得所需的信息资料,省时、省力,访问成本也相应较低;由于调查对象的选择是随意的,对访问员也无须过多地进行监督,可以简化调查控制环节。在许多商业调查中,虽然在一些阶段可能用到较严格的抽样程序,但在另一些阶段,则可以遵循便利抽样的原则。

便利抽样的缺点也很明显:因为这种方法本身不是概率抽样,所以不能推断总体,而且代表性差,偶然性强。在设计便利抽样时,一定要对操作细节进行反复推敲,避免出现明显的偏差。

便利抽样一般用于非正式的探索性调研,只有在调查总体各单位之间差异不大时,抽取的样本才有较高的代表性。如果作为一次调查的全部,这种方法不可取。

便利抽样并不意味着对受访对象丝毫不加控制,相反,便利抽样更需要使用身份甄别,即确定某一受访者是否符合调查要求。例如,关于计算机产品的调查可能需要受访者具有一定的计算机使用知识,此时,便利抽样是针对确定的计算机用户进行的,访问员可以根据现场情况选择最便于调查的人员,但被选中的人员如果不满足调查要求,就只能放弃。

二、判断抽样

判断抽样也称为目的抽样,是凭借研究人员的主观意愿、经验和知识,从总体中选择具有典型代表性的样本作为调查对象的一种抽样方法。应用这种抽样方法的前提是研究者必须对总体的有关特征有相当程度的了解。通常在下面的情况下采用判断抽样:为确定新产品的市场潜力选定市场,为测试一种新的促销展示方法而选定百货商店,等等。

判断抽样选取样本单位一般有下面两种具体做法。

(1) 选择最能代表普遍情况的调查对象,常以"平均型"或"多数型"为标准。

所谓"平均型",是在调查总体中具有代表性的平均水平的单位,以此作为典型样本,去推断总体;所谓"多数型",是在调查总体中占多数的单位,即以占多数的单位样本去推断总体。应尽量避免选择"极端型",但也不能一概而论,有时也会选择"极端型",其目的是研究造成异常的原因。

（2）利用调查总体的全面统计资料，按照一定的标准，主观选取样本。

判断抽样法广泛应用于商业领域的市场调研中，特别是在样本量小及样本不易分门别类挑选时，这种方法具有较大的优越性。它具有成本较低、方便快捷的优点。但是，由于判断抽样法的主观性较强，其抽样的质量完全取决于调研人员的判断力、专业知识水平及创造力，如果不需要进行广泛的总体推断，该方法是可以使用的。

三、配额抽样

配额抽样是首先将总体中的所有单位按一定的标准分为若干层（组），然后在每个层（组）中按一定比例用便利抽样或判断抽样的方法选取样本单位。所谓配额，是指对划分出来的各种类型的子总体分配一定数量的样本，从而组成调查样本。

采用配额抽样，事先要将总体中所有单位按其属性、特征分为若干类型。这些属性、特征称为"控制特征"，如被调查者的姓名、年龄、收入、职业、文化程度等。然后，按照各个控制特征分配样本数额。例如，在某次调查中，根据调查任务的具体情况，要求受访者中有20%为学生，40%为机关干部，40%为其他职业，因此调研人员在进行访问时，就需要严格按照这一配额进行，当接受访问的人中某一身份已经达到配额要求时，即不再访问此类身份的人员。

"控制特征"的确定则要靠调研设计人员主观判断。一般来说，配额分配应该使具有这些控制特征的个体在总体中所占的比例趋于一致。

在对总体中的所有单位按一定的标准分为若干层（组）这一点上，配额抽样类似于随机抽样方法中的分层抽样。但是，两者之间存在重要区别：①配额抽样的被访问者不是按照随机原则抽出来的，而分层抽样必须遵守随机原则；②在分层抽样中，用于分类的标准应该联系研究目标来选择，而配额抽样没有这样的要求。

显然，配额抽样较之前述判断抽样加强了对样本结构与总体结构在"量"的方面的控制，该方法将对受访者的限制由访问员的主观确定转化为调研设计人员的规定，从而有效地保证了样本的代表性。在非随机抽样中，配额抽样是最常见的一种方法。

按照配额的要求不同，配额抽样可分为独立控制配额抽样和交叉控制配额抽样两种。

1. 独立控制配额抽样

独立控制配额抽样是根据调查总体的不同特性，对具有某个特性的调查样本分别规定单独分配数额，而不规定必须同时具有两种或两种以上特性的样本数量。因此，调研人员有比较大的自由去选择总体中的样本。

现举例说明如下。某市进行空调器消费需求调查，确定样本量200名，选择消费者收入、年龄、性别三个标准分类。独立控制配额抽样下，各个标准样本配额比例及配额数如表3-2所示。

从表3-2中可以看出，对收入、年龄、性别三个分类标准，分别规定了样本数额，而没有规定三者之间的关系。因此，在调查员具体抽样时，抽选不同收入段的消费者，并不需要顾及年龄和性别标准。同样，在抽选不同年龄或性别的消费者时，也不必顾及其他两个分类标准。这种方法的优点是简单易行，调查员选择余地较大；缺点是调查员可能图一时方便，选择样本过于偏向某一组别，如过多地抽选低收入的女性消费者，从而影响了样本的代表性。

表 3-2　独立控制配额抽样分布表

月　收　入	人数	年龄	人数	性别	人数
800 元以下	20	30 岁以下	40	男	100
800～2 000 元	50	30～39 岁	60	女	100
2 001～3 500 元	70	40～49 岁	70		
3 500 元以上	60	50 岁及以上	30		
合计	200	合计	200	合计	200

2. 交叉控制配额抽样

交叉控制配额抽样是对调查对象的各个特性的样本数额交叉分配,上例中如果采用交叉控制配额抽样,就必须对收入、年龄、性别这三项特性同时规定样本分配数,如表 3-3 所示。

表 3-3　交叉控制配额抽样分布表

	800 元以下		800～2 000 元		2 001～3 500 元		3 500 元以上		合计
	男	女	男	女	男	女	男	女	
30 岁以下	2	2	5	5	7	7	6	6	40
30～39 岁	3	3	20	6	10	16	1	1	60
40～49 岁	3	3	3	4	12	7	25	13	70
50 岁及以上	2	2	2	5	8	3	4	4	30
合计	10	10	30	20	37	33	36	24	200

从表 3-3 可以看出,交叉控制配额抽样对每一个控制特性所需分配的样本数都做了具体规定,调查员必须按规定在总体中抽取调查单位。由于各个特性都同时得到了控制,从而克服了独立控制配额抽样的缺点,提高了样本的代表性。

配额抽样的目的是以相对较低的成本来获取有代表性的样本,其优点是成本低,且调研人员可对每一配额较方便地选择个体。其缺点是选择偏见问题严重,也不能对抽样误差进行估计。

四、滚雪球抽样

滚雪球抽样也称推荐抽样,是一种在稀疏总体中寻找受访者的抽样方法。所谓稀疏总体,是指总体单位数不多并且分布非常分散的总体,如参加过某次会议的人员、从事某一专业的人员、某个少数民族的人员等。这类人员可能在一个城市中仅占万分之一,而且没有一个明确的抽样框可以帮助寻找到他们,如果采用通常的抽样方法进行筛选,则每找到一名受访者所需要筛选掉的人将达到上万人,这在现实中是很不经济的。

滚雪球抽样的做法是先设法找到一名符合条件的受访者,在对其进行访问后,再请其推荐或介绍其他符合条件的人。由于具有某一特征的人相互之间或多或少都有一些往来,所以每名受访者都可能推荐另一些受访者,访问员根据这种介绍寻找到其他满足条件的受访者,访问后再进一步请其推荐更多的受访者,一直到满足样本量的要求为止。例如,某研究部门在调查某市劳务市场中的保姆问题时,先访问了 7 名保姆,然后请她们再提供其他保姆名单,逐步扩大到近百人。通过对这些保姆的调查,对保姆的来源地、从事工作的性质、经济收入等状况有了较全面的了解。

滚雪球抽样的主要目的是估计在总体中十分稀有的人物特征。例如,名字不能公开的,可利用特定的政府或社会服务的人员;特别的群体,如 40 岁以下的鳏夫或寡妇、私家车的车主等。

滚雪球抽样法的优点是可以大大地增加接触总体中所需群体的可能性,便于有针对性地找到被调查者,而不至于"大海捞针",从而极大降低了调查费用,一般抽样误差也相对较低。其局限性是要求样本单位之间必须有一定的联系,并且愿意保持和提供这种关系,否则将会影响这种调查方法的进行和效果。

第五节 样本容量的确定

在市场调研中要解决的一个重要问题就是所调查的样本容量究竟应该取多大才合适。样本容量,又称样本规模,是指样本内所包含的单位数。根据数理统计中的大数法则,抽样单位数越多,样本的代表性越好,抽样误差越小,根据样本的调查结果进行统计推断的可信程度也就越高。当样本容量等于总体规模时,就成了全面调查,也就无所谓抽样误差,但同时也失去了抽样调查的意义。抽样单位数越多,调查要耗费的人、财、物力和时间也越多。因此,样本容量为多大比较合适,要根据调查的目的和要求,在一定的概率保证下使抽样误差在允许的范围内通过计算来确定。在介绍确定样本容量的方法之前,有必要先阐述几个基本概念,然后介绍确定简单随机抽样所需样本容量的方法,最后介绍采用较为复杂的抽样方法时确定样本容量的方法。

一、几个基本概念

1. 极限抽样误差

极限抽样误差,就是样本指标与总体指标之间抽样误差的最大可能范围。总体指标是一个确定的数,而样本指标则围绕总体指标左右变动。样本指标与总体指标可能产生正负偏差,样本指标变动的上限或下限与总体指标之差的绝对值就表示抽样误差的最大可能范围,即极限抽样误差。设以 Δ_x 与 Δ_p 分别表示平均数和成数的极限抽样误差,则 $\Delta_x = |\bar{x} - \bar{X}|$,$\Delta_p = |p - P|$,$\bar{x}$ 和 p 分别表示样本的平均数和成数,$\bar{X}$ 和 P 分别表示总体的平均数和成数。也就是说,样本平均数和成数在总体平均数和成数的周围变动,变动的范围为平均数:$\bar{X} - \Delta_x \sim \bar{X} + \Delta_x$,成数:$P - \Delta_p \sim P + \Delta_p$。

2. 概率度

由于样本指标是通过对调查资料进行计算而得到的,总体指标则是未知的,极限抽样误差也就是未知的。因而极限抽样误差的实际应用是对总体平均数 $\bar{X}$ 和成数 P 落在样本平均数及成数的范围之内的可信程度作出测定,其范围可表示如下。

$$\bar{x} - \Delta_x \leqslant \bar{X} \leqslant \bar{x} + \Delta_x \tag{3-13}$$

$$p - \Delta_p \leqslant P \leqslant p + \Delta_p \tag{3-14}$$

在统计学上,抽样误差范围常常需要以平均数的抽样平均误差 $\sigma_{\bar{x}}$ 或成数的抽样平均误差 σ_p 为单位来加以衡量。所谓概率度,就是极限抽样误差与抽样平均误差的比值,即相对误差,一般用符号 t 表示。

用平均数表示:

$$t = \frac{\Delta_x}{\sigma_{\bar{x}}} = \frac{|\bar{x} - X|}{\dfrac{\sigma}{\sqrt{n}}} \tag{3-15}$$

用成数表示:

$$t = \frac{\Delta_p}{\sigma_p} = \frac{|p - P|}{\sqrt{\dfrac{P(1-P)}{n}}} \tag{3-16}$$

3. 置信区间与置信度

数理统计证明,只要样本规模足够大($n \geqslant 50$),样本平均数和样本成数的分布状况都将接近以总体平均数或成数为中心的正态分布,如图 3-1 所示。

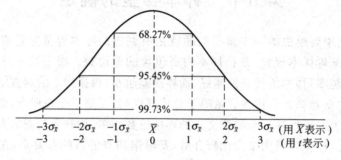

图 3-1　正态分布图

例如,以最近 30 天内至少吃过一次快餐的所有顾客为总体,从中抽取 1 000 组容量为 200 的简单随机样本。调研目的是要估计一个月内这些人吃快餐的平均次数。

如果调研人员计算出每一组的平均数,按相关值确定区间,整理后便得到如表 3-4 所示的频率分布表。

表 3-4　1 000 个样本平均数的频率分布:最近 30 天内吃快餐的平均次数

次数分组	发生频率	次数分组	发生频率
2.6~3.5	8	11.6~12.5	110
3.6~4.5	15	12.6~13.5	90
4.6~5.5	29	13.6~14.5	81
5.6~6.5	44	14.6~15.5	66
6.6~7.5	64	15.6~16.5	45
7.6~8.5	79	16.6~17.5	32
8.6~9.5	89	17.6~18.5	16
9.6~10.5	108	18.6~19.5	9
10.6~11.5	115	总　计	1 000

图 3-2 以直方图的形式表示这些频率,直方图上方是一条正态曲线。

正态分布是以总体平均数或成数为中心的对称分布,其曲线呈钟形,表明越接近总体

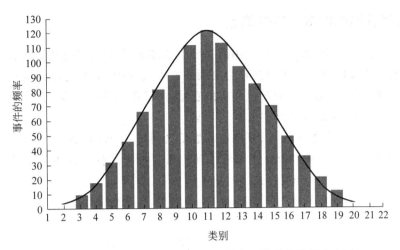

图 3-2　最近 30 天内吃快餐的实际样本平均数的抽样分布图

平均数 $\overline{X}$（或总体成数 P）的样本值，其出现的概率越大；反之，越远离 $\overline{X}$ 的样本值，其出现的概率越小。如果计算出抽样平均误差 $\sigma_{\bar{x}}$，并在离分布中心左右各一个 $\sigma_{\bar{x}}$ 的距离上作垂线，则两条垂线之间的曲线下面积约占曲线下总面积的 68％；如果在离 $\overline{X}$ 左右各两个 $\sigma_{\bar{x}}$ 的距离上作垂线，则两条垂线间的曲线下面积约占曲线下总面积的 95％。这样，如果我们知道某一抽样分布是近似正态分布（在问卷调查中，采用抽样调查时都可将抽样分布近似地看作正态分布），就可以说样本平均数 $\bar{x}$ 有 68％ 的把握落在 $\overline{X} \pm \sigma_{\bar{x}}$ 的区间内，有 95％ 的把握落在 $\overline{X} \pm 2\sigma_{\bar{x}}$ 的区间内。将这种推断形式一般化，可得到以样本指标对总体指标进行统计推断的公式：

总体平均数：$\qquad\qquad \overline{X} = \bar{x} \pm t \cdot \times \sigma_{\bar{x}}$ $\qquad\qquad$ (3-17)

总体成数：$\qquad\qquad P = p \pm t \cdot \sigma_p$ $\qquad\qquad\qquad$ (3-18)

式（3-17）、式（3-18）所定义的区间称为置信区间，即在一定的概率保证程度下总体指标的可能范围。概率保证程度被称为置信度，置信度的大小取决于概率度 t 的取值。二者的对应关系可以利用正态分布概率表查出。例如，在 $t = 1$ 时，置信度为 68.27％；$t = 1.96$ 时，置信度为 95.00％；在 $t = 2.58$ 时，置信度为 99.01％ 等。在实际市场调查中，最常用的置信度是 95％，取相应的 $t = 1.96$，实际应用时可取近似值 $t = 2$。若对某些较重要的参数，要求以较大的把握进行估计，可取 $t = 2.58$，这时的置信度为 99％。

例如，在某市进行了一次抽样问卷调查，$n = 500$ 户，从样本中计算出每户的月平均收入为 2 000 元，抽样平均误差为 75 元，要求估计全市居民家庭的月平均收入为多少。

由题意可知，$\bar{x} = 2\,000$，$\sigma_{\bar{x}} = 75$

由于样本规模很大，可以假定抽样分布近似于正态分布，设置信度为 95％，则 $t = 1.96 \approx 2$，所以，置信度为 95％ 的置信区间为

$$\overline{X} = [2\,000 \pm 2 \times 75]$$

即该市居民家庭的月平均收入有 95％ 的把握落在区间 [1 850，2 150] 内，即在 1 850 ～ 2 150 元之间。

二、简单随机抽样样本容量的确定

在实际调查工作中,很少单独使用简单随机抽样法,但是简单随机抽样样本容量的确定方法却有着重要的意义。因为在较为复杂的样本设计中,常常是先确定达到在调查要求精确度的条件下,所需的简单随机样本的容量,然后在此基础上再考虑某些影响因素加以修正,得到实际所需的复杂样本的样本容量。

从前面讲过的极限抽样误差、概率度和置信区间可知,极限抽样误差是 t 值与抽样平均误差 $\sigma_{\bar{x}}$ 的乘积。我们从这个公式即可推演出重复抽样条件下简单随机抽样用平均数指标确定样本容量的计算公式:

$$因为 \quad \Delta_x = t\sigma_{\bar{x}}, \quad \sigma_{\bar{x}} = \sqrt{\frac{\sigma^2}{n}}$$

$$所以 \quad \Delta_x = t\sqrt{\frac{\sigma^2}{n}}, \quad n = \frac{t^2\sigma^2}{\Delta_x^2} \tag{3-19}$$

不重复抽样条件下的计算公式为

$$n = \frac{t^2 N\sigma^2}{N\Delta_x^2 + t^2\sigma^2} \tag{3-20}$$

重复抽样是指样本抽出后再放回总体中去,有可能被第二次抽中。如果样本抽出后不再放回总体,每个单位只能抽中一次,则为不重复抽样。在实际工作中,因 $\frac{n}{N}$ 一般很小,故在不重复抽样条件下也可采用重复抽样条件下简单随机抽样样本容量的计算公式。

当要估计的是总体成数时,计算公式为

重复抽样条件下: $$n = \frac{t^2 P(1-P)}{\Delta_p^2} \tag{3-21}$$

不重复抽样条件下: $$n = \frac{t^2 NP(1-P)}{N\Delta_p^2 + t^2 P(1-P)} \tag{3-22}$$

极限抽样误差 Δ_x 或 Δ_p 是对抽样精确度的人为规定,因而是已知的;t 值则取决于所要求的置信度,可以从正态分布概率表中查出。这样,在确定 n 时,只有 σ^2 或 P 是未知的。在问卷调查中,一般要了解总体成数 P,如要了解持某种态度的人占总人数的百分比是多少等问题,都涉及成数而不是平均数。因此在一般情况下,可用成数指标重复抽样公式来确定样本容量。从式中可以看出,当 $P=0.5$ 时,n 取得最大值,而事先我们对 P 一无所知,故可采取保险的办法,取 $P=0.5$。这样公式变为

$$n = \frac{0.25t^2}{\Delta_p^2}$$

如果调查所涉及的变量主要是以平均数表示(如平均收入、平均年龄等),则要用式(3-19)来计算 n。这时要对 σ^2 进行估计,常用的估计方法有以下几种:

(1) 根据过去类似调查项目的调查所计算出的抽样误差和样本容量推算出 σ^2,作为本次样本设计中 σ^2 的估计值;

(2) 如果要进行的是大规模、大范围的重要调查,可以先进行试调查,以取得必要的资料来估计 σ^2;

（3）请有关专家提供有关总体分布的信息,估计总体分布的大致形状和范围,从而推导出 σ^2 的估计值。

例如,某市组织一次城市居民家庭生活的抽样调查,根据过去的类似调查,每户每月经济收入的标准差(σ)为 100 元,要求置信度为 99%,极限抽样误差为 10 元,求取本次抽样调查所需的样本容量。

已知: $\sigma^2 = 100^2 = 10\,000$, $\Delta_x = 10$,在置信度为 99% 时,查正态分布概率表得 $t = 2.58$。如果采用简单随机抽样,则所需样本容量为

$$n = \frac{t^2 \sigma^2}{\Delta_x^2} = 2.58^2 \times 10\,000 \div 10^2 \approx 666(\text{户})$$

再如,某大型企业要在企业员工中进行一次民意测验,准备采用简单随机抽样法,试确定样本容量。

民意测验所要求的参数一般是成数,故可用式(3-21)来确定样本容量。可取极限抽样误差为 $\Delta_p = 0.05$(即 5%),置信度为 95%,则 $t \approx 2$,为保险起见可取 $P = 0.5$。可得样本容量

$$n = \frac{t^2 P(1-P)}{\Delta_p^2} = 2^2 \times 0.5(1-0.5) \div 0.05^2 = 400$$

三、影响样本容量确定的因素

由上面的讨论可知,在计算抽样误差和置信区间时没有将总体规模考虑进来,也就是说,几乎所有情况下,随机样本的精度(抽样误差)与总体规模无关。对于调研新手来说,这一事实可能难以接受,但是它在统计上是可靠和不容置疑的。一个简单的类比可以使我们直观地理解这一事实。当你给自己熬一碗汤时,想要尝尝它的咸淡,你会在放盐后搅动汤,然后试一匙,这就是从整碗汤这一"总体"中抽样,样本容量为一匙。换成是学校食堂大师傅为整个学校学生熬汤时试汤的咸淡,此时汤的"总体规模"比之前大了几百倍,但是大师傅也会在放盐后搅动它,然后取一匙来品尝,样本容量还是一匙。可见,总体的大小与要求的样本容量没有关系。在确定样本容量时唯一需要考虑总体规模的情形是在总体规模较小时。此时只需将按照公式计算得到的样本容量值乘上一个修正系数 $\sqrt{\dfrac{N-n}{N-1}}$ 即可。

影响样本容量确定的因素有以下几个方面:

（1）被调查对象标志值的变异程度,即 σ^2 或 $P(1-P)$ 的大小。变异程度越大,样本容量也就越大;反之,样本容量越小。

（2）极限抽样误差数值的大小。允许极限抽样误差数值越大,样本容量越小;反之,样本容量越大。

（3）调查结果的把握程度,即概率度 t 值的大小。要求的把握程度越高,样本容量就越大;反之,样本容量越小。

（4）抽样的方法。在同样的条件下,重复抽样的样本容量要大一些,不重复抽样的样本容量可以小一点。

(5) 抽样的组织形式。抽样的组织形式不同,样本容量也会有差异。比如,采用系统抽样和分层抽样就比简单随机抽样法需要的样本容量小。

四、复杂样本设计的样本容量

所谓复杂样本设计,是指确定样本时采用了较为复杂的抽样方法,一般是综合采用数种抽样方法。确定复杂样本设计的样本容量是一件比较困难的工作,有很多影响因素,而已知的数据则很少,所以一般只能用大致估计的方法予以确定。

估计的方法是,在确定了简单随机抽样样本容量的基础上,再用两个校正系数予以修正。一个校正系数是应答率估计值 R,另一个校正系数是设计效应系数 D。在抽取的样本中,不是每一个被调查者都会填写问卷,他们可能会因为某种原因而拒答,如对填写问卷不感兴趣,因不在家而没收到问卷,因工作太忙而没有填写,等等。另一种情况是,虽然没有拒答问卷,但漏答或拒答了问卷中的一部分问题。总之,在问卷调查中很难做到百分之百的应答率。这样,在确定样本容量时,必须引入应答率估计值予以修正。应答率估计值 R 的大小要视具体情况而定。对 R 值影响最大的是调查方式,如采用访问式问卷调查,R 值可达 80% 以上,而采用报刊问卷调查法,R 值有可能不足 10%。一般可根据以往类似的问卷调查的应答率来决定 R 值的大小。设计效应系数 D 的含义是:由于采用了较为复杂的样本设计,综合运用了数种抽样方法,样本容量的计算中必须考虑这一因素,引入 D 进行修正。也就是说,由于复杂的设计,导致样本容量不同于简单随机抽样的样本容量。一般来说,采用分层抽样法可以使 D 值减小,而采用整群抽样法则可以使 D 值增大。D 值也只能根据以往类似的问卷调查的经验予以确定,也可请有关专家决定 D 值。在分段抽样的条件下,D 值肯定大于 1,采用简单随机抽样则 D 值等于 1。

在引入应答率估计值 R 和设计效应系数 D 两个校正系数之后,复杂样本设计的样本容量 n' 可用下式表示

$$n' = nD/R$$

思 考 题

1. 最理想的抽样框应具有的特点有哪些?
2. 调查误差的存在形式有哪几种?
3. 说明影响抽样误差的大小的主要因素。
4. 抽样调查有哪些基本特点?
5. 抽样调查的适用情况如何?
6. 简述抽样调查程序。
7. 一般来说,调查总体可以从哪几个方面进行描述?
8. 说明随机抽样方法与非随机抽样方法的优劣。
9. 在选择抽样方法时需要考虑哪些方面的因素?
10. 试述简单随机抽样方法的优缺点及其应用程序。
11. 试述系统抽样方法的优缺点及其应用程序。

12. 试述分层抽样方法的优缺点及其应用程序。

13. 整群抽样的实际应用比较广泛的原因有哪些？

14. 整群抽样与分层抽样的根本区别是什么？

15. 简述便利抽样及其优缺点。

16. 判断抽样选取样本单位的具体做法是什么？

17. 配额抽样与分层抽样有哪些重要区别？

18. 影响样本容量大小的因素有哪些？

调查问卷是迄今为止用于收集一手资料最普遍的工具。一项市场调研的结果能否达到调查确定的要求和目的,以及所收集资料的可靠程度和完善程度都取决于调查问卷设计水平的高低。一份不合格的问卷不仅会使调研成果大打折扣,甚至会给调研委托者带来负面影响。所以,调查问卷要经过仔细的设计、修改、测试,要有经验丰富的专业人士审核把关,而且,当问题项意思难以理解或不容易确指时,还需要设计严谨的注解。本章将从调查问卷的功能着手,一步步深入探讨问卷设计的有关内容。

第一节　调查问卷设计的基础知识

调查问卷是收集来自被调查者的信息的正式一览表,是为了调查研究而设计的问题表格,或者说是由为了达到调研项目目的和收集必要数据而设计的一系列问题组成的表格。问卷与抽样技术相结合的方法在市场调查中得到了广泛的应用。

一、调查问卷功能

在调研行业存在一种共识,即调研问卷设计的好坏是决定一次调研成功与否的关键因素之一。制作一份优秀的问卷既需要努力的工作,也需要有创造力。研究表明,如果问卷设计得不好,那么所有精心制作的抽样计划、训练有素的访问人员、合理的数据分析技术和良好的编辑与编码都将徒劳无功。不科学、不规范的问卷设计将导致不完全的信息、不准确的数据和不必要的高成本。即使是有经验的调研者,也不能弥补问卷缺陷所造成的问题。毫无疑问,调研问卷作为调研可视化形式的一部分至关重要。之所以如此,是因为调查问卷具有以下重要功能。

(1)把研究目标转化为特定的问题。问卷的主要构成就是为达到调研目标所规定的各种问答形式,是调研人员采用"问—答"模式进行调查、获取研究所需信息资料的基本手段。

(2)使要研究的问题和答案范围标准化。问卷以近乎同一的标准提出问题和要求作答,让每一位被调查者面临相似和一致的问题环境,确保了对调查结果进行统计分析的可能性。

(3)争取和鼓励被访者的合作。问卷通过措辞、问题流程和卷面形象来争取被访者的合作,并在整个谈话过程中鼓励被访者积极配合调查。

(4)作为调研的永久记录。问卷作为原始记录具有很强的真实性,可以作为长期使用的基础资料加以妥善保管。

（5）加快数据分析的进程。问卷中的绝大多数问答题的答案是可以量化的选项，因此便于利用计算机对数据进行处理、比较与分析。例如，可以使用能被计算机扫描的问卷快速处理原始数据。

（6）可以进行有效性和可靠性检验。问卷往往包括测定可行性假设的信息，如安排测试—再测试或等效形式的问题，并可以据此验证调研参与者的有效性。

因此，在设计调查问卷上投入足够的时间和精力是非常有必要的。调查问卷设计需要讲究正确的执行过程。只有进行全面的逻辑思维和相关预测试，才能使一项市场调查工作取得事半功倍的效果。此外，只有了解和掌握问语的结构，学习更准确地把握问语的意义，并避免语义不当和问语歧义造成的调研误差，不断积累问卷设计的经验，才能不断提高问卷设计水平。在问卷设计中，对问题、措辞甚至次序的选择都将影响受访者的回答。因而问卷设计者对从准备工作到问卷最后的确定等所有环节的重要性都需要有正确的认识。

二、调查问卷设计原则

调查问卷设计的根本目的是设计出符合调研与预测需要并能获取足够、适用和准确信息资料的调查问卷。为实现这一目的，调查问卷设计必须遵循以下原则。

1. 能为管理者提供必需的决策信息

任何问卷的主要作用都是提供管理决策所需的信息。它必须完成所有的调研目标，以满足决策者的信息需要。问卷设计人员必须透彻了解调研项目的主题，拟出可从被调查者那里得到最多资料的问题，做到既不遗漏一个问句以致需要的信息资料残缺不全，也不浪费一个问句去取得不需要的信息资料。因此，问卷设计必须经过管理者的认可。

2. 便于调查人员的调查工作

设计好的问卷要使调查人员能够顺利发问、方便记录，并确保所取得的信息资料正确无误。

3. 便于应答者回答

研究者发现，超过40%的被访者拒绝参与调查。如果受访者对调查题目不感兴趣，一般不会参与调研。问卷设计最重要的任务之一就是要使问题适合潜在的应答者，要使被调查者能够充分理解问句，能够回答、愿意回答、乐于回答、顺利回答、正确回答。所以设计问卷的研究人员不仅要考虑主题和受访者的类型，还要考虑访谈的环境和问卷的长度。对成人购买者的问卷应当使用成人的语言，对儿童进行测试的问卷应当使用儿童的语言表述。问卷必须避免使用专业术语，一般应使用简单用语表述问题。

4. 便于问卷结果的处理

这一原则要求问卷设计人员具有前瞻性，在设计问卷的时候就要考虑结果的处理问题。设计好的问卷在调查完成后，能够方便地对所采集的信息资料进行检查核对，以判别其正确性和实用性，也便于对调查结果的整理和统计分析。如果不注意这一点，很可能出现调查结束，信息资料获得了一大堆，但是统计处理却无从下手的难堪局面。

上述原则对于问卷设计人员的要求是很高的。问卷设计人员必须具有丰富的人际交往经验、清晰的思路、极大的工作耐心,同时必须懂得问卷设计的技能与技巧。

三、调查问卷的类型

按照不同的分类标准,可将调查问卷分成不同的类型。

(1) 根据市场调查中使用问卷方法的不同,可将调查问卷分成自填式问卷和访问式问卷两大类。所谓自填式,是指由调查者发给(或邮寄给)被调查者,由被调查者自己填写的问卷。自填式问卷可以借助视觉功能,在问题的制作上相对可以更加详尽、全面。访问式问卷是由调查者按照事先设计好的问卷或问卷提纲向被调查者提问,然后根据被调查者的回答进行填写的问卷。访问式问卷要求简便,最好采用选择题的形式。

(2) 根据问卷发放方式的不同,可将调查问卷分为送发式问卷、邮寄式问卷、报刊式问卷、人员访问式问卷、电话访问式问卷和网上访问式问卷六种。其中前三种可以划归自填式问卷范畴,后三种则属于访问式问卷。送发式问卷就是由调查者将调查问卷发给选定的被调查者,待被调查者填写完毕之后再统一收回。邮寄式问卷通过邮局将事先设计好的问卷邮寄给选定的被调查者,并要求被调查者按规定的要求填写后寄给调查者。邮寄式问卷的匿名性较好,缺点是问卷的回收率低。报刊式问卷随报刊的传递发送问卷,并要求报刊读者如实回答问卷,并寄回报刊编辑部。报刊式问卷有稳定的传递渠道,匿名性好,费用低廉,因此有很强的适用性。其缺点也是回收率不高。人员访问式问卷是由调查者按照事先设计好的调查提纲或问卷询问被调查者,然后根据被调查者的口头回答填写的问卷方式。人员访问式问卷的回收率高,也便于设计一些适于深入探讨的问题,但不便于设计敏感性的问题。电话访问式问卷是通过电话中介对被调查者进行访问调查的问卷类型。这种问卷要求简单明了,在设计上要充分考虑几个因素,即通话时间限制、听觉功能的局限性、记忆的规律、记录的需要。电话访问式问卷一般应用于问题相对简单明确,但需及时得到调查结果的调查项目。网上访问式问卷是在互联网上制作,并通过互联网进行调查的问卷类型。这种调查不受时间、空间限制,便于获得大量信息,特别是对于一些敏感性的问题,相对而言更容易获得满意的答案。

调查问卷的其他分类本书不再介绍。

四、调查问卷的结构

调查问卷的基本结构一般由标题、说明、主体、编码、被访者项目、调查者项目和结束语七个部分组成。

1. 标题

每份问卷都有特定的研究主题,研究者应该为特定的研究主题确定一个明确的标题,用它开宗明义地表明问卷调查的目的,使被调查者对要回答什么方面的问题有一个大致的了解。标题应简明扼要,易于引起应答者的兴趣。例如"汽车消费状况调查""中国互联网发展状况及趋势调查"等,把调查对象和调查中心内容和盘托出,十分鲜明。尽量不要简单地采用"问卷调查"这样的标题,它容易引起应答者因不必要的怀疑而拒答。

2. 说明

一般在问卷的开头应有一个说明。这个说明可以是一封告调查对象的信,也可以是指导语,语言应尽可能简明扼要。访问式问卷的开头一般非常简短,自填式问卷的开头可以长一些,但一般以不超过二三百字为宜。

说明旨在向被调查者说明调查的目的、意义、内容,填答问卷的要求和注意事项,保密措施,调查者的身份和表示感谢等。问卷的说明是十分必要的,对采用发放或邮寄办法使用的问卷尤其不可或缺。它可以引起被调查者对调查的重视,消除其顾虑,激发其参与意识,以争取他们的积极合作。

不仅要使所有参加调研工作的人知道调研者调查某个问题的目的、意义和方法,而且要使被调查的群众都知道。调研者应该明白,被调查者不是材料袋,他们也是调查研究的主人。因此,要让被调查者做事,就要相信他们,让他们知道为什么要去做,怎么去做。他们明白了目的、意义和方法之后,就会给予很大的支持,积极认真地配合。说明后要署名调查研究单位,这本身也是尊重群众、相信群众的表现,不可小视。

对于自填式问卷而言,详细的填表说明非常重要,要让被调查者知道如何填写问卷,如何将问卷返回到调查者手中。这部分内容可以集中放在问卷的前面,也可以分散到各有关问题的前后。

3. 主体

该部分是调查问卷的核心部分,它包括了所要调查的全部问题,主要由各种形式的问题和答案及其指导语组成,是调研主题所涉及的具体内容。在拟定主体部分问答题时,问题的多少应根据调查目的而定,在能够满足调查目的的前提下越少越好;与调研无关的问题不要问;能通过二手资料调查到的项目不要设计在问卷中;答案的选项不宜太多。

4. 编码

编码是对调查问卷中的每一个问题以及备选答案给予统一设计的代码,是将问卷中的调查项目变成代码数字的工作过程。大多数市场调查问卷均需加以编码,以便分类整理。在大规模问卷调查中,调查资料的统计汇总工作十分繁重,借助编码技术和计算机可以大大简化这一工作。编码既可以在问卷设计的同时设计好,也可以等调查工作完成以后再进行。前者称为预编码,后者称为后编码。在实际调查中,研究者一般采用预编码。

5. 被访者项目

被访者项目是有关被调查者的一些背景资料。例如,在消费者调查中,消费者的性别、年龄、民族、家庭人口、婚姻状况、文化程度、职业、单位、收入、所在地区、家庭住址、联系电话等;在对企业的调查中,企业名称、地址、所有制性质、主管部门、职工人数、商品销售额(或产品销售量)等情况。

上述项目中,从目的来看可以分为两种。一种是为将来进行统计分析时使用的项目,通过这些项目,便于研究者根据背景资料对被调查者进行分类比较和交叉分析,以了解不同性质、不同属性的人在行为或态度上是否有明显的差异。例如,对于性别,可以就男、女对某一问题的看法进行比较,分析是否有差异,为将来的市场细分、广告等市场营销策略的制定提供依据。另一种是进行调查管理用的。调研组织者需要对调查人员进行监督,避免其弄虚作假,有时还需要进行抽查。例如,家庭住址、联系电话、姓名等项目都是为调查管理用的,调查人员应向被访者做恰当的说明以消除其疑虑。对于家庭住址,进行入户调查时由调查人员仔细填写,采用其他方式调查时标明大的区域即可,以免被访者误会。

被访者项目通常放在问卷的后面。在实际调查中,需要列入哪些具体项目、列入多少项目,应根据调查目的、调查要求而定,并非多多益善。

6. 调查者项目

调查者项目主要包括调查人员姓名、调查地点、调查日期等与调查人员调查相关的信息,其作用在于明确责任和便于查询、核实。

7. 结束语

结束语也称致谢语,一般放在问卷的最后,用来简短地对被调查者的合作表示感谢,也可以征询被调查者对问卷设计和问卷调查本身的看法和感受。当然,不同问卷的结束语略有不同,如邮寄问卷的结束语可能是"再次感谢你参与访问,麻烦你检查一下是否有尚未回答的问题后,将问卷放入回邮信封并投入信箱"。而一份拦截访问的问卷的结束语可能会是"访问到此结束,谢谢您,这里有一份小礼物送给您,请签收。谢谢您,再见"。

以上调查问卷的基本项目是要求比较完整的调查问卷所应有的结构内容。但通常使用的如征询意见及一般调查问卷可以简单些,有一个标题、主题内容、致谢语及调查研究单位就行了。

五、调查问卷设计的程序

设计调查问卷是调研准备阶段的重要工作之一,同时又是一项创造性的活动,其设计质量将直接关系到调查的成败。要保证问卷的设计水平,使其既科学合理,又实际可行,就必须按照一个符合逻辑的程序进行。一般来说,设计调查问卷必须遵照下述程序。

1. 明确调查主题和资料范围

委托人往往只给出市场调研项目的一个大致范围,具体目标内容并不十分清楚,需要调研机构为之明确调研的主题和设计调研方法等。因此,设计问卷时,首先要进一步明确调查主题及其资料范围。为此,要深入了解调研的目的,认真准确地界定以下几个方面内容:Who——谁需要资料? What——要什么资料? Where——在哪儿调查? When——要什么时间的资料以及什么时间调查? Why——为什么要调查? How——如何获取这些资料? 通过对"5W1H"的界定,确定资料的内容、来源、范围和收集资料的方法。

2. 分析样本特征,确定问卷类型

调查对象群体的特征对问卷设计也有很大的影响。不同的调查对象具有不同的特点,需要采用不同的方法进行调查。问卷必须针对具体的调查对象的特点进行设计,才能保证问卷的合理性。为此,必须对样本特征进行分析,明确调查对象是企业还是个人,是生产商还是经销商,是现实消费者还是潜在消费者等,并了解各类调查对象所处的社会阶层、社会环境、行为规范和观念习俗等社会特征;了解他们的需求动机和潜在欲望等心理特征以及他们的理解能力、文化程度和知识水平等学识特征,并针对其特征确定问卷类型。例如,适用于大学生的问题不一定适合家庭妇女。对样本特征的理解主要涉及调查对象的社会经济特征,理解不好就可能造成不确定性或不表态的回答。调查对象群体差异越大,就越难设计一个适合整个群体的问卷。

3. 拟定问题,设计问卷

确定了问卷类型后,设计者就可以根据被调查对象的特征拟定问题,按照问卷设计原则设计问卷初稿。其内容主要包括：调查中所要提问问题的设计、问题答案的设计、提问顺序的设计以及问卷版面格式的设计等。相关问题将在下一节详细介绍。

4．对问卷初稿进行试调查

设计好的问卷初稿不应直接用于正式调查，必须先进行小范围的试调查，以便对问卷初稿的内容、措辞、问题的顺序等进行全面的检查，找出问卷初稿的不足，及时进行修改。首先，必须将问卷初稿交委托单位过目，听取他们的意见，以求全面表达委托人的调研意向；其次，可以在同事中或经挑选的普通用户中进行试答。小范围试调查可以在以下几个方面产生作用。

（1）检测问题措辞是否得当。包括访问员宣读时是否困难，被访者能否准确理解，是否可能出现诱导或者引起被访者不悦等。

（2）检测问卷初稿内容是否充分反映了所需资料的内容。特别是提供选项由被访者进行选择的封闭题，选项不完全会造成信息的丢失，所以需要在测试时确定是否有其他可能的选项（有助于提供多项选择问题的答案）。

（3）检测问卷长短是否合适，确定访问所需的平均时间。问卷过长会增加成本并引起较多的拒访，而问卷过短则会造成访问员劳动的浪费。

试调查的样本量少则十来人，多则 50 人左右。试调查后，设计人员需要对问卷进行修改。如果有必要，还需要进行试调查。试调查次数越多，所产生的效果也就越好。如果试调查是按调查设计严格执行的，试调查的样本可以用作实际调查的样本，从而可以节约试调查所付出的成本。

5．印制问卷

问卷经过测试和修正以后，就可以进行问卷设计的最后一个环节，即印制问卷。印刷时，要注意选择质量合适的纸张。用质量低劣的纸张印制的问卷，容易使被调查者觉得这项调查无足轻重，从而不会积极配合，回答的质量可能会受到影响。而印刷精美的问卷有一个"专业性"或"职业性"的外形，往往给人以意义重大的印象，进而引起被调查者的重视和主动合作。如果问卷长度超过 4 页，不应该简单地用订书机订一下，而应考虑正规地装订成册，每页最好是双面印刷，这样更便于使用，看起来也更正规且不容易丢页。在某些情况下，问卷可能要进行特殊的折叠和装订。当然，印刷和纸张的质量要随问卷的阅读对象的不同而有所不同。在邮寄问卷调查中，问卷的阅读对象是被调查者，印刷和纸张的质量对回答率影响很大，但是在电话调查中，问卷的阅读对象是调查者，这个问题的影响就不那么重要了，问卷能读即可。

第二节 调查问卷问题设计

问题设计是调查问卷设计中极为重要的一步，是直接影响调查质量的关键。当问题用语不当时，就可能使被调查者产生误解，甚至引起反感，得不到预期的调查结果。即使是问题的顺序排列不同，也可能引致不同的答案，影响调查的结果。因此在设计问卷时，必须根据设计问卷的步骤和原则，针对问题的类型反复推敲，力争设计出高水平的调查问卷。

一、问题的分类

调查问卷问题的分类标准有很多,比如说可以根据提问方式的不同、提问性质的不同等来分类。根据不同的标准,调查问卷问题可以分为各种类型。但是最基本的还是按问题是否提供答案来分类。根据这一标准,调查问题可分为开放式和封闭式两种类型。

1. 开放式问题

开放式问题是指在设计调查问题时,不设计答案,而是由被调查者根据自己的想法自由作答,因此也叫自由式问题。例如:

您对商场购物返券有什么看法?

为什么你要购买××牌计算机?

开放式问题的提问方式比较灵活,既可以用一般的问卷形式提出问题,也可以用图片、漫画等形式提出问题,其优点如下:

(1) 灵活的提问方法有利于调动被调查者的兴趣,争取被调查者的合作。

(2) 由于对答案没有限制,被调查者完全根据自己的想法回答问题,因而能够得到较为深入和真实的观点与看法。

(3) 往往能获得意外的信息资料。

因此,开放式问题适合答案复杂且数量较少或者各种可能答案还不清楚的问题,在消费者动机调查中应用尤为广泛。

开放式问题的不足之处有以下几个方面:

(1) 调查结果整理分析困难。由于各个被调查者的回答内容可能有差异,答案标准化程度低,很难对答案进行分类,因而增加了统计分析的工作量和难度。

(2) 可能产生调查误差。在调查过程中,由于没有统一答案,调查人员在记录被调查者的回答时,常常会发生遗漏、误解等差错。有时调查人员只记录了谈话的摘要,在整理时可能会带入个人主观意见,从而造成调查误差。

(3) 调查结果可能并不代表所有被调查者的看法。在回答开放式问题时,文化水平高、表达能力强的被调查者回答问题详尽,提供的资料比较多;表达能力差的被调查者则可能没有充分反映自己的观点,因此可能会收集到大量无价值或不相干的信息,这就可能造成代表性误差。

2. 封闭式问题

封闭式问题是指设计调查问题时同时设计了各种可能的答案,让被调查者从中选定自己认为合适的答案。例如:

您购买南湖花园商品房的原因主要有哪些? 请您在下面您认为合适的答案上画圈。

A. 地理位置好　　　B. 价格合理　　　C. 户型设计合理　　　D. 房屋质量可靠

封闭式问题的提问方式有是否法、必须选择法、顺位法等多种形式,无论哪种形式,都必须事先设计好问题的答案。

(1) 封闭式问题的优点

① 有利于被调查者回答,并可以避免无关答案的出现;

② 答案标准化程度比较高,为资料的分析整理提供了方便。

正是由于封闭式问题存在以上优点,所以大多数市场调查问卷的问题设计都是以封闭式问题为主的。

(2) 封闭式问题的缺点

① 列出的答案有限,既无法为被调查者提供更多的信息,也容易使一个不知道如何回答或没有想法的被调查者无所适从或胡乱答题;

② 当需要调查的问题比较复杂时,答案设计的难度增大,难免产生遗漏重要信息或者不能收集到较深层次资料的问题。

封闭式提问方式一般用于定义明确、研究目标集中的问题。

在实践中,为了避免两种形式的缺点,充分发挥其优点,常常采用两种类型相结合的方式,称为混合型问题。例如,在一个问题中只给出部分答案,让被调查者从中挑选,而另一部分答案则不给出,要求被调查者根据自己的实际情况自由作答。这样既可以使问题答案相对集中,又可以扩大信息量。例如:

您家使用的洗衣液是在哪儿购买的?

A. 超级市场　　　B. 百货公司　　　C. 杂货店　　　D. 其他

二、封闭式问题的设计

封闭式问题在市场调研中应用非常广泛,形式也多种多样。常用的封闭式问题有以下几种。

1. 是否法

是否法也叫两分法、两项选择法,是指提出的问题仅有性质相反的两种答案可供选择,回答时只能从中选择其一,如"是"或"否"、"有"或"无",等等。例如:

您家有空调机吗?

A. 有　　　B. 没有

是否法的答案明确简单,便于统计处理,但是得到的信息量太少,只凭借意义对立的两种答案难以调查出被调查者意见的程度差别。当被调查者对两种答案均不满意时,很难做出回答,勉强选择,将不可避免地产生测量误差。

设计是否法问题时,要注意有些问题看似只有两个选项,其实并非如此。例如,"您是否准备购买商品房?"这个问题表面上看可能只有"是"和"否"两个答案,实际上却有 5 个答案:是、否、可能买、可能不买、不一定。对这种包含多个答案的问题就不能用是否法,可用多项选择法。

2. 多项选择法

多项选择法是指提出的问题有两个以上的答案,被调查者可选择其中一项或多项作为回答。例如:

您使用过下面哪几个品牌的牙膏?

A. 两面针　　　B. 中华　　　C. 佳洁士　　　D. 冷酸灵　　　E. 高露洁　　　F. 蓝天

多项选择法提供的答案包括了各种可能的情况,使被调查者有较大的选择余地。因此,可缓和是否法强制性选择的缺点,可以在一定范围内区分被调查者意见的程度差别,也有利于调查者说明解释,同时,资料的整理相对比较简单。但是,多项选择答案的排列顺序可能会影响被调查者的正确选择。一般来说,排在前面的答案被选中的机会较大。当备选答案中没有列出被调查者的真正选择时,被调查者一般倾向于考虑现成答案,即使设计有"其他"项,也常常有可能被忽略。

在应用多项选择法时应注意以下事项:

(1) 答案应包括所有可能的情况,但不能重复。

(2) 供选择的答案不宜过多,一般不应超过 10 个。答案太多,容易使结果分散,当样本有限时,缺乏说服力。

(3) 供选择的答案排列顺序应无规律可循,以减少产生偏差的可能。

(4) 必须对多个答案事先编码,以方便资料的统计整理。

3. 顺位法

顺位法是对一个问题列出多个回答项,要求被调查者根据自己认为的重要性程度对其排序的方法。例如:

请对下面有关购买笔记本电脑的考虑因素按您认为的重要性程度排序(从重要到不重要的序号依次为 1,2,3,…,6。请将序号填写在选项后的括号内)。

显示屏 （　　）　　　价格　　（　　）　　　重量（　　）

电池寿命（　　）　　　售后服务（　　）　　　CPU（　　）

顺位法有两种排序方式:一种是对全部选项进行排序;另一种是对部分选项进行排序(例如上例中只要求被调查者对其认为重要的前三个因素排序)。

调研者对顺位法答案进行统计时,可以将每一选项所得的序号作为该选项的得分,计算出所有被调查者对该选项排序的平均分,得出该选项在被调查者心目中的总印象。

这种问题形式便于被调查者对调查事项进行比较衡量,使其能够客观地表达自己对调查事项重要性的态度,资料的统计整理也较为简便。顺位法的缺点是不能反映各调查事项重要性程度的差异量级。一般在对有关事物重要性先后次序进行调查时采用这种方法。

在设计顺位问句时须注意以下事项:

(1) 决定顺位的项目不应超过 10 个。项目太多既难以顺位也容易使结果分散,失去统计意义。

(2) 顺位取到几位,应根据调查目的而定。

4. 一对一比较法

一对一比较法是把调查对象配对,让被调查者一一比较选择答案。例如:

请比较下列各项中的两个啤酒品牌,在你认为质量好的品牌后的方格内打"√"。

(1) 青岛 □　　　雪花 □

(2) 雪花 □　　　汉斯 □

(3) 燕京 □　　　珠江 □

这种方法适用于对质量和效用等问题作出评价,在市场竞争问题分析中应用较多,便于较快获得有针对性的具体资料。应用该法时要考虑被调查者对所要回答的问题中所涉及的选项是否熟悉,否则将会导致空项发生。

5. 双向列联法

双向列联法是一种将两类或多类不同问题综合在一起,以简化和节省问卷篇幅的方法。双向列联法通常用表格形式来表现,表格的横向和纵向分别为不同类问题,便于被调查者比较选择答案。这种问题结构可以反映两方面因素的综合作用,提供单一类型问题无法提供的信息。例如:

对下面三种家用轿车有如下评价项目,请在您所赞同项目的相应空格内画"√"。

评价项目	A	B	C
耗油量低			
外观大方			
价格合理			
操控灵活			
制动性好			
维修方便			
零配件齐全			
故障率低			
售后服务好			

6. 矩阵法

矩阵法是将同类问题及几组答案集中为表格式矩阵形式,以简化和节省问卷篇幅的方法。矩阵法简明扼要,同类问题集中排列,回答方式相同,节省了阅读填写时间,为被调查者按照要求选择答案提供了方便。但是,这种集中排列方式容易使被调查者产生厌烦情绪,在同一份问卷中,这种方法的问题不宜多次使用。举例如下。

您在超市购物时,是否存在下列现象?存在程度如何?(请在相应空格内画"√")

现　　象	经常存在	偶尔存在	不存在	不知道	不想回答
售货员态度不好					
卖场内过于拥挤					
排队等候结账					
以次充好					
不退货					

三、开放式问题设计

常用的开放式问题有以下几种。

1. 自由回答法

自由回答法又称无限制回答法,是指设计问题时不设计供被调查者选择的答案,而是由被调查者根据问题自由申述意见,对其回答不作任何限制,如"您认为目前商品房经营中存在哪些问题?""您为什么购买××产品?"等。

（1）自由回答的优点

① 拟定问题不受限制,比较容易。

② 可获得深层次的意见。

（2）自由回答的缺点

① 不适合所有被调查者。在有限的时间内,有些被调查者不愿对问题作过多思考,宁愿接受选择答案的方式;有些被调查者不知道如何回答,因而缺项多。

② 调查结果可能受调查人员的引导而产生误差。

③ 统计整理困难。

2. 词语联想法

词语联想法是将按照调查目的选择的一组字词展示给被调查者,每展示一个词语,就要求其立刻回答看到该词语后想到什么,由此推断其内心想法。

词语联想法有如下几种常用的设计方式。

（1）自由联想法

对被调查者的回答不作任何限制,如:看到面包你联想到了什么?

（2）控制联想法

把被调查者的回答限制在某一方面。如:看到面包你联想到了什么食品?

（3）提示联想法

这种方法是提出问题后,请被调查者在事先拟定好的词语表中挑选答案。例如:

看到"海尔"这个词后,你想到什么? 请在下列词语中挑选答案。

洗衣机　　高质量　　冰箱　　电脑　　名牌　　企业　　张瑞敏

词语联想法是一种极大限度地开发被调查者潜藏信息的资料收集方式,常用来比较、评价和测试品牌名称、品牌形象、广告用语等,也常用于产品的消费动机和偏好调查。在使用词语联想法调查时,主要通过对被调查者的反映词与反应时间的分析得出结论。被调查者回答问题越快,说明被调查者对这个词语印象越深,越能反映其态度。回答越慢,则说明被调查者的答案越不肯定,答案的可靠性越差。

3. 回忆法

回忆法是用于调查被调查者对品牌名、企业名、广告等印象强烈程度的一种问题设计方法,多用于调查被调查者"记忆的强度"。例如:

请列出最近您在电视广告上看到的手机品牌。

请说出您知道的彩电品牌。

用回忆法获得资料后,在分析时应注意以下问题:

（1）计算不同回忆次序和次数的比值,以分析被调查者的回忆强度。

（2）根据各项目的回忆量与总回忆量的比值,可分析被调查者对各种品牌的印象深浅程度。

4. 文句完成法

文句完成法是将问题设计成不完整的句子,请被调查者补充完成。例如:

青岛啤酒是_____。

在您口渴时最想喝的饮料是＿＿＿＿＿＿。

与词语联想法相比，文句完成法不用强调被调查者回答问题的时间，由于完成的是句子，调查结果也比较容易分析，因此常用于调查消费者对某种事物的态度或感受。为了减少被调查者回答时的顾虑，在设计问题时应避免使用第一或第二人称。

5．故事构建法

故事构建法是由调查者向被调查者提供只有开头或只有结尾的不完整文章，请被调查者按照自己的意愿将其补充完整，使之成篇，借以分析被调查者的隐秘动机的一种方法。例如，请被调查者完成"走进电脑商城，我发现××计算机又降价 1 000 元。于是，我……"后面的文章。

6．卡通测试法

卡通测试法是按照调查目的设计有两个人物对话的卡通图画，其中一个人说出一句话，由被调查者以另一个人的身份完成图中的对话，从而了解被调查者的想法。

为了使被调查者易于了解和接受调查，设计卡通画时要注意整个问卷的主体是文字而不是图画，因此图画内容尽量不要对语言反映有影响，因此可以不画人物的眼睛、鼻子，不必反映其他特征，以使人物具有中立性。

7．主题统觉测验法

主题统觉测验法是通过向被调查者出示一组漫画或图片，要求被调查者根据自己的理解描述漫画或图片的内容，或者编造一个故事，从中探询被调查者的态度或愿望的一种方法。

在这一方法中，由于被调查者是根据自己的经验和想法不受约束地进行描述或编造故事，回答内容能够反映其内心的真实需求和愿望，因此，这种方法在调查测试消费者的态度时是一种非常有用的工具。

为了不使被调查者产生误解，图片或漫画的设计要注意中性化，即不要有特别的正面或反面的意义，从而可使被调查者轻松自如地表达自己真实的想法。

第三节　问卷设计注意事项

在市场调查中，常常存在由于问卷设计不当而造成调查结果失效或结论有异的情况。同样的问题，由于形式不同或措辞不同，获取资料将有明显的差异；同样，使用不同的排列次序，其结果也会不一样。特别是有些敏感问题，在设计时如果没有恰当地采用较为婉转的形式，轻则造成被调查者拒答，重则产生令人不快的后果。因此，在设计问卷时，必须注意可能影响调查结果的一系列问题。

一、关于问题及其措辞

为了如实、准确地获得被调查者的有关信息，除了被调查者的认真合作之外，问卷中的问题如何提出、如何询问也至关重要。在问题的措辞中，设计者应尽力避免各种错误，使问卷更完善，使受访者能够顺利地作答。

(一)问题要简洁明了

简洁明了的问题才易于被不同文化背景、不同阶层的消费者理解和接受,也可以避免因理解错误而产生的回答偏差。具体说来,要注意以下三点。

1. 提问尽量具体而不抽象,避免提一般性的问题

只要可能,问题应该清楚、明确、具体、特定,使回答者不仅熟悉问题中的概念,而且熟悉适当的回答范畴。例如,"请问您对我厂××产品是否满意?"这个提问就太一般。应该再具体一些,如"请问您对我厂××产品的质量(或者包装、服务等)是否满意?"。又如,"您觉得××电视机的画面质量怎么样?"。这里"画面质量"的含义就很笼统,因此应改为"您觉得××电视机的画面是否清晰?"等。

2. 避免使用冗长复杂的语句

句子越复杂,回答者出错的潜在可能性就越大。从修辞的角度来说,修饰词多一些,语句长一些,会使语言显得很优美。但是,如果问卷中问题太长,不仅会给被调查者的理解带来一定的困难,增加作答的时间,也会使其厌烦,不利于对问题的回答。因此,在语义能表达的前提下,句子要尽量简洁。一句话能够表达清楚的问题,绝不用两句话来表达;一个词足以表达清楚的意思,绝不用两三个词来表达。

3. 避免使用否定句,最好不用反义疑问句

否定句、反义疑问句都有点弯弯绕,会影响被调查者的思维,不利于其对问题的正确理解,容易造成相反意愿的回答或选择。由于受习惯思维的影响,人们往往不太习惯否定形式的提问;而反义疑问句往往向人们暗示了提示信息,在没有明确态度的情况下,回答者往往会受到暗示的牵引。

例如,"您是否赞成商店实行'打折'促销活动?"就是一句否定式问句。受习惯思维的影响,人们往往倾向于选择答案"是",即"不赞成",实际上相当一部分人可能并非出自本意。如果将此问改为反义疑问句"您不赞成商店实行'打折'促销活动,是吗?",由于反义疑问句中陈述部分的信息暗示,可能相当一部分人会回答"是",尽管他们的本意是赞成商店"打折"促销的。正确的提问应该是:"您是否赞成商店实行'打折'促销活动?"

(二)措辞要确切、通俗,避免使用不易理解的词汇和语言

在实际调查中,调查对象的个人背景(如受教育程度、文化水平、知识经验等)有很大的差别,如果问题措辞不确切、不通俗,势必影响调查的结果。

1. 尽量避免使用专业化术语

例如,"您是否认为使用电脑数字技术制作的广告更具有吸引力?"这个提法就不太合适。对于电脑数字技术之类的专业化术语,有些人可能根本无法理解,不知道是什么含义,因此无法给出正确答案,即使勉强回答了,也可能漏洞百出。

2. 避免使用无明确界定的词语

诸如"一般""经常""偶尔""普遍""目前""很多(少)""最近""差不多"等都属于过于笼统、无明确界定的词语,不同的人可能有不同的理解,从而造成回答的偏差。例如,"您最近经常去超市购物吗?"中的"最近"指哪一段时间?一段时间内去超市几次才算"经常"?

显然回答者会有各自的理解,所得结果毫无意义。

3. 避免使用俚语和行话

如果问题中使用一些并不是所有被调查者都熟悉的俚语和行话,将导致那些对此不熟悉的人理解错误。

4. 避免使用夸张的词语

夸张的词语可能转移被调查者的关注点,不利于获得准确的调查结论。有一个为雷朋太阳镜作调研的实例:"您认为您会花多少钱购买一副能防止使眼睛失明的太阳光紫外线的太阳镜?"可以看到,这一夸大的提问主要关注防止紫外线的效力,会导致回答者考虑他们愿意花多少钱去购买一件物品以保护眼睛免受紫外线的伤害,而不是考虑他们愿意花多少钱去购买一副太阳镜。较为恰当的提问方式应该是:"您愿意花多少钱购买太阳镜,以保护眼睛不受太阳光线直射?"

5. 避免使用有歧义的词语

有歧义的词语会导致被调查者对问题理解的偏差。歧义的发生有两种形式。一是词语本身有多种内涵。例如,某防止残害动物协会的调研可能会问:"当你的小狗造成意外事件时,你是否会教训它?"此处的"意外事件"是指它在地板上撒尿还是咬伤了人或是其他意外事件? 关于"教训"一词的含义也是含糊不清的,就你能想到的犬类的天性是可以有多种变化的。我们可以用一系列的问题来特别限定"意外事件"的种类。二是这些词语对于不同的回答者有不同的含义。这一形式的歧义往往源于在不同地域对于同一词语的用法不同。在美国有一种被称为"grinder"的三明治,该词在新英格兰地区是指夹有海中鱼类的三明治,而在其他州则被解释为"可怜的男孩"。

对问题的措辞,设计时要考虑以下问题:

(1) 这个词是否恰好表达了我们想要的意思?

(2) 它有无其他意思?

(3) 如果有,是否会造成理解混乱?

(4) 这个词有其他发音吗?

(5) 有与这个词发音相同或相近的其他词吗?

问卷设计者应通过对这些问题的认真思考,选择出最为确切的措辞。

(三) 要避免双重或多重主题的问题,一个提问只应包含一项内容

在问卷中,如果一个题目包括双重或多重主题,会使受访者不知所措。例如,"您觉得这种新款轿车的加速性能和制动性能怎么样?"实际上包含了两个方面的问题。如果被调查者认为加速性能好,而制动性能不好,或者反之,那么他很难作出回答。所以,应该分开提问,改为"您觉得这种新款轿车的加速性能怎么样?"和"您觉得这种新款轿车的制动性能怎么样?"。

避免这种错误的有效办法是检查一下已设计好的问卷,看看提问项目是否有"和""跟""与""及""或"或"同"等字眼。如果有这些字眼,就应该小心地审查,一旦发现一个题目包括双重或多重主题,就应予以改正。

（四）避免诱导性提问

诱导性提问是指提问中含有暗示被调查者如何回答的线索,如带有感情色彩的字词,或者有赞成、反对的感情等。问卷提问不能带有倾向性,而应保持中立。词语中不应暗示调查者的观点,不要引导被调查者该作何种回答或该如何选择。诱导性提问违背了市场调查者必须遵循的"客观性"原则,在问题中包含了调查者的观念或看法,会使回答者产生顺从心理,导致调查访谈结果产生系统性偏差。例如,"很多人喜欢看金庸的武侠小说,您也喜欢看吗?"这个问题就明显带有倾向性,暗示了回答者应该从众,对被调查者的选择具有诱导作用。解决类似问题的办法是将诱导性语句删除,改为"中性"语句。例如,将上例改为"您喜欢看金庸的武侠小说吗?"。

（五）避免提出需要被调查者通过推断猜测才能回答的问题

当问题中包括一些常识时,回答者往往会回答他们认为是如何或他们认为应该如何。这就助长了猜测,尽管猜测有时也可能是正确的,但大多数情况下是不正确的。考虑以下两个实例:"当你在超市购买非冷冻鱼时,你是否考虑它的新鲜程度""如果你在一家商品陈列室中购买了一架35毫米自动对焦的照相机,你是否会向售货员询问它的质量保证"。按常规,被调查者的回答一定是"是",因为通常来说购买海鲜,新鲜程度是一个重要的衡量标准,而对一名购买较昂贵照相机的普通购买者来说,质量保证是十分必要的。有一种避免常识因素对回答者的影响的方法,就是向被调查者询问一些更为详细的资料。例如,在询问新鲜度时可以问:"在你最近五次去超市购买非冷冻鱼时,有几次你考虑了它的新鲜程度?"而在询问照相机这一事例时,最好运用量表选择法来询问他对质量保证的考虑。如将回答设为"不是""有时是""是""完全是"等几个等级。

（六）避免询问超越大多数被调查者能力和经历的问题

若询问超越大多数被调查者能力和经历的问题,其结果将毫无实用价值。

比如,若询问一位受访者"去年看过多少部广告片?",大多数情况下,他是很难回答的。但问他"昨天看电视,最有印象的广告或节目是什么?"他就有可能说清楚。同样,当问题是让从来没有接触过股票和股票知识的人指出最有用的技术分析方法时,得到的回答可能只是一脸的莫名其妙或者胡乱的瞎猜。

又如,"去年您使用了多少袋洗衣粉?"这样的问题。洗衣粉是日用品,消耗量大,近期使用一般还能记清楚,而要回答一年用了多少,很少有人能准确给出答案,只能粗略估计。像这样的问题,最好缩短时间跨度,如改为"您一个月使用多少袋洗衣粉?"。这样被调查者一般都能给出准确答案。

（七）要充分考虑回答者回答问题的意愿

有些事情回答者可能记得很清楚,然而他们也许不愿意给出真实的回答,或者即使回答,也是朝着合乎社会需要的方向倾斜。比如尴尬的、敏感的、有威胁的或有损自我形象的问题,被调查者要么干脆不回答,要么就朝着合乎社会需要的方向回答。个人收入问题、个人生活问题、政治方面的问题等都属于这种情况。如果问到这些问题,被访者可能会产生反感,不愿说真心话,因而得不到正确的答案,所以应尽量避免问此类问题。如果必须涉及,要讲究提问的艺术,避免引起反感,可采用间接询问方式,并放在问题的后面部分问。

二、关于问题的编排

一份问卷通常包含许多问题,在每个题目(包括提问项目和回答项目)编写、筛选完毕后,接下来的工作就是安排题目的先后顺序,即进行问题的编排。心理学研究表明,问卷中问题排列的先后顺序有可能影响被调查者的情绪。同样的题目,编排得合理、恰当,有利于有效地获得资料;编排不妥当,可能会影响被调查者作答,影响问卷的回收率,甚至影响调查的结果。所以在设计问卷时,应站在被调查者的角度,顺应被调查者的思维习惯,使问题编排得容易回答。下面给出了问题编排的一般原则。

1. 问题的编排应具有逻辑性

问题的编排应具有逻辑性,是指问题的编排应该符合人们的思维习惯。为此,同类或成套问题应该编排在一起,这样便于被调查者系统思考,提高回答效率。如果问题的编排缺乏逻辑性,问题的性质发生突然改变,会使被调查者感到困惑,增加反应的难度,影响被调查者回答问题的兴趣,不利于其对问题的回答。一般采用当面访问时,开头宜采用开放式的问题,先营造一个良好、和谐的谈话氛围,保证后面的调查能够顺利进行。采用书面调查时,开头应是容易回答且有趣味性的问题,核心的调查内容放在中间,专门或特殊的问题放在最后。

2. 问题的编排应该先易后难

问题的编排应该先易后难,是指将容易回答的问题放在前面,难以回答的问题放在后面。问卷的前几道题容易作答,能够提高被调查者回答问题的积极性,增强其回答问题的信心,有利于他们把问卷答完。如果一开始就让他们感到费力,则容易使他们对完成问卷失去兴趣。

一般对公开的事实或状态的描述要容易一些,因此这类问题应放在问卷的前面,而对问题的看法、意见等需要动脑筋思考,适宜放在问卷靠后一点的位置。

从问题的类型来看,一般封闭性问题应该安排在前面,开放性问题安排在后面。开放性问题一般需要较长时间来作答,而一般的被调查者是不愿意花太多的时间来完成一份问卷的。如果将开放性问题放在问卷的前面,会使被调查者觉得回答问卷需要很长时间,从而拒绝接受调查。特别是自由回答题,被调查者的回答内容多少不一,在问卷上需要留出较多的空间,放在后面有利于卷面的编排,也有利于被调查者自由发表意见。开放性问题放在后面,即使被调查者不作答,其他问题的回答仍有分析的价值。

另外,从时间的角度来考虑,一份问卷可能包含若干段时间的问题,如近期的事情(最近一周、最近一个月)、远期的事情(前几个月、上一年等)。由于近期的事情容易回想,便于作答,因此放在问卷靠前的位置;至于远期的事情,由于记忆容易受到干扰,不容易回想,因此放在问卷较后一点的位置。例如,可先问"您现在使用的是什么牌子的洗发水?",然后再问"在使用这种牌子的洗发水之前您使用过什么品牌的洗发水?"。

3. 敏感性问题、威胁性问题和人口统计问题置于问卷的最后

敏感性问题如收入、婚姻状况、政治信仰等一般放在问卷的后面,因为这类问题容易遭到被调查者的拒答,从而影响后续问题的回答。如果将这类问题放在后面,可以保证大

多数问题在被调查者出现防范心理或中断回答之前得到回答。并且,等到此时,回答者与访问者之间往往已经建立起融洽的关系,增加了获得回答的可能性,回答者会条件反射地作出回答。即使这些问题被拒答,前面问题的回答资料仍有分析的价值。

三、关于问卷的版面布局

问题编排基本完成之后,设计者还应认真考虑问卷的版面布局。问卷版面布局总的要求是整齐、美观,便于阅读、作答和统计。具体包括以下几点。

(1)卷面排版不能过紧、过密,字间距、行间距要适当,尤其是行间距一定要设计好。拥挤的问卷容易造成阅读吃力,使人产生厌倦情绪,影响被调查者答题的兴趣,从而直接影响答卷效果,也容易导致调查者记录的不正确。

(2)字体和字号要有机组合,可适当通过变换字体和字号来美化版面。一般来说,问卷标题一定要醒目,问题和答案一定要有变化。另外,问卷的说明、结束语和正文字体也要有所变化。通常的做法是说明、结束语部分采用楷体,主体部分(调查内容)采用宋体或仿宋体。

(3)对于开放式问答题,一定要留足空格以供被调查者填写,不要期望被调查者自备纸张加页。一般来说,一个开放式问题留有 3~5 行空格就足够了。对于封闭式问答题,给出的每一个答案前应有明显的标记,答案与答案之间要有足够的空格。

(4)注意一些细节性问题。比如在可能的情况下,一个题目最好不要跨页编排,问卷四周应留有足够的空白,等等。

好的版面布局是给人留下良好第一印象的关键因素,问卷设计者不可掉以轻心。

四、关于问卷设计中计算机的辅助作用

在国际调研业界,问卷设计已经频频使用计算机辅助技术,计算机辅助问卷设计已发展成为一个全新的领域。一些公司专门着手开发一些计算机软件,把问卷从文字处理到最终定稿都交给程序来运作。事实上,大多数类似的有特殊功能的计算机软件还可用于统计分析。

计算机不但在快速生成问卷方面具有重要的意义,在后续的数据处理方面也具有特殊的执行优势。我们所要说明的是,从设计思维到对设计结果的评估与改善方面,人的智能因素绝对不是任何一种所谓具有智能的软件所能代替的。设计问句、确定问卷结构和问卷的预测试,这些问卷设计过程中具有较高标准化的工作可以让计算机程序来执行,使调研者可以从烦琐的工作中解脱出来,完成更具有决定意义的决策工作。是人为设计还是软件设计,使用何种软件设计,都将会随着技术的发展形成更为合理的分工。

案例　Acura 牌汽车销售服务调查问卷

(请让接受 Acura 服务的人完成此问卷)

厂家选择

1. 您为何最终选择此商家的服务?是因为它有:(标出所有合适的)

☐ 方便的地理位置　　☐ 以往良好的经验　　☐ 在那里买了您的 Acura

☐ 友好、乐于助人的职员　　☐ 担保和服务合同　　☐ 营业时间方便

☐ 服务迅速　　☐ 可信赖的技工　　☐ 广告或赠券

☐ 物有所值　　☐ 朋友的推荐　　☐ 低价格

☐ 工作质量　　☐ 提供的运输条件　　☐ 其他

2. 除了您的修理担保,此项服务还包括:(标出所有合适的)

☐ 常规维修　　　☐ 付费修理　　　☐ 换油　　　☐ 其他

取回您的 Acura

3. 如果您想约定个时间,您的厂家能否制定方便于您的时间表?

☐ 是　　　☐ 否　　　☐ 不能约定

4. 请从以下几个方面评价服务顾问:

	很满意	大致满意	无所谓	有些不满意	很不满意	未试过
a. 及时欢迎您并记下您的要求	☐	☐	☐	☐	☐	☐
b. 有帮助	☐	☐	☐	☐	☐	☐
c. 殷勤礼貌	☐	☐	☐	☐	☐	☐
d. 知识和专业技能	☐	☐	☐	☐	☐	☐
e. 以诚实、坦白的方式处事	☐	☐	☐	☐	☐	☐
f. 在您身上花的时间	☐	☐	☐	☐	☐	☐
g. 了解您的服务或修理需要	☐	☐	☐	☐	☐	☐

5. 服务顾问

	是	否	未试过
a. 听取您的要求	☐	☐	☐
b. 充分解释需要做的工作	☐	☐	☐
c. 为您提供费用预算	☐	☐	☐
d. 提供给您汽车修理好的估计时间	☐	☐	☐

6. 您要等多久才能见到您的服务顾问?

☐ 少于 5 分钟　　　☐ 5～10 分钟　　　☐ 多于 10 分钟

服务或修理期间

7. 请评价您对以下各项的满意度

	很满意	大致满意	无所谓	有些不满意	很不满意	未试过
a. 完成服务或修理所花的时间	☐	☐	☐	☐		☐
b. 等候室的清洁、舒适	☐	☐	☐	☐		☐
（如果您在商家等候）						

8. 如果费用预算改变,商家通知您有关这些变化吗? ☐ 是　　☐ 否　　☐ 未试过

挑选您的 Acura

9. 请评价您对以下各项的满意度:

	很满意	大致满意	无所谓	有些不满意	很不满意	未试过
a. 付款并取回您的 Acura 的时间	☐	☐	☐	☐	☐	☐
b. 取回您的修理单时收款人是否礼貌	☐	☐	☐	☐	☐	☐
c. 维修、修理费的收取	☐	☐	☐	☐	☐	☐

10. 有人通知您的 Acura 修理好的时间吗? ☐ 是 ☐ 否 ☐ 未试过

11. 您满意完成服务和修理工作的说明吗? ☐ 是 ☐ 否 ☐ 未试过

12. 当您到达时,书面工作彻底准备好了吗? ☐ 是 ☐ 否 ☐ 未试过

13. a. 您的 Acura 是不是按约定时间修理好了? ☐ 是(跳答问题 14) ☐ 不是

    b. 厂家给出的拖延原因是什么?

    c. 由于拖延您得等多长时间? ☐ 少于 1 天 ☐ 1 天 ☐ 2 天 ☐ 3 天或更长

    d. 您是否被预先通知将会拖延? ☐ 是 ☐ 否

14. 当您挑选 Acura 时,付款和取回您的 Acura 需要多长时间?

    ☐ 少于 5 分钟 ☐ 5~10 分钟 ☐ 多于 10 分钟

15. 如果您为保修或任何修理支付费用,请回答问题 15a~15c,否则跳答问题 16。

    a. 费用估计准确吗? ☐ 是 ☐ 否

    b. 费用是否被适当解释了? ☐ 是 ☐ 否

    c. 服务或修理费用是多少? ☐ ☐☐☐.☐☐美元(请填入最接近的钱数)

将您的 Acura 带回家后

16. a. 商家在您第一次要求修理时完成的修理工作令您满意吗?

    ☐ 是(跳答问题 17) ☐ 否

    b. 第一次维修时哪些毛病没修好?

    c. 还要附加多少次维修? 附加(　　)次

    d. 要求重复维修的原因是什么?

    ☐ 维修部门未找到问题所在 ☐ 没有零件库存(包括无线电设备)

    ☐ 维修未解决问题 ☐ 无线电设备互换或重新安装

    ☐ 其他(请具体写出)

17. 从总体上评价您的保修经历:

	很满意	大致满意	无所谓	有些不满意	很不满意	未试过
a. 实施工作的质量	☐	☐	☐	☐	☐	☐
b. 实施工作的彻底性	☐	☐	☐	☐	☐	☐
c. 综合维修部门的表现	☐	☐	☐	☐	☐	☐

18. 商家与您联系了解工作是否令您满意? ☐ 是 ☐ 否

零部件

19. a. 此次维修中需要零部件吗?

    ☐ 是 ☐ 否(跳答问题 20) ☐ 不知道(跳答问题 20)

b. 商家有全部所需零部件吗?

☐ 是(跳答问题20) ☐ 否 ☐ 不知道(跳答问题20)

c. 哪种零部件无货?

d. 一旦您被告知某零部件无库存,您会等多久?

☐ 少于1天 ☐ 1天(过夜) ☐ 2天或更多天

e. 您是如何得到修理Acura所需零部件已到货的通知?

☐ 电话通知 ☐ 邮寄通知 ☐ 自己与商家联系

f. 在您等待零部件期间,您使用您的Acura吗? ☐ 是 ☐ 否

附加服务

20. 商家提供以下哪些服务项目?(标出所有合适的)

☐ 出租汽车 ☐ 延长营业时间 ☐ 快运或减少夜间运输

☐ 免费挑选服务 ☐ 星期六工作时间 ☐ 维修提示通知

☐ 特快换油 ☐ 免费洗车

非经销商服务的经历

21. a. 过去6个月中,您在除Acura厂家以外的维修部门修理过您的Acura吗?

☐ 是 ☐ 否(跳答问题22)

b. 维修处有哪些设施类型?

☐ 独立车库 ☐ 快速润滑油

☐ 加油站 ☐ 国际连锁店或商场

☐ 其他

c. 最近6个月中去过的维修处的名称? _____

d. 进行维修的类型 ☐ 定时保养 ☐ 换油 ☐ 维修

e. 您为何选择此维修处?(标出所有合适项)

☐ 方便的位置 ☐ 以往良好的经历 ☐ 服务时间方便

☐ 友好的乐于助人的员工 ☐ 担保或服务合同 ☐ 广告或赠券

☐ 维修迅速 ☐ 可信赖的技工 ☐ 低价格

☐ 物有所值 ☐ 朋友的推荐 ☐ 工作的质量

☐ 提供的运输 ☐ 其他

f. 您为此项服务付了多少钱? ☐☐☐.☐☐美元(请填入最接近的钱数)

g. 您将继续在此维修处维修您的Acura吗?

☐ 肯定会 ☐ 可能会 ☐ 可能不会 ☐ 肯定不会

总结

22. 您将继续在此Acura厂家维修您的汽车吗?

☐ 肯定会 ☐ 可能会 ☐ 可能不会

☐ 肯定不会 为什么不? _____

23. 根据您的使用和维修经历,如果您要更换这辆车,您将购买或租用另一辆Acura的可能性有多大?

☐ 肯定会 ☐ 可能会 ☐ 可能不会 ☐ 肯定不会

24. 在换车前,您计划保留这辆车多长时间?

☐ 6 个月或更短 　　　☐ 7~12 个月 　　　☐ 1~2 年

☐ 3~4 年 　　　☐ 5 年或更长

个人情况

25. 您的性别 　　　☐ 男 　　　☐ 女

26. 您的年龄

☐ 不满 25 岁 　　☐ 25~29 岁 　　☐ 30~34 岁 　　☐ 35~39 岁

☐ 40~44 岁 　　☐ 45~49 岁 　　☐ 50~59 岁 　　☐ 60 岁及以上

27. 我们可以分享您对您的 Acura 厂家的个人意见吗? 　　☐ 是 　　☐ 否

评论 _____

谢谢您的参与

请将此调查封入已付邮资的信封并寄回

(资料来源:[美]小卡尔·迈克丹尼尔等著.当代市场调研[M].范秀成,等,译.北京:机械工业出版社,2000.)

思 考 题

1. 调查问卷的功能有哪些?

2. 试述调查问卷的设计原则。

3. 请说明调查问卷的结构及其设计的程序。

4. 试分析开放式问题和封闭式问题的优缺点。

5. 在应用多项选择法时应注意哪些事项?

6. 请说明问卷设计中关于问题及其措辞应注意的事项。

7. 关于问卷设计中的问题编排应掌握哪些原则?

8. 关于问卷的版面布局应注意哪些问题?

第 五 章

B&E

营销调研中的测量量表

在营销调研中,经常需要对消费者的消费状况及态度等进行测量。进行测量的方式受到正在搜索的信息种类的强烈影响,比如,要想收集到啤酒消费的准确信息,最好询问人们一天喝多少瓶(标准瓶)啤酒。与此相应的是,要想收集有关啤酒消费者感觉方面的信息,最好询问人们是把自己归入啤酒的重度喜好者还是轻度喜好者。这两种方法会产生两种完全不同的测量结果。

有许多类别的测量量表技术,这些技术通常具有不同的属性。正确理解和运用一种技术或方法非常必要,因为采用某种技术测量一个特征或属性,即是对使用此技术收集来的数据进行解释和分析。

本章首先介绍有关测量和量表的一些基本概念,然后介绍比较量表和非比较量表及不同量表使用的有关知识,最后讨论各种态度量表以及量表的选择因素和量表反映问题的能力。

第一节　测　　量

一、测量的基本概念

测量是指按照特定的规则将数字或序号分配给目标、人、状态或事件,将其特性量化的过程。它是一个分配数字或序号的过程,在市场调研中,分配数字或序号通常是因为数字或序号提供了对结果数据统计分析的可能性,数字或序号有助于测量规则与结果的传达,这些数字或序号反映了事件、个人或物体所具有的特性。

测量必须包括下列三个要点。

1. 测量客体

测量首先要有测量客体,即人、事物或事件、现象等。但是要注意,我们所要测量的并不是客体本身,而是它的特征或属性。例如,营销调研者不是去测量某个消费者,而是测量消费者的感受、态度、偏好、品牌忠诚度、年龄等相关因素。

2. 数字或序号

测量既然是用数字或序号这些形式语言从理论上把握客体的特征或属性的过程,那么我们可以把测量中的一个数字当作一种物体或事件特征的代表符号。例如,我们常以60kg或70kg代表一个人的体重,以1.60m或1.70m代表一个人的身高,同样,我们也可用智商(如110)来表示一个人的智力状况。这些数字或序号不是客体本身,而仅仅是代表客体的特征,用以表示各个调查对象在属性、特征上的数量差异或类别差异。

3. 测量规则

测量规则即法则,是把数字或符号分派给调查对象的统一标准,它是一种索引或操作方法。测量中较为困难的工作是确定规则,也就是说,要设立一种分派数字或符号的准则。例如,有一种规则描述说"根据每个人工作积极性的高低而分派 5～1 的数字。如果某个人工作积极性高就给他分派数字 5,反之则给他分派数字 1。介于两者之间的人,则分派给他们中间的数字 4～2"。这样 5～1 这些抽象的数字符号就依据我们规定的法则来表示一个人的工作积极性的高低了。

二、测量的主要尺度与数据类型

(一) 定类尺度与定类数据

定类尺度是以数字作为标签来分辨、区分观测对象所属类别的测量工具。定类尺度将一个对象置于一系列相互排斥的等级中,并且没有任何排序的意义。比如,机动车牌照、身份证号码所赋予的数值除了识别被赋值的那辆车和那个人以外,再没有其他特定的含义。定类尺度变量包括性别、民族、宗教信仰和职业类别等。赋予定类尺度的数值并不真正反映研究对象所拥有的属性总量。由于定类尺度数据不具有顺序、距离或起点的含义,因此它只能用在极其有限的统计量中。在这种情况下,由于该数据没有什么意义,因此计算均值便毫无意义。但是,对定类变量可以进行一定计算,比如可以说一个样本中有50％是女性。集中趋势的正确量表是众数,众数是出现最频繁的数值。

定类数据是仅反映观测对象所属类别的数据。如果有三个等级甲、乙和丙,我们既不能说甲和乙之间的距离与乙和丙之间的距离相等,也不能说乙的大小与甲和丙成比例。定类数据没有暗含的排序,所赋予的数值除了识别对象,再没有其他特定的属性。

定类数据只反映最低程度的信息,是最低水平和最有限的量表数据。

(二) 定序尺度与定序数据

定序尺度是一种用于表明观测对象等级、顺序的测量工具。定序尺度涉及等级排列,它意味着一个对象具有比其他对象或多或少或等量的属性。定序尺度有暗含的排序,因此,列在第一位的对象小于或大于列在第二位的对象,依此类推。定序尺度的数字之间既不暗含距离的属性,也不反映对象所拥有特征的重要程度。

定序数据是仅仅反映观测对象等级、顺序关系的数据。如果有甲、乙和丙三个等级,我们既不能说甲和乙之间的距离与乙和丙之间的距离相等,也不能说乙的大小与甲和丙成比例。但是,它有暗含的排列顺序,因此,列在第一位的对象比列在第二位的对象大或小,依此类推。

定序数据是比定类数据水平稍高一些的量表数据。

(三) 定距尺度与定距数据

定距尺度是一种用于对观测对象的特征的相等间隔进行赋值的测量工具。定距尺度反映的是一个对象比其他对象拥有某种属性多多少,因此,有可能就某一种属性区分出两个或多个对象的差别有多大。

定距数据是具有顺序和距离属性的数据。如果有甲、乙和丙三个等级,我们可以说甲和乙之间的距离与乙和丙之间的距离相同,但是我们不能说乙的大小与甲和丙成比例,它有暗含的顺序,因此,列在第一位的对象比列在第二位的对象大或小,依此类推。

定距数据集中趋势最常用的衡量指标是算术平均值,度量均值的偏离程度通常用标准差来表示。定距尺度量表几乎适用于所有的统计分析,但是定距数据不能在多个对象间进行测量绝对值大小的比较。我们不能说一个被赋予数值 6 的对象所具有的属性是一个被赋予数值 3 的对象的 2 倍。虽然定距尺度的数据具有顺序和距离属性,但并没有绝对的起点(零点)。定距尺度常用于商业市场调查调研,特别是用于访问人员要收集有关态度和所有品牌排序的信息时。

(四)定比尺度与定比数据

定比尺度是一种用于描述观测对象计量特征的数学尺度。定比尺度具有与定距尺度所拥有的同样的属性,同时还具有绝对或自然的起点。因此,在这种情况下,我们可以说,用定比尺度数值 9 表示的对象拥有的属性是用数值 3 表示的对象的 3 倍。定比尺度数据通常与可直接观察的物理事件和实体相关,市场份额、销售额、收入等的衡量具有适于定比尺度的属性。定比尺度具有其他衡量量表的所有属性,因为它具有顺序、距离和统一起点(零点)的属性。

定比数据是具有顺序、距离和比例属性的数据。如果有甲、乙和丙三个等级,我们可以说甲和乙之间的距离与乙和丙之间的距离是相同的,同时我们也能说乙的大小与甲和丙成比例,它有暗含顺序,因此,列在第一位的对象比列在第二位的对象大或小,依此类推。

定距数据与定比数据是最高水平的量表数据。

上述四类数据,可以用图 5-1 进一步说明。

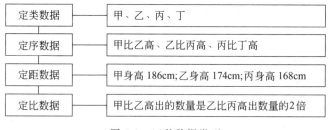

图 5-1　四种数据类型

第二节　测量量表

一、量表的定义

量表可以看作测量的一个扩充,是试图确定主观的有时是抽象的概念的定量化测量工具。例如,我们以数字来表示冷和热的不同程度,并称之为温度。量表也被定义为以数字(或其他符号)代表客体的某一特征,从而以多个数字来代表所考查的客体的不同特征的过程,它涉及产生一个将被测物体定位的连续统一体。举例说明,根据"对商场的态度"

这一特性来考虑一个定位消费者的量表。每个消费者被分配给一个序号,表示一种不喜爱的态度(用1测量)、一种中性的态度(用2测量)或者一种喜爱的态度(用3测量)。测量是根据某些规则将序号1、2或3分配给每位消费者。量表是将调查对象置于一个与他们对待商场的态度有关的连续统一体中的过程,在这个例子中,就是将调查对象分为持不喜爱态度、中性态度或喜爱态度的过程。这一过程可能涉及将调查对象逐个考虑或成对考虑。

二、量表的分类

(一)按照所用测量尺度来分类

由于测量尺度分为定类、定序、定距和定比四类,所以与所用测量尺度相对应可将量表分为类别量表、顺序量表、等距量表和等比量表。

1.类别量表

使用定类尺度进行测量的量表即类别量表,此类量表是市场营销调研中最常用的量表之一。类别量表将数据分成互相排斥、互不相容的各种类别,这意味着量表中所有的数据都有适合的类别与之对应,任何一个数字都将适用于一类而且是唯一的一个类别,即赋予目标或现象不同的数字是用来命名或分类的。但这些数字没有真实的意义:这些数字不能排序或加减乘除,它们只是一种标签或识别数字,别无他意。类别量表的例子如表5-1所示。

表5-1 类别量表示例

性 别	地理区域
(1)男	(1)城市
(2)女	(2)农村
	(3)郊区

2.顺序量表

使用定序尺度进行测量的量表即顺序量表。顺序量表除了具有类别量表用数字代表特征的特点外,还增加了对数据排序的能力。顺序测量是基于可传递假设的应用(假设是为进行操作或思考而假定的必要前提条件)。可传递假设可以这样加以描述:"如果a大于b,而b大于c,则a大于c。"还有其他一些可代替的词语:更喜欢、比……强或在……之前。顺序量表示例见表5-2。

表5-2 顺序量表示例

请对下列手机品牌从1到5进行排序(1表示最喜欢的,……,5表示最不喜欢的)
小米 ————
华为 ————
联想 ————
魅族 ————
酷派 ————

顺序量表的目的是排序。因此,任何可以代表顺序关系的系列数字都可以被顺序量

表使用。对中心趋势的适当量度是众数、中位数,百分位数或四分位数可以用来测量离散程度。普通的算术运算如加、减、乘、除都不能用于顺序量表。

实际调研中对顺序量表的使用存在一个与前述关于定序尺度性质相矛盾的情况。评价各种特征时,调研人员用指定数字来反映一系列陈述的相应等级,然后又用这些数字来表示相应的距离。例如,在测量消费者角色的确定性程度时所使用的从"非常确定"到"非常不确定"的量表(见表5-3)。

表5-3 关于消费者角色的确定性程度的量表示例

(1)	(2)	(3)	(4)	(5)
非常确定	确定	中性	不确定	非常不确定

一些研究测量的学者主张:一般来说都要假定顺序量表的间隔是相等的。如果调研人员能判断在量表范围内间距是相等的话,就能运用更有利的统计参数检验对之进行分析。

最好是将顺序测量看作等距测量,但应注意总体内部是不等距的。因此,应当尽可能多地了解有关测量工具的特点。随着心理学、社会学和教育的进步,利用这种方法可以获取大量有用的信息。总之,如果调研人员小心地应用这种方法,他们是不至于被严重误导的。

3. 等距量表

等距量表除包含顺序量表的所有特征之外,还增加了量表范围内各点之间的间距相等这一维度。相对顺序量表而言,市场营销调研人员更喜欢用等距量表,因为它能表示某一消费者所具有的特性超过另一消费者多少。使用等距量表,调研人员能够研究两个目标对象之间的差距。

但是等距量表中的任意零点限定了调研人员对量表值的表述。例如,用等距量表来评价酒店服务,如果给甲酒店20分而给乙酒店10分,我们也不能认为甲酒店的受喜欢程度是乙酒店的两倍,这是因为我们在量表中没有给出表示不喜欢的零点,也没有在量表上分配一个零值。

对使用等距量表得到的数据可以进行定距数据中所介绍的各种统计分析与检验。如果调研人员担心"相等间隔"的假设,则可以采取更为保守的方法并使用非参数检验。

4. 等比量表

等比量表除综合了上面所讨论的3种量表的功能之外,还加上绝对零点或原点的概念。因为一些事物不具备要测量的特性,等比量表起源于零,因而有一个绝对的实证含义。例如,一项投资(比较差)可能没有回报,或者某个区域的人口为零。可知,等比量表反映了变量的实际数量。由于人们对零点的确定有一致的意见,所以可以对等比量表的数值进行比较。应答者的物理特征,诸如体重、年龄、高度之类都是等比量表的例子。其他的等比量表有面积、距离、货币单位、回报率、人口统计、时间间隔等数据。

绝对零点的存在意味着可以进行所有的算术运算,量表上的数值表明了被测事物特性的实际值。

因为高水平的测量包括了所有低水平测量的特性,因此,我们可以将高水平的量表转换成低水平的量表。例如,等比量表可以转换为类别量表、顺序量表、类别量表;等距量表转换为类别量表、顺序量表;顺序量表转换为类别量表。

表 5-4 归纳了上述 4 种量表的基本知识。

表 5-4 关于类别、顺序、等距和等比量表的知识要点

量 表	类 别	顺 序	等 距	等 比
描述	用数字来识别对象、个体、事件或小组	除识别外,数字提供了一种事件或对象等拥有的特点或相对数量信息	拥有类别与顺序量表所有的性质,加上相邻点间的间距是相等的	综合了前面3种的所有性质,加上绝对零点
基本的实践操作	判断相等或不等	判断更大或更小	判断间距的相等性	判断等比的相等性
一般使用	归类(男、女,购买者/非购买者)	排序/打分(对旅店和银行等的偏爱,社会阶层,对食品口味的打分)	复杂概念/架构偏好的测量(温度,空气压力,有关品牌的认知水平)	精确工具可获得时(销量,年龄)
一般描述性统计	频数、百分比/众数	中位数(均值或方差矩阵)	均值/方差	几何平均数/调和平均数

(二)按照是否涉及测量对象的比较来分类

照此标准,测量量表分为比较量表和非比较量表两种分类。

比较量表要求调查对象将一系列对象与其他对象进行比较。比如,要求调查对象将一种品牌的牛奶与他们在超市购物时所考虑选择的其他品牌的牛奶进行比较。调查结果以比较量表的形式表示,它具有顺序或等级次序的属性。所得到的分数表示一种品牌比另一种品牌更受欢迎,但并不表示选择倾向的大小。使用这种类型的量表,可以表示比较对象之间的细小差别。

非比较量表要求调查对象独立地评价每一个被调研的其他对象。非比较量表也称为单项量表。

1. 比较量表

这种类型的量表确保所有的调查对象都是以同样已知的参考点开始分级。该技术使用了以下几种变量。

(1)配对比较量表

同时向调查对象展示两个物品,要求调查对象根据给定的标准,在两个物品中指出自己倾向于选择哪一个。这种方法产生的是定序量表数据,比如 A 品牌比 B 品牌好,或者 A 品牌产品比 B 品牌产品干净等。这种方法常用于研究对象是物理产品的场合。通过成对比较所获得的数据最重要的一点是,这种定序量表数据可以被转化为定距量表数据(如图 5-2 所示)。

(2)等级顺序量表

在这种情况下,同时向调查对象展现几件物品,并要求他对这些物品进行排序或分级(如图 5-3 所示)。

提示

　　我们将给您提供 10 对香波品牌。对每对香波,请指出您个人使用时更喜欢这一对香波品牌中的哪一个。

记录表

	飘柔	海飞丝	潘婷	舒蕾	力士
飘柔		0	0	1	0
海飞丝	1[a]		0	1	0
潘婷	1	1		1	1
舒蕾	0	0	0		0
力士	1	1	0	1	
受喜欢次数[b]	3	2	0	4	1

a　1 意味着该列的品牌比相应行的品牌更受喜爱,0 意味着行品牌比列品牌更受喜爱。

b　一种品牌被喜爱的次数通过累加每一列中的 1 得到。

图 5-2　配对比较量表示例图

提示

　　对牙膏的不同品牌按照偏好的顺序进行排列。从选出你最喜欢的品牌并填写 1 开始,然后找出第二位偏爱的品牌并填写 2,继续这一步骤直到你对所有的牙膏按偏好的顺序进行了排列。最不喜欢的品牌的顺序为 6。

　　任何两个品牌不应该得到相同的排序数。

　　偏好的标准由你决定,没有正确或错误的答案,尽量保持一致。

品　牌	等级顺序
1. 佳洁士	_____
2. 高露洁	_____
3. 两面针	_____
4. 黑妹	_____
5. 中华	_____
6. 六必治	_____

图 5-3　等级顺序量表示例图

（3）常量求和量表

　　要求调查对象根据一些标准（如偏好或重要性）,将一些点数（如 100 点）在所研究对象之间进行分配,并对他们如何分配点数给予指导,如果他们喜欢品牌 A 是品牌 B 的两倍,那么他们分配给品牌 A 的点数也应该是品牌 B 点数的两倍（如图 5-4 所示）。

（4）直线标记/连续评分比较量表

　　这种方法常用来进行相似性判断。通常向调查对象展示成对的对象,要求他们判断这两个对象的相似性,并在两端标有"完全一样"和"完全不同"的约 12 厘米长的直线上做出标记（如图 5-5 所示）。

5. Q 分类量表

　　这种量表方法采用等级顺序的步骤,向调查对象展示一系列调研的对象（品牌、概念、单词或词组）,要求他们根据某些标准（如他们对这些品牌、概念、单词或词组的偏好程度）

提示

下面是肥皂的八种属性。请将100分分配到这些属性当中,以便准确反映你对每种属性的相对重要性的看法。一种属性得到的分数越多,这种属性就越重要。如果一种属性一点也不重要,就给零分。如果一种属性的重要性是另一种属性的两倍,那么它应该得到两倍的分数。

记录表

		三组调查对象的平均回答	
属　性	组1	组2	组3
1. 温和	8	2	4
2. 泡沫	2	4	17
3. 收缩	3	9	7
4. 价格	53	17	9
5. 香味	9	0	19
6. 包装	7	5	9
7. 保湿	5	3	20
8. 去污能力	13	60	15
总和	100	100	100

图 5-4　常量求和量表示例图

请指出你认为"劳力士(Rolex)"和"浪琴(Longines)"这两个品牌手表的相似性有多大,通过在下面的直线上与你的判断相近的大致位置标出"√"来表示。

完全一样 ＿＿＿＿＿＿＿＿＿＿＿＿＿＿＿＿＿＿＿＿ 完全不同

图 5-5　直线标记/连续评分比较量表示例图

将这些对象分成不同类别。采用 Q 分类量表法进行测量需要大量卡片(通常需要 60～120 张卡片),这就很难对它们进行分等排序。为了便于统计,可以指导调查对象将标有不同数量的卡片分成几组,整体上形成状态统计分布。比如,给调查对象 90 个品牌的卡片,要求根据哪个是最接近他们理想的品牌对这些品牌进行分类,其 Q 分类分布如图 5-6 所示。

最好的									最差的
3	4	7	10	13	16	13	10	4	3
10	9	8	7	6	5	4	3	2	1	0

图 5-6　Q 分类量表示例图

这是一个从最好特性到最差特性的等级排序的连续体,其两端之间有认可和不认可的不同等级。3,4,7,…,3 这些数字代表每组中卡片的数量,其下方的数字 10,9,8,…,1,0 是分配给每组卡片的值,即最左边的三张卡片,其最佳特性的确定值为 10,下一组四张卡片确定值为 9,依此类推,最右边的三张卡片的数值为 0。简言之,Q 分类量表一般有 11 组,每组被赋予从 0 至 10 的不同数值。调研者可以用 Q 分类量表来确定调研对象的相关等级,也可以由此引申出具有相同偏好的消费群(这些群体可以被看作市场细分的潜在基础)。

2. 非比较量表

非比较量表不要求调查对象将所关心的对象与其他对象进行比较,也不要求其按照某些给定的标准进行比较。在对调研的对象进行分级时,调查对象可以根据任何适合该对象的标准进行分级。在分配等级时,每个调查对象必须使用自己的某些标准,而不是调研人员提供的标准。

(1) 直线标识/连续评分量表

直线标记或连续评分量表也能用于非比较量表。在这种情形下,要求调查对象在一条直线上(该直线通常长约 12 厘米)的适当位置做出标记,并刻画出给所研究对象分配的等级。不给定任何比较标准。所得到的分数通常被当作定距量表数据进行分析。

(2) 分项评分量表

分项评分量表向调查对象提供一个有数字量表和(或)有关每一个分类的简要描述,要求调查对象从给定的种类中选出一种,以量表位置的形式进行排序,该位置能最好地描述所调研的对象。这种量表可以采用不同的形式来反映所用种类的数字、词语描述的性质和程度、喜欢和不喜欢的分类数量、中点位置。这种量表可具有询问种类的任何数字,但控制因素与调查对象的辨别分类能力有关。

分项评分量表可以采用各种类型的语言描述和数字形式,前者有助于确保调查对象基于相同的基础做出回答,但语言描述的使用将会影响所得到的答复。此外,也可以使用图片和其他类型的图表进行描述。

如果使用相同数目的喜欢和不喜欢的类别,那么量表就是对称的,否则量表便是不对称的。当答复的分布可能出现偏差时,调研者也许希望使用不对称的量表,在偏差的方向上也许要使用更多的类别。在调查社会威胁方面的问题,或者大多数调查对象对某一主题的观点极有可能是肯定或完全否定的情况下,常常使用不对称量表。

在使用对称等级量表时,要选择使用偶数量表项目还是奇数量表项目。有奇数个量表项目时,中间量表位置通常被指定为中点。

分项评分量表在市场调研中应用广泛,并且是复杂度更高的量表,常用于测量购买意向,反映调查对象对一个品牌或产品的兴趣。通常使用的分项评分量表包括李克特量表、语义差异量表和斯坦普尔量表等。

(3) 多项量表

多项量表由一些调查对象必须回答的陈述组成。比如,要求调查对象回答每一项陈述受欢迎或不受欢迎的程度,把对每个陈述的回答综合在一起,就得到了最终的分数。

第三节　态度测量

态度通常被假定为行为的前兆,它表达了一个人的信念,同时态度在某种程度上影响人的最终行为。绝大多数商业市场调研都包含有测量调查对象态度的问题。

虽然人们对于什么是态度的构成有不同的看法,但是态度通常涉及感觉、情感和好恶等因素,反映了一个人对某一对象的评价,而这种评价是基于他们对该对象的信念。从某种程度上讲,态度可以被看作一种习得的偏好,对某种给定对象总是表现出喜欢或不喜欢。这样的描述假设态度是后天习得的,是行为的前兆,同时态度是稳定的。

好几种类型的量表技术都能用来测量态度,比如说在问卷设计中曾经介绍过的文句完成法、故事构建法和角色扮演等,在测量态度方面都有很好的作用。在此我们只讨论和介绍几种主要的态度测量量表。

一、瑟斯顿量表

瑟斯顿量表也称等距量表,由瑟斯顿(L. L. Thurston)与蔡夫(E. J. Chave)于 1929 年创建,该量表由被调查者自行选定问题,并建立数值标尺表示态度差异。量表建立步骤如下。

(1) 由调研者提出大量与所要评价事物有关的反映态度的语句,一般需 100~200 条。例如,用瑟斯顿量表调查消费者对某种女式服装的评价,提出有关语句如下:

式样新颖大方

式样一般

式样陈旧刻板

色泽明朗轻快

色泽沉郁

价格太高

价格适中

面料高档

面料较差

……

(2) 选择 20~30 个被调查者作为评定者,对上述语句逐一进行评价。我们在这里选择了 30 个被调查者作为评定者,由每个评定者按自己的看法把对上述语句的意见分别列入按最不利到最有利顺序排列的 11 组中,其中第 1 组代表最不利的意见,第 11 组代表最有利的意见,第 6 组代表中间态度,其他依此类推。

(3) 计算每一条语句在各组中的次数分配、平均值或中位数以及标准差。例如,语句"式样新颖大方"的计算如表 5-5 所示。

表 5-5　意见统计表

X	f	$f(X)$	$(X-\bar{X})$	$(X-\bar{X})^2$	$f(X-\bar{X})^2$
1	0	0	-8.67	75.17	0
2	0	0	-7.67	58.83	0
3	0	0	-6.67	44.49	0
4	0	0	-5.67	32.15	0
5	0	0	-4.67	21.81	0
6	0	0	-3.67	13.47	0
7	2	14	-2.67	7.13	14.26
8	3	24	-1.67	2.79	8.37
9	7	63	-0.67	0.45	3.15
10	9	90	0.33	0.11	0.99
11	9	99	1.33	1.77	15.93
合计	30	290			42.70

$$\overline{X} = \frac{\sum f(X)}{n} = \frac{290}{30} = 9.67, \quad \sigma = \sqrt{\frac{\sum f(X - \overline{X})^2}{n}} = \sqrt{42.7/30} = 1.19$$

由计算结果可知,"式样新颖大方"这一语句的平均数为 9.67,这是它的分值,它的标准差为 1.19。这是 30 位被调查者(评定者)对这一语句评价态度的离中趋势。一个语句的标准差越大,说明被调查者对该语句的评价态度差异越大,也反映出该语句的意思表达不清楚,因而不宜作为调查语句,应该从量表中剔除出去;标准差越小,则说明被调查者对语句的评价态度越集中,语句设计越合理,应该予以保留。

(4) 根据每一条语句的平均值或中位数的数值确定其落入的组别。

(5) 在每一组中选出两个标准差最小的语句作为量表采用的语句。选择语句时,应尽可能选择分值接近 1.5,2.0,2.5,3.0,…,10.5,11 的语句,这样,就建立了一个等距量表。

(6) 将全部选出的语句编制成瑟斯顿量表。所有被选出的语句在制作量表时不宜按照分值的大小来排定顺序,在量表中一般也不将每一语句的分值列出,而只是在资料分析时才将被调查者的答案转化为分值。

实际调查中,只要求被调查者对量表中的每条语句表示同意与否,同意即得分。最后将总得分相加,除以语句总数,所得的平均值就是该被调查者对所要评价事物的态度值。

这种方法的优点在于问题是根据被调查者的评价结果确定的,一定程度上能够避免完全由调研者设计问题时可能产生的主观片面性,调查结果相对准确可靠。但由于问题设计费时烦琐,评定者可能与被调查者的态度有差别,选择不同的评定者会产生不同的态度量表,因此实际应用并不广泛。

二、李克特量表

李克特量表是伦西斯·A.李克特(Rensis A. Likert)于 1932 年发明的。该量表与瑟斯顿量表相似,都是要先列出一系列与调查事物有关的反映态度的语句,不同之处在于瑟斯顿量表只要求被调查者选出自己同意的意见,而李克特量表则在要求被调查者表示自己同意与否的同时还要表示态度的强度。其量表建立过程如下。

(1) 由调研者提出大量与所要评价事物有关的反映态度的语句,这些语句有有利意见,也有不利意见,有利意见与不利意见的数量基本相当。

(2) 建立意见差别强度的分类等级,通常采用五等级分类法,即非常同意、同意、不确定、不同意、非常不同意五个等级。也有用三等级分类法的,即同意、不确定、不同意。

(3) 规定有利意见与不利意见的具体评分办法可参考表 5-6。

(4) 选择 20~30 个被调查者作为评定者,对上述语句逐一进行评价,并根据自己的看法选择对各语句的同意程度。假设选定 20 位评定者,他们对某一条语句评定的结果(按表 5-2 的标准进行评定)如表 5-7 所示。

(5) 选择量表语句,选择过程为:

① 根据各评定者对每一条语句的评分高低排序(见表 5-8)。

表 5-6 意见程度评分标准参考表

意见程度类别	有利意见的评分标准		不利意见的评分标准	
非常同意	5	+2	1	−2
同意	4	+1	2	−1
不确定	3	0	3	0
不同意	2	−1	4	+1
非常不同意	1	−2	5	+2

表 5-7 评定者对某一语句的评分表

评定者编号	1	2	3	4	5	6	7	8	9	10
对某一语句的评分	3	4	5	5	4	3	3	2	2	2
评定者编号	11	12	13	14	15	16	17	18	19	20
对某一语句的评分	3	5	5	4	4	1	2	1	3	4

表 5-8 评定者对某一语句的评分高低排序表

序号	1	2	3	4	5	6	7	8	9	10	11	12	13	14	15	16	17	18	19	20
分数	5	5	5	5	4	4	4	4	3	3	3	3	3	2	2	2	2	2	1	1

② 从高低分数两端各选出 1/4 个分数,分别组成最高分组和最低分组,计算出最高和最低分组的平均值。根据表 5-4 可算得

最高分组平均值＝(5＋5＋5＋5＋4)÷5＝4.8

最低分组平均值＝(2＋2＋2＋1＋1)÷5＝1.6

③ 计算最高最低分组的平均值之差。根据上面的计算结果可得

最高最低分组的平均值之差＝4.8−1.6＝3.2

④ 选择最高最低分组的平均值之差比较大的语句作为量表采用的语句。因为此平均值之差越大,说明该语句的辨别能力越高,其价值也就越大;此平均值之差越小,说明该语句的辨别能力越差,易于造成调查结果混乱,应删除。

(6) 将全部选出的语句编制成李克特量表。

实际调查中,假设有由 10 条语句组成的李克特量表,对某被调查者测定后,按表 5-2 的标准进行评定,评定结果如表 5-9 所示(表中"＋""−"分别代表有利意见和不利意见)。

表 5-9 应 用 示 例

语句	类别	很同意	同意	不确定	不同意	很不同意	分数
1	−				✓		4
2	＋					✓	1

续表

语句	类别	很同意	同意	不确定	不同意	很不同意	分数
3	−		√				2
4	−			√			3
5	+		√				4
6	−		√				2
7	+		√				4
8	+	√					5
9	−				√		4
10	+			√			3
总　分							32

从表 5-5 中的数据可以看出,该被调查者对 10 条语句的评价总分数为 32。按照表 5-2 规定的评分标准,10 条语句的最高分数为

$$10×5＝50$$

10 条语句的最低分数为

$$10×1＝10$$

全部语句最高得分与最低得分的平均分数为

$$(50＋10)÷2＝30$$

全部语句最高得分与最低得分的平均分数就是我们判别有利意见与不利意见的依据。根据这一情况可知,表 5-5 显示的某被调查者对 10 条语句的评分略高于平均值,也就是说稍倾向于肯定。如果评分低于平均值,表明该被调查者持否定态度。分数越高,说明肯定态度越强;分数越低,则否定态度越强。

在市场调研实务中,李克特量表非常流行,但是,很少有人遵循前面列出的那些步骤来制定量表,通常是由调研人员与客户经理共同设计。很多时候,量表是在召开小组座谈会后创制的。

三、哥特曼量表

哥特曼量表是哥特曼(L. Guttman)于第二次世界大战期间发明的一种量表,主要用于评定被调查者中持有利态度与不利态度的百分率,其分析步骤如下。

1. 拟定若干语句,要求被调查者以"是"或"否"的标准回答

2. 根据被调查者的回答把所有被调查者汇列成表 5-10,对语句每答一个"是"可得 1 分

将表 5-10 的资料首先依据各被访者所得分数的高低重新排序,然后按答案"是"的数目多少将各问句按从左至右顺序排列,得到重新整理的表格如表 5-11 所示。

表 5-10　哥特曼量表调查结果

被访者	语句								分数
	1	2	3	4	5	6	7	8	
1	1	1	1	1	—	1	1	—	6
2	1	—	—	—	1	—	1	1	4
3	1	1	—	—	1	—	1	1	5
4	—	—	—	—	1	—	1	—	2
5	1	—	—	—	1	—	1	1	4
6	1	—	—	—	1	—	1	1	4
7	1	1	—	1	1	1	1	1	7
8	1	1	—	1	1	—	1	1	6
9	—	—	—	—	—	—	1	—	1
10	1	1	—	1	1	—	1	1	6
11	1	—	—	—	1	—	1	1	4

表 5-11　哥特曼量表整理后的调查结果

被访者	问句								分数
	7	5	1	8	2	4	6	3	
7	1	1	1	1	1	1	1	—	7
10	1	1	1	1	1	1	—	—	6
8	1	1	1	1	1	1	—	—	6
1	1	1	1	—	1	1	—	1	6
3	1	1	1	1	1	—	—	—	5
5	1	1	1	—	—	—	—	—	4
2	1	1	1	—	—	—	—	—	4
11	1	1	1	—	—	—	—	—	4
6	1	1	1	—	—	—	—	—	4
4	1	1	—	—	—	—	—	—	2
9	1	—	—	—	—	—	—	—	1

经过上述排列,所有的答案就构成了一个三角形态,哥特曼量表法就是利用这一三角形态来作为判断语句和量表的基础,凡是答案"是"落在三角形态以外的都被当作误差。也就是说,凡是有答案"是"落在三角形态以外的语句都被视为易被误解的语句,因而不适宜作为整个量表的一个组成部分。研究人员再将这些准确性欠佳的语句剔除,重新整理一个三角形态。另外,还可以借助三角形态来评定量表的误差能否被接受,通常采用系数 R 进行。

$$R = 1 - 误差项目 / (语句数目 \times 被调查者人数)$$

上例的 R 系数为

$$R = 1 - 2 / (8 \times 11) \approx 0.977$$

通常来说,系数 R 至少应为 0.9,否则表明量表设计欠准确,语句必须调整。

3. 分析被调查者态度的强度以及持有利态度与不利态度的百分比

例如,首先将被调查者所持的态度分为有利与不利两种,然后对答案资料进行划分,划分成不同的答案形态。通常,答案的形态有许多种,如 5 个语句所构成的答案形态最多可达 120 种,我们借助计算机的作用选择最有代表性的 6 种,也可以是分布最密集的 6 种形态,然后,计算各类答案形态的态度强度分。强度分的计算可以按下列方法来给分:

(1)十分同意(给+2 分)

(2)同意(给+1 分)

(3)不确定(给 0 分)

(4)不同意(给-1 分)

(5)十分不同意(给-2 分)

由此可知,最高的态度强度分是+10 分,最低的态度强度分是-10 分。最后,按强度分的大小将各类答案形态由上至下排列成表,再计算被调查者的累积百分率,这就是哥特曼量表(见表 5-12)。

表 5-12 最后结果的哥特曼量表

被调查者形态	答案形态 语句 1 2 3 4 5	语句 1 2 3 4 5	语句 1 2 3 4 5	语句 1 2 3 4 5	语句 1 2 3 4 5	被调查者数目	各类形态百分比/%	累计百分比/%	强度分数
A	√	√	√	√	√	40	20	20	+10
B	√	√	√	√	√	30	15	35	+5
C	√	√	√	√	√	20	10	45	+2
D	√	√	√	√	√	40	20	65	0
E	√	√	√	√	√	30	15	80	-5
F	√	√	√	√	√	40	20	100	-10
总计						200	100		

将各答案类型的强度分数取绝对值作为纵轴,以被调查者数目累积百分率作为横轴,绘制曲线图(见图 5-7)。

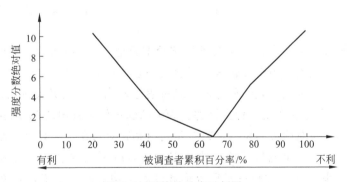

图 5-7 哥特曼量表示例图

图 5-7 中的曲线在态度强度分是 0 分时,累积百分率为 65%,这里就是有利态度与不利态度的分界点,也可以认为这一曲线图就代表了哥特曼量表。在本例中,有 65%的应

答者对该问题持有利态度,其余 35% 则持不利态度。

一般来说,通过计算机的作用还可以尽可能详细地列出答案形态,这样,曲线图就会更详尽地描绘出态度强度的分布情况。从趋势上判断,哥特曼量表可以有四种形态(见图 5-8)。

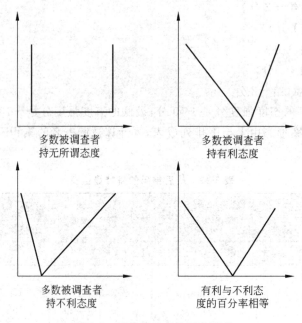

多数被调查者
持无所谓态度

多数被调查者
持有利态度

多数被调查者
持不利态度

有利与不利态
度的百分率相等

图 5-8 哥特曼量表的四种形态

四、语意差别量表

语意差别量表是由查尔斯·奥斯古德(Charles Osgood)、乔治·苏西(George Suci)和珀西·坦纳鲍姆(Percy Tannenbaum)等人研究开发的。该技术的发明者们发现,许多词和概念的认知含义能分解成有效、行动和评价三个部分。在营销调研中,语意差别常用来测量人们对想象中的周围产品和服务的态度,一般来讲,它仅仅测量了评价(如好与坏)这一部分。

语意差别量表的第一步是确定要进行评分的概念,如公司形象、品牌形象或商店形象。研究者挑选一些能够用来形容这一概念的一系列对立(相反)的形容词或陈述来描述所评价的对象。每个两端对立的形容词等级量表通常由七个差异类别组成,除了两端的种类外,既没有数字标签也没有种类描述。为了消除任何位置偏差,赞成和不赞成的对立词组随机地分布在左右两边的位置。第二步是由调查对象在每一对比较形容词所形成的七个差异类别中选出一个能最好地描述调查对象对所研究对象看法的选项(见图 5-9)。调研人员计算出调查对象对每一对形容词评分的平均值作为该调查对象的总的态度分数,并以这些数据为基础构造出"轮廓"或"形象"图。在计算总的分数之前,必须对回答类别进行编号,通常对这些种类从 1 至 7 进行赋值,不喜欢的形容词组是 1,喜欢的形容词组是 7。因此,在分配编码和汇总之前,调研人员必须注意在需要的地方调整单个量表项目的次序,使每一个态度差异从喜欢到不喜欢或相反的顺序进行排列。图 5-9 给出了一个例子。

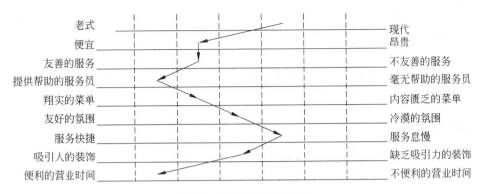

我们很想知道你对我们酒店的看法,以下是一些能用来描述我们所提供服务的陈述,对每一对形容词组,请标出能最好地描述你对我们的感觉的那一个。

老式								现代
便宜								昂贵
友善的服务								不友善的服务
提供帮助的服务员								毫无帮助的服务员
翔实的菜单								内容匮乏的菜单
友好的氛围								冷漠的氛围
服务快捷								服务怠慢
吸引人的装饰								缺乏吸引力的装饰
便利的营业时间								不便利的营业时间

图 5-9　语意差别量表示例

如果利用语意差别量表同时测量几个对象的形象,可以清楚、直观地比较整个形象轮廓。

语意差别量表可以迅速、高效地检查产品或公司形象与竞争对手相比所具有的长处或短处。更重要的是,营销与行为科学研究发现,语意差别量表在制定决策和预测方面有足够的可靠性和有效性。语意差别量表适用于广泛的主题,而且非常简洁,因而被调研人员所偏爱,经常作为测量形象的工具,并被用来帮助制定广告战略、促销战略和新产品开发计划等。

语意差别量表也不是完美无缺的。第一,它缺乏标准化。调研人员必须根据实际调研主题制定语意差别量表。由于语意差别量表没有一套标准模式,因此调研者经常要花大力气来解决这些问题。第二,语意差别量表中的评分类别数目也是一个问题。如果评分类别数目太少,会使整个量表过于粗糙,缺乏现实意义;如果评分类别数目太多,又可能超出了大多数人的分辨能力。研究表明,"七点评分"量表的测量效果比较令人满意。第三,"光晕效应"是语意差别量表的另一大弱点。对一个特定形象的组成要素的评分可能受到被访者对测试概念总体形象的印象的制约。特别是当被访者对各要素不太清楚时,可能产生明显的偏差。为了部分地消除"光晕效应",调研设计者应随机地将相对的褒义词和贬义词分布在两端,不要将褒义词集中在一端,贬义词集中在另一端。这样做可以迫使应答者在回答前仔细考虑。在数据收集之后为了便于进行分析,可以再把所有褒义词放在一边,贬义词放在另一边。第四,对 4 分的解释要非常小心。4 分可以说明两件事:被访者或者是不能将所给的这组形容词同概念联系在一起(他们不了解),或者可能对此保持中立态度(还不大清楚)。在许多形象研究中,经常会有大量的4 分答案。这种情况使我们得到的是一幅"中间"状态图。这种轮廓不够清楚,而且显示不出很多特征。

第四节 对态度划分等级的方法

下面介绍的一些等级量表方法能够使调查对象很好地表明他们对某些属性或对象的感受强度。

一、图表量表

调查对象通过在包括了所有可能评分的连续线段的某点上做出标记,来表示他们对一些属性或对象的感受强度(见表5-13)。

二、分项列举方法

该法准备了一个所研究对象的属性列表,要求调查对象识别在他们对所研究对象的最终态度中每一项属性的重要性(如表5-14所示)。

表 5-13 图 表 量 表

请指出每个属性对你来说在选择一个酒店时的重要程度,请在每条线上最能反映你感觉的位置上画"√"。

属性	不重要	重要
低价格		
优质的服务		
多样化的菜单		
便利的位置		

表 5-14 分项列举方法

属性	非常重要	相当重要	有点重要	不重要
价格			√	
耐久性	√			
外观				√

三、比较权重

在此,调查对象必须根据他们感知的相对重要程度给属性打分(参见表5-15)。

表 5-15 比 较 权 重

价格	22
重量	16
耐久性	12
材料	21
外观	29
总分	100

表 5-11 中,要求调查对象在五个属性之间将 100 分进行分配,某一属性具体所分得的分数就代表了该属性的相对重要性。

四、等级排序

在这种情况下,要求调查对象根据某些标准对一些对象进行排序。由于没有数据体现出这些对象之间的差异,所以这种方法产生的是严格的定序数据(见表 5-16)。如果仅限于六七个对象的比较,对调查对象来说,该程序是很容易进行的。

表 5-16　等级排序

请根据员工的友善程度对以下餐馆进行排序。在你认为拥有最友好员工的餐馆旁边写上数字 1,在你认为拥有次一级最友好员工的餐馆旁边写上数字 2,依此类推,直到所有的餐馆都有了等级。

东北人家	_____
巴山蜀水	_____
潮粤风味	_____
鲁乡风情	_____
蒙古烤肉	_____

五、用符号分等

考虑到可能存在语言或读写障碍的情况,在量表中,语言的一种替代选择是符号,图 5-10 的例子很好地解释了这一点。

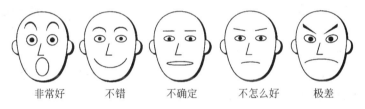

非常好	不错	不确定	不怎么好	极差

图 5-10　用符号分等

第五节　选择量表时必须考虑的一些基本因素

大多数非形象研究都存在使用哪种量表的问题。

一、评比、等级、分类或购买意向量表的选择

大多数商业性调研工作者都倾向于使用那些能够通过电话进行操作从而节省访问费用的量表。易于管理和制作也是重要的考虑因素。例如,等级顺序量表很容易制作,而语意差别量表(评比量表)的开发、制作过程却是冗长复杂的。顾客的需求、决策制定往往最为重要。调研人员必须考虑应答者可能更喜欢哪些类别量表和顺序量表,因为这两类量表较简单。最终选择哪种量表,取决于所要解决的问题和想要知道的答案。在一次市场调研中使用多种量表也是常见的。例如,在一项为连锁超市进行的形象研究中,调研人员

可以设计等级量表来对公司竞争对手排序,设计语义差别量表来测量公司形象的各组成因素。

二、平衡量表与非平衡量表的选择

如果肯定态度的答案数目与否定态度的答案数目相等,该态度量表为平衡量表,否则为非平衡量表。如果研究人员想得到广泛的意见,那么用平衡量表比较好。如果以往的调研或预先研究已表明大多数的意见都是肯定的,那么量表就应该有更多的肯定倾向,这能使研究者确定对于被测概念的肯定程度。在调查企业形象时,一般使用以下几个分类:①非常好;②很好;③好;④一般;⑤差。

三、量级层次的个数

市场调研者要解决的另一个问题是一个量表中应包含的量级层次个数。如果层次个数太少,例如只有好、一般、差三层,那么量表过于粗略而不够全面。一个三层量表显然无法像一个十层量表那样反映出感觉的强度,然而,十层量表可能超出了人们的分辨能力。研究表明,评比量表基本上以5~9层为宜。如果采用电话采访方式,量级层次个数只能为五层。一般来讲,五层的量表用得最多。

四、量级层次的奇数与偶数选择

偶数个量级的量表意味着没有中间答案。如果没有中间答案,被访者就会被迫选择一个正向或负向答案,这样一来,那些确实持有中立意见的人将无法表达他们的观点。然而,一些调研人员认为,给被访者设立一个中间点,事实上如同给被调查者提供了一个简单的出路。假设他确实没有某种很强烈的意见,他就不必集中思考他的真实感觉而可以简单地选择中间答案。研究人员还指出,对一种新口味的调料、一种包装设计等的测试广告,持有某种强烈感受也是不正常的。

五、强迫性与非强迫性量表的选择

选择中间答案的人可以分为两类,即真正持中间态度和那些不知如何回答问题的人。一些调研人员通过加入"不知道"这个答案作为附加分类解决了这一问题。一个语意差别量表可能按如下方式构成。

友好的	1	2	3	4	5	6	7	不友好的	不知道
令人沮丧的	1	2	3	4	5	6	7	激动人心的	不知道

但是,加上一个"不知道"的意见也可能使部分应答者偷懒。没有"不知道"意见或中间答案的量表迫使应答者给出一个肯定或否定的意见。而一个既没有"中间意见"也没有"不知道"的量表甚至强迫那些对所测目标一无所知的人也给出一种意见。支持被迫性选择的论据与支持偶数分层量表的大致相同。反对被迫性选择的根据是,这样会使数据不精确或导致应答者拒绝回答问题。问卷若在被访者事实上缺少足够信息,不能做出决定时仍继续要求他们给出一种意见,那么就可能导致一种厌恶情绪而致使调查访问过早

结束。

第六节 信度和效度

一、信度

信度指的是如果测量被重复进行，一个量表产生一致性结果的程度。误差的系统来源对信度没有不利的影响，因为它们以不变的方式影响测量值，没有导致前后不一致；相反，随机误差产生了不一致性，导致了较低的信度。信度表示了测量免除随机误差 XR 的程度。如果 $XR=0$，那么测量是完全可信的。

信度通过确定量表中系统变化的比例来评价。通过确定从一个量表的不同执行过程中得出的分数之间的相关度来评价信度。如果相关程度很高，则量表产生了一致的结果，因而是可信的。评价信度的方法包括重复测试法、复本法和内部一致性法。

1. 重复测试信度

重复测试信度时，调查对象在尽可能相同的条件下，在两次不同的时间执行相同的量表项目，测试或执行的时间间隔一般为 2～4 周。通过计算相关系数确定两次测量值之间的相似程度，相关系数越高，信度越高。

2. 复本信度

在复本信度中，构建了两个等价的量表形式。同一个调查对象在两个不同的时间被分别采用两个等价量表中的一个进行测试，通常间隔 2～4 周。对执行重复的量表形式得出的分值进行相关分析以评价信度。

3. 内部一致性信度

内部一致性信度被用来评价一个求和量表的信度，量表中的几个项目被累加起来构成一个总分值。在这种类型的量表中，每个项目测量的是整张量表测量构想的某个方面，并且这些项目应该与它们所指明的关于特性的内容相一致。这种信度的测量集中在构成量表的项目体系的内部一致性上。

二、效度

一个量表的效度是观察值之间的差异所反映的物体之间被测特性的真实差异的程度，而不是系统误差或者随机误差。完美的效度要求没有测量误差。研究人员可以通过评价内容效度、标准效度或者建构效度来评价一个量表的效度。

1. 内容效度

内容效度，有时也叫表面效度，是对量表的内容表现特定测量任务的优劣程度的一个主观而系统的评价。研究人员或其他人必须认真检测量表项目是否充分地覆盖了被测构想的全部范围。

2. 标准效度

标准效度是指一个量表能否像预期的那样反映与被选作标准的其他变量（标准变量）之间的关系。标准变量可以包括人口统计和心理特性、态度和行为测量值，或者从其他量表得来的分值。

3. 建构效度

建构效度用于解决量表实际正在测量的那些构想或特性的问题。评价建构效度时，研究人员试图回答关于量表为什么有用，以及根据相应的理论可以得到哪些推论的理论问题。因此，建构效度要求对被测的构想的本质及其与其他构想之间的关系有一个合理的理论解释。

思 考 题

1. 测量的三个要点是什么？
2. 简述测量的主要尺度。
3. 简述瑟斯顿量表的建立与使用。
4. 简述李克特量表的建立与使用。
5. 语义差别量表的优劣何在？
6. 对态度划分等级的方法有哪些？
7. 选择量表时必须考虑哪些基本因素？
8. 如何评价测量的信度和效度？

第 六 章

二手资料的收集

营销大师科特勒曾经说过:"营销胜利的基础越来越取决于信息。"在科技日新月异,电子计算机、传真机、互联网等新科技广泛运用而使信息传递的速度越来越快的今天,信息已经成为开展营销活动必不可少的重要因素,它的丰富程度直接影响着企业决策者们所作出的各项决策。决策者们总是希望能够收集到更多、更有用的信息,以确保决策的正确性。营销管理人员所需的信息或资料从其基本来源看就是一手资料和二手资料。在本章中,我们将介绍二手资料的特点、收集方法及对二手资料的评估等一系列相关的内容。

第一节 二手资料的调研

在如今知识爆炸、信息量猛增的年代里,各种信息的飞速传递使得营销调查者们能够比较容易地收集到大量的可以利用的二手资料。据统计,企业有 80％以上的市场信息来源于各种公开的渠道。可见,二手资料在企业收集的各种信息中占有极为重要的位置。充分有效地开展对二手资料的研究活动也是企业经营者们进行决策时不可缺少的研究内容。

一、二手资料概述

二手资料亦称次级资料,是相对于原始资料而言的。它指的是在研究该调研课题之前在某处已经存在,并已经为某种目的而编辑起来的资料。例如,某企业想投资建立一个高档的娱乐休闲场所,通过工作人员对有关统计资料的查阅,获取了某地区居民的生活水平及各档次娱乐休闲场所的布局、数目等信息,这些收集来的资料就是二手资料。虽然它们是一些历史资料,是为达到其他目的而收集的,但由于它们与本次调研相关,因此可以为我所用。

(一)二手资料在调研实践中的重要作用

1. 有助于明确或重新明确探索性调研中的调研主题

二手资料在探索性调研中发挥着非常重要的作用,它能将问题变得清晰,或者可能提出一种切入问题的方法。例如,美国某市一家基督教青年会对其停滞不前的会员人数感到忧心忡忡。于是它决定对其会员和非会员进行调研。二手资料显示有大量的年轻单身者流入目标市场地区,而传统型家庭的数量则保持稳定。于是调研主题被确定为研究基督教青年会如何大量吸引年轻的单身成年人,同时保持其在传统家庭中的市场份额。

2．可以提供一些切实解决问题的方法

管理者当前所面临的或者委托、下达给市场营销调研人员的问题，往往可能是曾经有人研究过的同样的或类似的问题。可能有人已经收集了所需的精确的资料，只不过不是针对当前的问题。例如，许多省份的管理部门都出版有工商企业名录（通常在网上也可查阅），内有地址、市场、产品名录、工厂数量、主要领导的姓名、员工数量以及销售水平等信息。如果一家提供长期战略策划的咨询公司需要有关潜在客户的地区性简介，那么它完全可以利用各省的名录来编辑这份简介，而不需要收集原始资料。二手资料可以帮助公司通过避免不必要的原创性研究来节约很多资金。

3．可以提供收集原始资料的备选方法

每个原始资料的调研努力都是为顾客设计来解决当前问题的，因此，市场营销调研人员应该广泛吸取提供不同收集方法的信息。例如，美国学者小卡尔·麦克丹尼尔曾为美国西南部某大城市的接待办公室设计了一个调研方案。他在设计问卷之前参考了《会议计划者》(*Meeting and Convention Planners*)杂志的一项调研报告。这份调研报告中含有原始问卷，在小卡尔·麦克丹尼尔的问卷中直接引用了其中的一组问题。这样，不仅量表已经规定好了，而且调研的结果还可以与杂志上的数据进行比较。

4．可以提醒市场营销调研人员注意潜在的问题和困难

除了提供方法外，二手资料还能暴露出潜在的危险，如收集信息的方法不受欢迎、样本选择有困难或者被调研人员有敌对情绪等。例如，美国曾有一位调研人员计划进行一项衡量对某种特定的兴奋药物的满意程度的调研。查阅了一项对麻醉学家的调研二手资料之后，他发现电话调研的拒绝率很高。于是，这位调研人员将原定的电话调研改成了邮寄问卷，并通过对回复者给予奖励来提高问卷回收率。

5．可以提供必要的背景信息以使调研报告更具说服力

二手资料经常能为设计调研计划方案提供大量的背景资料。它能够粗略地概括出潜在的顾客和非顾客、产业数据、新产品所需的特别广告、购买者在描述该产业时所使用的语言方式，以及新产品和已有产品的优缺点等。了解目标消费者使用语言的方式，有助于组织问卷的语言，使被调研人员更准确和全面地理解问卷。有时，背景资料还能直接符合研究的主题，从而不需要在当前的调研中重复类似的问题。通常，问题越简短，回答率越高。有时二手资料能提供对调研资料的进一步分析，或者是对当前的发现提供支持，从而丰富调研发现。最后，二手资料可以作为以后调研方案的参照基础。

6．可以提供样本框

现代企业一般都积累了大量的客户资料，如果一家公司想要追踪每个季度的顾客满意度，顾客的姓名必须来自它的数据库。因此，顾客名单就是样本框，凭此样本框可以进行随机抽样。

（二）二手资料的优点与局限性

1．二手资料的优点

（1）操作简单

原始资料的收集过程较为复杂，需要调查人员亲自深入调查事实的发生地收集信息，耗时长，成本高；反之，二手资料的收集过程则相对简单，只需要调查人员到可能保存二手资料的地方去查阅(直接上网或到图书馆)即可。如果某零售企业的一位主管想了解自有品牌方面的知识,那么他就可以直接上网查询关键词是"自有品牌"的信息。

(2) 成本低廉

一部分二手资料的获得成本是非常低廉的,如从报纸、图书、杂志和政府公布的报告中收集到的信息等;而某些专业调查机构提供的二手资料,由于选题较好,有许多用户并可以使用多次,因此平摊到每个用户身上的费用较实地调查而言也是少得多的。

(3) 速度快

由于二手资料是现存的或者只需要稍加修改就可以投入运用,所以开展调查即寻找、摘录、整理的过程相对于开展一次实地调查而言速度是较快的。

(4) 可以超越时空条件的限制

可以收集古今中外有关的文献资料,了解到更广泛的信息。

2. 二手资料的局限性

二手资料除了有许多优点外,还存在一些局限性,这些都需要调研人员在分析研究二手资料的过程中加以注意,确保二手资料得到合理有效的运用。

(1) 缺乏可得性

并非所有的问题都有现成的资料可以运用。例如,某厂家推出一种新口味的方便面,想要了解消费者对这种新产品的口味、包装、价格的想法,就没有二手资料能直接回答这些问题,必须通过实地调查收集原始资料。

(2) 缺乏准确性

二手资料的准确程度直接关系到调查结果的准确性。由于收集者、整理者、分析者和转载者等各方面的原因,二手资料可能会有许多潜在的错误,如在分析过程中出现的计算错误等,从而使得其准确性大打折扣。因此,在使用二手资料时,应评估资料的准确性。

(3) 缺乏相关性

由于二手资料是他人为其他研究课题而开展研究的结果,因此经常出现这些资料因形式上和方法上的原因而不能直接为研究者所用的情况。例如,在引用国外各类医疗机构所占的比重时应注意到,我国的医疗机构分为营利性医疗机构和非营利性医疗机构,而美国、加拿大等国家的医疗机构分为公立医院和私立医院,其私立医院又可以分为营利性医院和非营利性医院,因此必须对数据进行相关的处理。

(4) 缺乏现实性

二手资料反映的是调查对象过去的情况,与客观现实之间总会存在一定的差距,尤其是随着时间的推移,会有很多新问题、新现象不断出现,这就使得二手资料缺乏现实性。特别是当我们需要了解调查对象最新的变化和动态时,二手资料缺乏现实性的弊端就暴露无遗了。因此,调研人员要创造性地利用二手资料,结合现实情况,加以适当的修正。

尽管如此,在各种市场调研中二手资料的运用仍然相当广泛。可以说,在调研过程的每一步骤几乎都可以看到二手资料的运用。

(三) 二手资料的分类

二手资料从不同的角度来划分可以有不同的类别,一般来说,有以下三种划分方法。

1．按其来源渠道的不同，可分为外部资料和内部资料

外部资料是指从公司以外的机构收集到的资料，如从国家统计局和各地方统计局定期发布的统计公报上获得的各类信息。内部资料是指公司内部记载的资料，如企业的进货单、订货单等。

2．从其连续性看，可分为正规资料和非正规资料

正规资料是指定期汇编的、可与各个时期进行比较的资料，如月刊、季刊和年鉴等。其他的就属于非正规资料，如"外资企业进入中国零售业的调查报告"等。

3．按其物理特点，可分为纸载资料和机读资料

纸载资料是指以纸张为载体的资料，其中包括印刷资料、复印资料、手写资料等。迄今为止，纸载资料仍是信息传输和保存的主要方式。而机读资料是指一切借助机器才能查询、阅读或转用的资料，其中包括微缩资料、声像资料和互联网数据库资料。随着信息技术的进步，机读资料将发挥越来越重要的作用。

二、二手资料的来源

了解二手资料的来源有助于调研人员收集到更多、更全面的现有资料。从企业经营的角度讲，二手资料包括企业内部资料和企业外部资料。

（一）企业内部资料的收集

企业内部资料主要是收集企业经济活动的各种记录，包括以下四种。

1．业务资料

业务资料包括与企业经营活动有关的各种资料，如订货单、进货单、发货单、合同文本、发票、销售记录、访问员业务报告等。通过对这些资料的研究分析，可以掌握本企业所生产和经营的产品的生产销售情况以及重点地区和重点客户的分布情况等。

2．统计资料

统计资料主要包括各类统计报表，企业生产、销售、库存等各种数据资料，各类统计分析资料等。在业务过程中积累的各种统计报表是重要的二手资料，可以用于研究企业经营活动的数量特征和规律。

3．财务资料

财务资料是由企业财务部门提供的各种财务、会计核算和分析资料，包括生产成本、销售成本、各种商品价格及经营利润、资金以及有关财务制度的规定文件等。收集这些资料有利于掌握企业的经济效益和经营状况，有利于考核企业营销活动绩效，确定企业的发展前景。

4．企业积累的其他资料

企业积累的其他资料包括各种剪报、调研报告、经验总结、顾客意见和建议、同业卷宗及有关照片和录像等。这些资料都对市场研究具有一定的参考作用。例如，根据顾客对产品质量和售后服务的意见，可以研究如何加以改进。

（二）企业外部资料的收集

企业外部资料是指存在于企业外部的资料，它的收集是企业二手资料收集的重点，主

要可以从以下几个渠道入手。

1．政府机构和国际组织资料

政府机构和国际组织公布的统计调查报告等都具有较高的权威性,因此也相当可靠。例如,中国海关总署编辑出版的《中国海关统计年鉴》,北京、上海等地统计局每年定期出版的《北京统计年鉴》《上海统计年鉴》等,世界银行提供的《2015 年世界发展报告》《东亚与太平洋地区经济半年报》等都是很有权威和价值的信息,并且具有综合性强、辐射面广的特点。

2．各种经济信息中心、专业咨询机构、专业调查机构、各行业协会和联合会等提供的市场信息和有关行业情报

许多行业协会会定期收集,甚至出版一些本行业的产品信息,如中国印染行业协会在其网站上发布的介绍国际染料市场新动向的文章,中国保险行业协会定期公布的地方、全国及世界保险总体情况等。这些资料对于本行业的各类调查前期研究都是很有用的。这类机构还经常提供资料的代购、咨询、检索和定向服务等,是获取资料的重要来源。

3．新闻媒体资料

在我国,新闻媒体所发布的信息资料也是企业重要的资料来源。这种信息资料的优点是信息量大、涉及范围广、速度快、成本低。主要媒体有报纸、杂志、广播电台和电视台等。

4．互联网与市场信息网络提供的信息

在网上收集二手资料具有速度快、成本低、信息量大等优点。现在网上有不少搜索引擎,只要输入想要查询的信息,瞬间即可出现几千条甚至上万条与此相关的内容。网络已经成为当前获取市场信息的重要途径之一。

5．通过其他途径获取的信息

图书馆和档案馆内的资料,国内外各种专业性、学术性交流会议上发放的文件和材料等,都是颇有参考价值的二手资料。

三、二手资料的评估

前面我们谈到了二手资料的局限性,有鉴于此,调研人员在利用收集到的现成资料之前对其做质量评估就显得尤为重要了。一般而言,评价二手资料的标准有五个:资料的收集目的、资料的收集方法、资料的精确度、资料的有效性和资料的可信度。下面分别对这五个标准进行详细的分析。

(一)资料的收集目的

这主要是针对二手资料缺乏相关性的缺点进行的。了解二手资料被采集时的目的,并与当前的调研目的进行比较,对评估二手资料的价值至关重要。一般来说,收集到的二手资料的调研目的与企业的调研目标越接近,这部分资料的价值也就越大。否则,就需要调研人员从更多的角度收集资料,通过资料的对比来决定是否使用和有多少可以使用。例如,在争论某一问题时,双方作者们通过旁征博引来印证自己的观点,在这种情况下,对立的观点都有论据支持,要如何取舍,就要依据此次调查的目的而定了。

(二)资料的收集方法

调研人员应该认真考察收集二手资料时所采用的方法,如样本是怎样形成的?样本

容量有多大? 问卷的回答率是多少? 资料是如何进行分析的? 只有这样,才有可能了解误差的来源。因为原始资料的收集方法有很多种,而采用不同的收集方法势必会对调查结果产生影响。

(三)资料的精确度

这主要是针对二手资料缺乏准确性的缺点而言的。由于各种原因,二手资料会出现误差,使准确度有所降低。此外,由于调研人员并没有参加所收集的二手资料的原始调查,所以评估二手资料的精确度相当困难。通常采用的一种评估方法是在同一主题下收集多种来源的二手资料,并对它们进行多方位的比较。调研人员必须充分地评价这些不同的资料,以便能够从中选出最有效、最可信的。

(四)资料的有效性

对资料有效性的评估正好可以去掉那些缺乏现实性的资料。二手资料是一些历史性资料,对于调研的问题而言可能不够新,离当期越远,其价值就越小。例如,中国互联网信息中心(CNNIC)于 2012 年 1 月发布的第 29 次互联网发展状况统计报告显示我国上网用户人数为 5.13 亿人;而其在 2010 年 1 月 15 日发布的第 25 次互联网发展状况统计报告则显示截至 2009 年 12 月 30 日我国上网用户人数为 3.84 亿人。短短两年时间,我国上网人数就增加了 33.6%。若收集这方面的相关资料,显然发布时间越近的信息越有效,而以前的资料则已经不具有很大的参考价值了。

(五)资料的可信度

二手资料的可信度是指资料本身的真实程度。可以从以下几点着手:首先看报告本身有没有附有资料的收集程序和方法,对于那些未注明的,应谨慎对待;其次看收集二手资料的目的,对于那些以扩大销售、增加利润或以宣传为目的而公布的资料,也应该小心;最后是了解他人使用资料的情况,看其是否满意。

第二节 二手资料的调研和收集方法

一、收集二手资料的要求

鉴于二手资料的局限性以及它对调查结果的可靠性起着至关重要的作用,因此企业在运用信息资料进行决策设计时,应当保证信息的准确性、时效性、适用性和经济性。只有在满足这四个条件的前提下收集的二手资料才有可能更符合使用者的要求。

(1)准确性,即要求所收集的资料是可靠的,非他人杜撰的。如果信息失真,会导致使用者做出错误的决策。

(2)时效性,即信息的灵敏度。利用收集到的二手资料时,要考虑它们涉及的时间是否合适。如中国保险行业协会公布的 2009 年地方、全国及世界保险总体情况,也许里面包含着许多有用的背景资料,但保险业经过多年的飞速发展,已经发生了巨大的变化,因此在做与此有关的调查课题时,应尽量收集最新的信息、最新的二手资料,以提高文献资料的实用价值。

（3）适用性,即信息的针对性。调研人员应尽量收集与调查项目主题联系密切的资料,提高二手资料的利用率。

（4）经济性。二手资料的来源可分为有偿的和无偿的两种。我们在选择信息资料的收集方法时,一定要结合本企业的财力和对信息资料的需要程度进行考虑。无偿的二手资料往往价值有限,可能只给企业带来一定的启发或提供某些线索;而有偿的二手资料尽管代价昂贵,但有时为了获取更有价值的资料或为了尽快了解市场动态也值得一试。

二、二手资料调研的方法

1. 查找

这是获取二手资料的基本方法。一般来说,应从查找企业内部的二手资料入手,充分利用企业自己积累起来的各方面的资料。这是最为便捷的。从企业内部有关部门查找可以获得反映企业自身状况的大量信息,如企业的成本核算数据、企业的短期经营绩效等,还可以获得有关客户、市场等方面的资料。此外,到企业外部去查找也可以获得相当有价值的资料,如到图书馆、资料室、档案馆等地去找。在网络飞速发展的今天,通过上网用搜索引擎进行查询,也可以取得事半功倍的效果。

2. 索讨

这里指向占有信息资料的单位或个人无代价索要这些信息资料。国民经济各部门,如计委、财政、统计等部门都保存和积累了大量的市场信息资料,具有综合、全面、系统的特点,对这些现成资料,可直接到有关部门去收集。至于向企业索讨,最好是由熟人介绍或是找那些已建立一定关系的企业和个人,这样不容易被拒绝。当然,有些企业为了宣传自己,也会向社会提供有关的信息资料。

3. 购买

购买二手资料实际上是实现信息的商品化。企业订阅刊载有关信息的杂志、报纸、书籍等从本质上讲也属于购买,只是这类购买的价格相对较低。我们这里谈到的购买主要是向专业的市场调查机构、政府下辖的信息服务机构、其他的专业信息供应商等购买案卷资料。虽然购买二手资料要付出较大的代价,但其参考价值却是非常大的。随着信息的商品化,购买将成为收集资料的重要方法。

4. 交换

这是指与一些信息机构或单位之间进行对等的信息交流。这种交换不同于商品买卖之间的以物易物,而是一种信息共享的协作关系,交换的双方都有向对方无代价提供资料的义务和获得对方无代价提供的资料的权利。

5. 接收

这是指接纳外界主动、免费提供的信息资料。各种博览会、交易会等促销会议以及专业性、学术性经验交流会议上发放的文件和材料就属于此类。另外,随着市场经济的发展,越来越多的企业和单位为了宣传自己及产品和服务、树立良好的社会形象,主动向社会提供各种信息,包括广告、宣传材料等。作为资料的接收者,要注意长期地吸收和积累这些信息。

三、利用互联网收集二手资料

对于利用互联网进行二手资料搜索,可能并不存在一种最好的途径。在此综合美国学者阿尔文·C.伯恩斯和小卡尔·麦克丹尼尔的建议,我们推荐按照以下步骤进行网上二手资料的收集。

第一步:对所研究问题进行分析,识别希望获得和已经获得的信息。

需要明确定义的主题包括:相关事实、与主题有关的研究者和组织的名称、主要的论文和所熟知的出版物以及其他可能获得的资料。

第二步:试着在搜索引擎上查找一个关键词或短语(可以考虑使用近义词或同义词)。

在出版物和数据库中,使用正确的术语来寻找相关的信息资料的来源是很重要的。利用关键词搜索经常会得到很多无用的信息。为了避免过多无用甚至出现错误的结果,可以进行域搜索。数据库是信息资料记录的集合,而域是记录的特定部分。域搜索是指通过一个或多个域在数据库中查找记录。通过域进行搜索能使网上搜索更为有效。如果调研人员获得了一份很长的信息来源列表,则最好选择一个相关的搜索项,并检查该搜索项以确定它所适合的相关的标准主题词,通过搜索该主题词,就可以获得更多的相关信息。

第三步:边查边学习,并不断调整方法。

不要以为你知道自己要找的东西。研究一下搜索结果,考虑除此之外还需要什么信息。

第四步:不要因为一种策略不灵而深陷其中,可以考虑使用主题目录。

很多数据库都有自己的术语和主题目录,帮助记录诸如图书或文章之类的信息。以下是一些最好的主题目录,图书管理员索引(lii. org);学术资源(infomine. ucr. edu);学院信息(www. academicinfo. net);Google 网页目录(directory. google. com);雅虎网页目录(dir. yahoo. com)。调研人员可以在这些目录和搜索引擎间穿梭,交替使用。

第五步:如果没能找到你需要的信息,请回到之前的步骤再尝试。

思 考 题

1. 简述二手资料在调研实践中的重要作用。

2. 说明二手资料及二手资料的优点。

3. 二手资料的来源有哪些?

4. 如何评估二手资料?

5. 对收集二手资料有何要求?

6. 简述二手资料调研的方法。

7. 说明收集网上二手资料的步骤。

第 七 章

定性调研法

定性调研作为一种实用的调研技术,在我们例行的市场调研活动中有着不可或缺的地位。有人认为它是与定量市场调研相对的"软分析",虽然它没有大量翔实的数据支持,但定性调研的每种方法在应用中均有其独到之处,当然,也有各自的缺点和不足。本章将对几种主要的定性调研方法进行具体的介绍。

第一节 定性调研的本质

一、定性调研的含义

定性调研(qualitative research)是相对于定量调研(quantitative research)而言的。定量调研是利用程序化、标准化的技术和方法对所收集的资料进行量化分析和处理的过程,它是基于问题的数量的研究;而定性调研的数据收集、分析、说明都是通过对人们的言谈举止的观察和陈述进行的,它是一种非程序化的、非常灵活的、基于问题的性质的研究方法。定性调研可以追溯到 18 世纪中期的历史学家戈亚姆巴迪斯塔·韦高(Giambattista Vico)的文章。韦高在文章中说,只有人才能理解人,而且是通过被称为"直觉"的天赋来实现的。在社会学和其他社会学科中,关于直觉试验以及移情作用,既有大量的发现,也有大量的争议。

定性调研以不同于定量调研的方式为我们深入理解有关调研问题提供了更有力的帮助,同时它也比定量方法更快捷、更方便地帮助我们识别产品的用户和潜在用户的行为模式。特别的,定性调研帮助我们理解:现有产品及其使用的情况;新产品或现有产品的潜在用户;被设计产品的技术、商业和环境影响因素等。

听到"调研"一词,人们往往会联系到科学性和客观性。这种联系没有错,但是它使很多人认为,只有一部分的调研会产生终极的客观性——数据资料。数字不会撒谎的观念在商业界和工程界非常普遍。尽管如此,我们仍理性地认识到,数字,特别是关于人类活动的数字,在被操纵或重新解释方面绝不会亚于文字。

在物理学那样的硬科学中收集的数据和针对人类行为收集的数据是明显不同的,电子不会有时刻变化的心情,而像物理学家那样紧紧地控制着只对隔离的可观察的行为进行试验,在社会科学中几乎是不可能的。任何把人类行为简化为统计表的企图都有可能漏掉重要的差别,有些差别可能不会直接对商业计划产生影响,却会造成产品设计的巨大差异。定量调研也许只能取得在有限的几个简化的变量上的取值,定性调研则可以告诉你在丰富多彩的细节上有什么、怎么样和为什么。

社会科学家很久以前就认识到人类行为太过复杂,受制于太多的变量,以至于无法单单依靠数据去理解。调研从业者借用人类学和其他社会科学中的技术,已经发展出很多定性方法来收集用户行为的可用性数据,以达到更加务实的目的——帮助创造出更好的服务用户需求的产品。因此,定性调研在使用的方法和领域上,要注意谨慎辨别。

二、定性调研、定量调研与混合调研的区别

在市场调研过程中,对数据的收集往往存在三种方法:定性调研法、定量调研法和混合调研法。前两种方法在使用上存在巨大的差别,因此有必要理解它们各自的特点。

在调研领域,定量调研法是传统的方法之一,有时被称为"调查法"。定量调研法可供选择的问题答案是事先确定的,被访者的数量也是确定的,通常是通过一个庞大的样本量和正规化的程序来收集数据。定量分析法的目的是非常特殊的,通常调研人员只有当获取较精确的信息时,才会使用这种方法,其特点就是数据的来源十分清楚和确定,同时其编辑和分析等都遵循已确定的程序。

相对而言,由于定性调研法的数据收集、分析和说明等都是通过人们言谈举止的观察和陈述,它是定性和非标准化的形式,因此,定性分析的数据只有在经过一定的编译程序后才能确定。例如,当你向 5 位被访者询问"饮酒对大学生的影响"这一问题时,你可能会听到 5 种不同的答案,但是,通过分析,你可将他们对"大学生饮酒行为"的看法分为"赞成""反对"和"中立"。如果你事先已将结果设定为"是"和"否",那么这一过程将不必采用。任何一种使用观察法或开放式问题的调研都可被认为采用了定性调研法。

定量研究通常通过图表、数理模型、统计方法等,将分析资料量化处理,而定性研究则不用或很少用模型,主要通过人们的经验和判断能力进行分析处理。相对定性调研而言,定量研究更为理性、客观和科学,因此在大规模的营销管理中,很难想象没有定量研究的情形。表 7-1 给出了对定性调研和定量调研的比较。

表 7-1 定性调研和定量调研的比较

比较角度	定性调研	定量调研
问题类型	探测性	有限的探测性
样本规模	较小	较大
每一访谈对象的信息	大致相同	不同
执行人员	需要特殊的技巧	不需太多的技巧
分析类型	主观性、解释性的	统计性、摘要性的
硬件条件	录音机、投影设施、录像机、照片、讨论指南等	调研问卷、计算机、打印结果
重复操作的难易	难	易
对调研者的培训内容	心理学、社会学、社会心理学、消费者行为学、营销学、市场调研	统计学、决策模型、决策支持系统、计算机程序设计、营销学、市场调研
研究的类型	探索性的	说明性的、因果性的

事实上,定性研究和定量研究各有所长,两者相互依存,很难单独存在。正因为如此,尽管有许多人支持使用这两种方法,仍有许多营销调研者倾向于使用混合调研法(pluralistic research),即将定性和定量两种方法相结合,取其各自的优点,以达到最佳。混合调研法往往是从探索性的定性调查法开始的。定性调查法是定量调查法的基础,因为它为调研人员获得有关调研项目的第一手资料。有了这一基础,调研人员在设计定量分析时,将有更为明确的方向。在混合调研中,定性调研为定量调研构建了框架。有时,定性调研也会安排在定量调研之后,以帮助调研人员更好地理解定量调研中获得的信息。

三、定性调研的普及性和局限性

定性调研之所以能够得到广泛的普及,原因大致有以下几个方面。

第一,定性调研通常比定量调研的成本低;

第二,除了定性调研之外,没有更好的办法了解消费者内心深处的动机和感觉;

第三,定性调研可以提高定量调研的效率。

市场调研人员在一次单独的调研和一系列调研中,经常综合使用定性调研法和定量调研法。定性调研可以从原因和消费动机方面丰富定量调研所得出的结论,在最后的总结性分析中将各种调研方法综合起来,可以有效地提高营销决策的效率,更透彻地了解消费者的需求。

尽管如此,定性调研仍然有其固有的局限性:

第一,定性调研不能像大规模的定量调研一样区分细微的差别,而营销组合的细微差别往往会决定营销工作的成败。尽管如此,在查明定量调研中某些被忽略的问题时,定性调研仍具有一定的优势。

第二,定性调研不能提供研究的目标群体中有代表性的样本,因为定性调研所采用的小样本很难代表整体的倾向。

第三,容易出现小组讨论偏离研究主题的现象。接受定性调研的人总是不受限制地讲述自己感兴趣的事情,小组中的主导人物可能会使整个小组的讨论与调研人员所关注的主题失去紧密联系。只有经验丰富的调研人员才能将讨论重新引回主题,同时又不压制讨论者的兴趣、热情和自我表达的意愿。

四、定性调研的发展前景

定性调研的基本原理在于大多数购买和使用决策中运用的选择标准和评判标准都具有情感和潜意识的内容。这些情感和潜意识的内容是购买和使用决策中的重要影响因素,而被访者在直接交流方法中是不能充分和准确地表述这些内容的。

只要上述观念仍然是正确的,或者是部分正确的,那么在市场调研中对定性调研技术的运用就会存在下去,但是,小样本和主观偏见这些问题也将继续困扰一些定性调研方法。定性调研还存在无法验证和无法重复的缺点,这也会阻碍其未来的发展。

从积极方面来看,定性调研的部分方法将会继续发展。可以相信,随着对定性调研方法和定量调研方法的不断调整和革新,定性调研和定量调研之间的距离和隔阂将会日益缩小,调研人员将会同时享有两者的优点。

第二节　焦点小组访谈法

一、焦点小组访谈法的含义

焦点小组（focus group）访谈法源于精神病医生所用的群体疗法，是目前最为常用的一种定性调研方法。该法是邀请7～12人组成焦点小组，在一名研究人员的主持和引导下，对有关的研究问题或概念进行深入讨论。

进行焦点小组访谈的目的是认识和理解人们心中的想法及其产生的原因。调研的关键是使参与者对主题进行充分且详尽的讨论，以便了解他们对一种产品、观念、想法或组织的看法，了解调研的事物与他们生活的契合程度，以及在感情上的融合程度。采取小组的形式可以使被访者处于宽松、舒适的氛围中。之所以称其为焦点小组是因为组织者将保持对某一个问题的讨论，并防止人们将话题扯开。

二、焦点小组访谈法的目标

焦点小组访谈法有四个最主要的目标：①获取创意；②理解顾客的语言；③显示顾客对产品和服务的需要、动机、感觉和心态；④帮助理解从定量分析中获得的信息。

获取创意，是指用该方法为一项新产品、新服务或新的改进做调研；理解顾客的语言，是指用该方法了解顾客在描述一项产品或服务时使用的语句，以便在产品或服务宣传用词方面加以改进，这将有助于产品的广告设计和产品宣传手册的设计，这一信息也将有助于调研问卷的确定，并为以后的定量分析提供帮助；显示顾客对产品或服务的需要、动机、感觉和心态，是指用该方法真正了解顾客对产品或服务的感觉，以便更新营销方法，这一优点会在随后的调研中得到体现；帮助理解从定量分析中获得的信息，是指该方法有助于更好地理解从其他调研中获得的数据，有时也能显示为什么从该方法中发现了这些信息。

三、焦点小组访谈法与面谈的区别

焦点小组访谈法远不止是一问一答式的面谈。它们之间的区别也就是群体动力（group dynamics）和群体访谈（group interview）之间的区别。群体动力所提供的互动作用是焦点小组访谈法成功的关键，正是因为互动作用才会组织一个小组而不是进行个人面谈。使用群体会议的假设是，一个人的反应会成为其他人的刺激，从而可以观察到受试者的相互作用，这种相互作用所产生及所能提供的信息比同样数量的人做单独陈述时更多、更细致。

在营销研究中应用群体动力学的想法是受社会心理学的启发。社会心理学的研究发现，来自各种生活和各种职业的人们，尽管他们自己没有觉察到，但是当鼓励他们主动地表现自己而不是被动地回答问题时，他们会对某一主题表达出更全面、更深入的看法。一般而言，在群体动力中应避免直截了当的问题，而应以间接的提问来激发自发的讨论。讨论所带来的极为丰富的信息是无法通过直接面谈达到的。

四、焦点小组访谈法的适用场合和作用

对实地调查所收集到的信息资料,市场研究人员可以选择进行定量和定性分析。采用焦点小组访谈法收集到的信息无法满足研究人员进行定量分析的目的和要求,这是因为参加焦点小组的人员不能太多,因而无法满足定量分析要求信息资料足够多的要求,同时参与焦点小组访谈的人员不是按随机原则抽取,小组也非按随机原则组成,因而缺乏使用统计推断方法的必要条件,无法确定研究结果的可靠性和准确性。

当市场研究人员深感时间、费用等方面的压力,或者对委托者委托自己开展的市场调研活动的对象特征(包括范围、涉及研究课题的主要概念等)尚未清晰明了的时候,选择采用焦点小组访谈法来获取信息是十分明智的。

焦点小组访谈法是指市场研究人员直接与被调查者接触,通过沟通获取自己所需要的信息。市场研究人员应该深知焦点小组访谈与个人访问、实地访问等实地调查方法的根本差异:焦点小组访谈过程中的设计思想是通过多向沟通使小组成员彼此之间的观点、想法产生更大的相互影响,即一个人的想法、观念的形成与改变受到他人想法和观念的影响,而一个人提出的想法和观念也将影响他人。

与个人访问不同,被调查者不仅与市场研究人员沟通,而且彼此进行沟通。可见,焦点小组访谈方法的使用能够使市场研究人员迅速获得具有较高代表性,同时在态度、意愿、想法方面存在明显差别的调研对象群体的信息资料。

五、焦点小组访谈法的优缺点

焦点小组访谈法在实际应用中有其本身所固有的一些优点和缺憾。由于是从属于定性研究的一种特定的形式,定性研究方法本身固有的一些优缺点在焦点小组访谈方法中仍将存在。不过,从方法的特殊性上看,焦点小组访谈法还有着自身内在的一些特点。

(一)焦点小组访谈法的优点

1. 互动性

焦点小组访谈法最大的特点是能够产生互动性,在群体讨论中互相碰撞思维,拓宽眼界。它特有的互动能使小组成员互相影响、互相启发,从而激发新的思想,这绝对是独立的一对一访谈所难以企及的。当然,积极的互动作用除了能够有创造性的思想之外,还能促使更为有效的信息更为快速地产生。

2. 更好地了解顾客的需要

从营销学的角度来看,了解顾客的需要是市场调查的根本目的。焦点小组访谈的对象有很多都是企业的现有顾客、潜在顾客和期望顾客,通过小组访谈能直观地了解顾客的真实想法和特点,从而为企业了解顾客的需要建立沟通的桥梁。

3. 方便,利于行动

焦点小组访谈法在操作上比较简单,而且能够最大限度地获得所需要的信息。

(二)焦点小组访谈法的缺点

1. 容易产生误导

市场调研的最大忌讳就是调查者用自己的主观偏见来影响甚至误导受访者。由于焦

点小组访谈的样本容量很小,只是总体样本中的一小部分,难以表现整体的完全特征,因此利用焦点访谈法调查得出的结论很可能会产生误导,而不是指导。

2. 小组访谈过程中存在自然渗透进误差的可能

这是焦点小组访谈法最大的潜在不足。主持人是整个互动过程中的一部分,如果主持人本身就带有某种主观的偏见,那么在主持人的影响和诱导下,他的个人风格也难免会影响被访者,从而让被访者的客观意向发生偏移。当然,作为被访者本身,受各种因素的影响和限制,他们也存在一种隐性的误差,这是很难从程序上进行消除的。

六、焦点小组访谈法的操作流程

在进行焦点小组访谈前,必须解决一些操作问题。你要决定邀请多少人进行这次小组访谈,他们是些什么人,用什么方法来选择样本,在哪里进行讨论,这些都是重要问题。下面我们对其操作过程进行仔细探讨(见图7-1)。

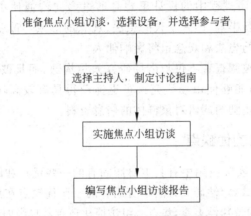

图 7-1 实施焦点小组访谈的过程

在这四个环节中,对关键性的环节进行分解,就涉及参加人数多少的确定、如何选择参与者、邀请谁来参加、在哪里讨论、主持人的选择和责任以及编制讨论指南等。

(一)参加人数的多少

焦点小组访谈的人数规模一般是 7～12 人,参加人数过少(少于 7 人),往往不能起到小组讨论的效果。尽管主持人很努力,小组中也往往只有一两个人发言,容易冷场,以至于主持人总是要不断地调节气氛。同样,如果有 12 人以上参加,则会显得比常规讨论会的规模大,该类讨论往往会比较混乱,主持人需要不断地维护现场秩序,而不能将精力集中于讨论的主题。

但是最为棘手的是,事先往往很难预料参加小组讨论的人数。有时可能有 10 人同意参加,但实际到场的可能只有 6 人;而有时邀请了 14 人,预期有 8 人到会,却是 14 人全部到场;最糟的情况是参与者事先都答应来,而到了当天却一个人也没来。给参与者适当的刺激会有所帮助,但不一定总会有效,因此实际中往往会有或多或少的情况。

(二)如何选择参与者

焦点小组的参与者往往是由该次讨论的目的决定的。如果目的是听取受众对某一产品包装改进的意见,那么其参与者一定要使用该产品。有时候,公司会提供顾客名单或一份潜在用户群的名单,更有甚者,调研公司会在街上随机地邀请一些顾客参加小组讨论,但该方法很少使用。

(三)邀请谁来参加

通常认为一个焦点讨论的参与者最好有一些共同的特征,这往往是调研者决定需要有一部分特定的参与者来参加的原因。

参与者必须有相似的特征,并且彼此互不认识。在实际沟通中,参与者会对完全不相识的人怀有戒心,但如果他们知道彼此之间具有某些相似的背景和共同的偏好,就会感到亲切,同时,调研者也可确信不是条件不同而造成对问题的不同看法。

(四)在哪里讨论

讨论往往会安排在一个较大的房间,并以圆桌形式就座。广告公司的会议室、主持人的家中、某一位参与者的家中、客户的办公室等都可以作为讨论的场所。除了按圆形就座,每个人都可以看到其他人外,会议的场所要保持安静以保证会议的进行。

(五)焦点讨论中主持人的角色和责任

主持人对讨论的效果有着决定性的影响。所谓焦点访谈主持人(focus group moderator),是指组织整个讨论过程的人,他负责使整个讨论始终围绕特定研究问题所决定的讨论主题。主持人必须鼓励每一个参加讨论的人积极发言,同时保证讨论不偏离主题。一名好的主持人必须有良好的观察力、内在素质和交流技巧才能避免冷场,保持讨论顺利进行。主持人必须对所要讨论的主题做好事先准备,列出提纲。如果主持人能在事先去除心中对将要讨论的一些问题的个人想法,对讨论将更为有利。最后,主持人应对参与者的评论表现给予关注。表7-2列出了优秀的焦点访谈主持人应具备的10大条件。

表 7-2　优秀的焦点访谈主持人应具备的 10 大条件

1. 对焦点(小组)访谈调研有经验
2. 提供足够的帮助,使焦点访谈设计方案概念化,而不是简单地按照客户所想来执行访谈
3. 在执行访谈之前,应准备详细的主持人提纲
4. 参与事前的准备工作,以对所讨论的领域有更好的了解
5. 对于计划方案提供一些附加价值,而不仅是有效执行
6. 在不引导和不影响参与者的前提下,保持对访谈的控制
7. 愿意使用视觉刺激等现代技术,以便更好地了解参与者的想法
8. 尽职地掌握时间,招收新人,进行筛选和选择参与者
9. 出色地完成整个调研计划,抓紧时间完成访谈
10. 即使访谈时间过长,仍表现出足够的热情和精力来保持访谈的趣味性

一次焦点讨论的成功取决于参与者在讨论过程中的表现以及他们对所讨论问题的理解,而这往往会受到主持人的影响。主持人对该次讨论的目的的认识将影响到参与者。他应该了解委托调研方需要的是什么信息,以及委托调研方为什么不能通过直接的提问来获得这些信息。让主持人了解项目的最终目标将有利于他控制讨论的主题。

整个讨论中,主持人的介绍发言是很有影响力的,所有随后的问题都应有明确的解释

以指导参与者该如何回答。例如,向他们说明所要回答的感受是他们的真实感受,而不是他们想象中的感受。这就要求主持人与参与者之间建立融洽友好的关系。

(六)编制讨论指南

除了主持人应具备的性格特点和应接受的培训以外,一次成功的焦点小组访谈还要求有一份精心编制的讨论指南。讨论指南是一份关于小组中所要涉及的话题概要(或讨论提纲)。通常,讨论指南是由主持人根据调研课题和目标及委托调研方所需信息资料设计的,讨论指南保证按一定顺序逐一讨论调研课题所涉及的所有必须突出的话题。讨论指南编制时应由主持研究方、委托调研方的负责人和主持人共同参与。

讨论指南通常含有三部分。第一部分是建立友好的关系,了解小组中的规则,并提出讨论的主题;第二部分是由主持人引导、激发深入的讨论;第三部分是总结重要的结论,衡量信任和承诺的限度。此外,对于讨论中准备展示的图片、样品的时间顺序以及准备赠送的礼品等内容,在讨论指南中也应予以列明。

(七)访谈报告撰写和使用

当一次小组访谈结束之后,通常要由主持人进行汇报总结,有时也称"即时分析"。即时分析提供了一个论坛,可以将观察小组的营销专业人员的知识与主持人的知识结合起来,及时听取主持人的最新感受,并作出反应,而且当时非常活跃的思维和兴奋感会引发全新的观念和理解。

值得注意的是,主持人应尽量谨慎地保留自己的主观偏见,尽量不让自己的主观判断和情绪卷入调查的过程和结果分析中,以维护结果的中立性和客观性。

正式的书面报告可以有若干种形式,这取决于委托调研方的需要、调研人员的风格以及调研方案中的规定。

一种方法是由调研人员凭借记忆做一个简要的印象性的总结并提供访谈的录音、录像。如果焦点小组访谈的主要目的是使委托方的员工接触并了解消费者,那么要常使用这种简要总结方法。委托方通常反复听录音和观看录像,以真正理解消费者所说的话。

另一种方法叫"剪贴技术"。这种方法虽然不需要进行"临床分析"所要求的深度心理分析,但仍要求调研者具备这方面的分析和理解力。第一步是重放全部小组会议过程的录像,然后调研人员审视整个过程,分析各种反应方式的思路和倾向,将各组中类似的反应方式剪辑在一起,最后分别存放在不同的文件夹中。

最后一步是编写真正的报告。报告开头通常解释调研目的,申明所调查的主要问题,描述小组参与者的个人情况,并说明征选参与者的过程,接着总结调研发现并提出建议,通常为2~3页的篇幅。如果小组成员的交谈内容经过了精心归类,那么组织报告的主体部分也就很容易了。

七、焦点小组访谈法的发展趋势

在未来的长时间内,焦点访谈仍将被广泛地为营销调研人员所采用。由于它比较容易理解,相对于大型的受访对象在千人以上的定性分析来说,其成本还可以接受,同时也能满足经理们的要求,并能较快地获得结果。焦点小组访谈法不失为一种较好的定性分析法,它是可以让营销经理真正接触市场的调研方法。

随着通信技术的发展,焦点小组访谈的应用在不断扩大。例如,一些公司尝试通过电话热线使两个座谈互相影响。当被访者是一些工作繁忙的专业人士(如医生、律师等)时,可以通过通信方式和可视电话进行讨论。计算机技术的应用发展将减少访谈准备的时间,并且使得调研人员可通过计算机软件对录像谈话进行分析。焦点小组访谈法是在20世纪90年代发展起来的,我们相信,它一定会有很好的发展前景。

第三节 深度访谈法

一、深度访谈法的定义和类型

深度访谈法也可称为个别面谈法,是由调研人员直接与被调查者进行单独沟通,获得关于个人的某种态度、观念等方面信息的调查方法。在访问过程中,由掌握高级访谈技巧的调研人员对被调查者进行面对面、一对一的深入访谈,用以揭示被调查者对某一问题的潜在动机、信念、感情和态度等。

深度访谈法分为自由式访谈和半控制性访谈两类。前者对交谈内容没有控制,而后者则需要对每个问题的讨论时间和讨论内容加以控制。

自由式访谈一般适用于平级关系或工作时间弹性较大(机动时间较多)的调查对象。在自由式访谈中,被调查者可以自由地发表意见或回答问题,不对讨论时间进行限制,也没有讨论提纲的制约,只要是和主题相关的内容,就可以畅所欲言。自由式访谈的目的在于从更深层次发掘主题内涵,捕捉深度信息。当然在自由式访谈中,调查者也需要掌握一定的访谈技巧,而这些技巧又在很大程度上决定了访谈能否成功。因此,对每个调查者而言,自由式访谈要求调查者具备以下几个方面的能力:良好的沟通能力和进一步探询问题的能力;把离题话题巧妙地转移到主题范围的能力;快速的笔记能力和综合能力。

半控制性访谈一般适用于工作很忙的被调查对象,如经理人员、工程师等。因为其工作很忙,机动时间较少,因此,调查者需要控制每一个讨论题的时间。半控制性访谈因其访谈对象的特殊性决定了访谈内容的指向性。一般而言,半控制性访谈多是最基本的市场情报、市场需求情况、经济法规和竞争行为等内容。相对自由式访谈而言,半控制性访谈对调查者的要求更高。因为在很多情况下,这是一种自下而上的访问方式,如果没有良好的人际沟通能力和公关能力,很难接近被访对象,即使接近了被访对象,也很难获得足够的信息资料。当然,由于半控制性访谈的"门槛"高,一旦访问成功,往往能获得一些意想不到的事实和信息。

二、深度访谈法的优缺点

1. 相对于焦点小组访谈来说,深度访谈法的优点

(1)消除群体压力,使每一个被访者能够提供更诚实的信息,而不必只说最容易被群体接受的话。

(2)一对一的交流使得被访者感到自己是受关注的焦点,个人的感受与想法是重要

的,是别人真正期望了解的。

(3)在人与人的交流中,被访者的意识被激活了,因为他与面谈者达成了一种融洽的关系,而且周围也没有其他人。

(4)在单个被访者身上花的时间比较多,这可以鼓励他们透露新的信息。

(5)可以深入地探查被访者,揭示隐藏在表面陈述下的感受和动机。

(6)因为不需要保持群体秩序,所以比较容易临时发挥,个人会谈更容易激发出偶然的思路和发散的思维,这往往能对主要问题提供更为重要的洞察。

(7)一对一的近距离接触使得面谈者对非语言的反馈更加敏感。

(8)在一些特殊情况下,深度访谈法可能是唯一可行的办法,否则相互竞争的对手会同处一室。例如,很难组织相互竞争的百货公司或餐馆的经理对有关话题进行焦点小组调研。

2. 与焦点小组访谈法相比,深度访谈法的缺点

(1)深度访谈法通常比焦点小组访谈法成本高,尤其是当被访者人数很多的时候。

(2)深度访谈法通常达不到像焦点小组访谈法那样的委托调研方参与水平。当你的主要目的是让委托方观察调研过程,从而让他们获得第一手的信息时,很难说服大多数委托方的员工为了听深度访谈而连续坐上好几个小时。

(3)对主持人来说,深度访谈是很消耗体力的,所以一天内会谈的人数有限,大多数主持人一天会谈的人数不超过4~5个,而如果他们进行小组会谈,则一天能完成20个人的访谈。

(4)焦点小组访谈法的主持人可以利用群体动力的杠杆作用刺激组员的反应,而这在一对一的会谈中是无法实现的。

任何一个深度访谈的成败在很大程度上都取决于面谈者。优秀的面谈者,不管是不是心理学家,都是很难找到的,而且费用很高。另一个影响成败的因素是恰当的解说。会谈所具有的无限制特点和"临床性"的分析特点增加了分析的复杂性,小样本和无限制的会谈使得其难以进行相互比较。解说还受到主持人偏好的影响,费用也很高昂,这些都影响了深度访谈法的普及。

三、深度访谈法的操作流程

根据选择沟通的地点不同,深度访谈法可以分为由调研人员主动上门的入户访问和双方约定地点的个人访问两种具体方法。在条件许可的情况下,为获得更多的意外信息,或者为提高信息的可信度而及时对被调查者提供的信息进行验证,调研人员更倾向于选择入户访问。仅就方法和所需的访问技术看,两种方法并没有明显的差别。

深度访谈法的基本流程如图7-2所示。

(一)深度访谈前的准备工作

1. 准备访谈计划

调研人员事先必须对自己所要从事的访谈工作有一定的了解,知道自己在从事什么样的工作,要达到什么样的访谈目的,准备提哪些问题,重点在哪里,而且要预先拟好访谈提纲,虽然不必写出所有问题的提出方式和措辞,但至少要包括谈话的目的、步骤和内

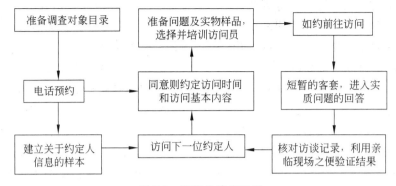

图 7-2　深度访谈流程图

容等。

2. 准备访谈用具

访谈前,调研人员应准备好能够证明自己身份的证件,如工作证、介绍信、证章佩戴卡等,这对于接近被调查对象,取得对方的最初信任是至关重要的。此外,还要准备访谈所需要的必需品,如摄像机、录音机、纸张、文具和图片资料等。所有这些用具都是用来获取研究所需信息的。当然,使用摄像机和录音机要征得对方的同意。

3. 模拟访谈

如果可能,在正式访谈之前,调研人员最好搞一次模拟访谈,找出并改进访谈中的不足之处。至少调研人员在头脑中应事先尽量设想可能出现的各种情景及应对方法,做到有备而来。在正式访谈开始之后,调研人员应及时总结每次访谈的成败,为做好下一次的访谈奠定基础。

（二）深度访谈的过程

1. 选择被访者

深度访谈并不是谁都可以访问的,被访者必须是与调研目的有关的人士。调研人员在调查被调查者时,通常采用判断抽样法,这样既可以保证被访者的意见比较有代表性,又可以保证访谈不偏离研究目的,而且比较深入、全面。

2. 接近被访者

接近被访者是正式访谈前的序幕,概括地讲,接近被访者主要有两种方式。

（1）正面接近

调研人员先介绍自己的身份,直接说明调研的意图,征得被访者同意后开始正式的访谈。通过自我介绍,让被调查者接受调研人员,并热情、友好地配合访问工作,这并不是很容易做到的。特别是当一个陌生人出现在被调查者面前时,很容易引起被调查者的戒备心理,难免使调研人员遭到拒绝。调研者在自我介绍时要不卑不亢、有礼有节。这种调查方式在访问调研中是最为常见的,它能节约时间,提高效率,当然有时也可能显得有些简单和生硬。

（2）侧面接近

调研人员先在某种共同的生活场景中接近被调查者,如与被调查者一起开会、住宿、学习、娱乐等,但不公开身份,等到与被调查者建立一定的友谊或者是有了共同语言后再在一种自然、和谐的氛围中说明来意,进行正式访谈。这种方式有利于消除对方紧张、戒备的心理,能收集到比较真实、可靠的资料,但调研费时费力。

3. 详细说明访谈的目的,并尽量营造一种热情、友好和轻松的氛围

当被访者表示愿意接受访问时,下一步的关键就是保证访谈的顺利进行,以便被调查者能够如实地详尽表达自己的意见。因此在访谈的最初,调研人员应详细地介绍此次调研的目的和意图,让被访者觉得问题的回答对其自身是没有任何不利影响的,被访者尽可畅所欲言,表达其真实想法。同时,调研人员应尽量用轻松的语气营造一种热情、友好和轻松的氛围。调研人员可以先找一些轻松的话题聊一聊,让气氛活跃起来,在彼此建立了某种程度的信任关系后,再借机转入正题。

另外,调研人员在访谈过程中要尽量避免使用生僻的专业用语,而应该用被访者熟悉的形象的语言来清晰地陈述问题,使被访者知道应该如何作答。

4. 把握询问的方向及问题的焦点

访问的目的是从被调查者那里获得有价值的资料,然而在深度访谈中,由于访问的结构性差,被访者回答的问题范围广泛,因此被调查者常会讨论一些与调查无关的事情。调研人员在访谈过程中对访谈的内容要有一个方向上的把握,控制谈论的问题的焦点,及时把谈论引到正确的方向上来。为了使谈论围绕所要研究的问题,一方面,调研人员本身在开始讨论正题后要注意减少题外话,语言简洁;另一方面,应注意观察被调查者的情绪变化,寻找合适的机会把讨论的主题从无关的话题转移回来。

5. 访谈的结束阶段

访谈的结束阶段是整个过程的最后一个环节,这个环节也很重要,不能忽视。

首先,在访谈结束时,调研人员应迅速重温访谈结果或者迅速检查一遍访谈提问,以避免遗漏重要项目。

其次,访谈结束时,应再次征求被调查者的意见,了解他们还有什么想法、要求等,这样可能了解到更多的情况或信息。

最后,要真诚感谢对方对本次调研工作的支持,若在开始时许诺有礼品馈赠,在访谈结束时须将礼品赠送给他们,如果是追踪调查,还应该争取得到被调查者的进一步配合。

四、深度访谈中应注意的问题

深度访谈能否成功与调研人员的素质高低有十分重要的联系。调研人员除了应具备作为一个访问员应有的道德品质,遵循市场研究机构统一规定的访谈规则外,还应该更多、更好地掌握访问技术。完成深度访谈活动的调研人员应该掌握的技术包括以下几个方面。

1. 接近被调查者的技术

更好地使访谈对象接受自己,使对方感到自己是可以信赖的人而愿意进行交流,是各种询问方法取得成功的首要环节。

2. 选择较为合适的提问技术

提出的问题不仅可以为对方理解,还不会使对方产生抵触心理,这是采用询问方法时

能否确保收集到的信息具有预期信度的关键。

3. 鼓励对方回答问题的技术

询问方式有自由式和限制式两种选择,应视哪种方式所获取的资料更具可信性而定。这是决定调研能否继续深入,获得更加细致的信息的关键。

4. 消除对方顾虑的技术

在回答某些问题时,被调查者有可能产生顾虑,担心回答错误而被人讥笑,担心回答会暴露自己的某些隐私,总之,他们担心回答会使自己陷入不利的处境。只有消除他们的这些心理,才能获得可信的资料,多做有针对性的解释是最好的办法。

5. 隐蔽自己的态度、情绪以及影响被调查者的技术

避免自己的情绪对对方想法、观念的形成造成影响,使被调查者由此顺应调研人员的需要,做出偏离自己原有意愿的回答,使调研人员收集到的信息失去真实性。

6. 完成访谈记录的技术

多数询问方法要求调研人员及时记录每位被调查者所做出的回答,这些是基本信息。记录技术在此主要是调研人员的记录速度,这将决定信息收集的全面、准确程度,从而直接影响调研活动的价值。

对于调研人员来说,许多技术是可以通过有关培训来获得并不断提高的。

深度访谈是访问人员单兵作战,市场研究机构一般不易对其行为进行监控,这就要求市场研究机构对访问人员制定严格的行为规则来加以约束。对于访问人员来说,应该遵循的基本行为规范有:

(1) 不做虚假的访谈记录,必须如实对约定的访谈对象逐一进行访问,并如实做好访谈记录;

(2) 按统一规定向每位访谈对象提出每个问题,顺序、语气、用词等方面应尽量一致。

(3) 不应提出与调研无关的问题,不应对与调研目的无关的事情产生过多兴趣。

市场研究机构可以通过诸如访问人员出发前检查他们是否做好自己的访问计划,以及这个计划是否包括对意外事件的处理方法等,来使访问人员深知调研组织机构对自己行为的关注,提高其自觉性。

第四节　在线定性调研

一、在线焦点小组访谈

在线焦点小组访谈(online focus groups)可能是目前最热门的网上定性调研方法。许多市场营销调研公司(包括格林菲尔德在线、NFO互动和哈里斯·布莱克国际等)尽管承认在线调研有其局限性,但仍认为在线焦点小组访谈可以代替面对面的焦点小组访谈。

(一) 在线焦点小组访谈的分类

在线焦点小组访谈可以分为两种。

一种是实时的在线焦点小组访谈(real-time online focus groups),也称为同步在线小组访谈,这是一种传统的、实时的、互动的讨论模式。在线小组一般由8~10个参与者组

成(通常一次调研最少要三四组),讨论在协调人的协调主持下在类似聊天室的背景下进行,由协调人将问题发给他们进行评论。讨论一般不超过 45～50 分钟。最适合那些简单、直接、能够在限定时间内得出结论的问题。这种模式下得出的结论相比于面对面的小组访谈而言可能缺乏深度,但对某种类型的项目来说还是较为实用的。委托人可以观察聊天室内的情况并与协调人交流。美国 Itracks 等公司有专门的软件为在线焦点小组访谈提供运行环境。

另一种是持续的在线焦点小组访谈(time-extended online focus groups),也被称作电子公告牌焦点小组访谈或非同步焦点小组访谈,是一种借助网络媒介的优势形成的新式定性调研方式,这种讨论的形式像一个信息版块,通常讨论要历时两三天(有时会更长些)。小组中每天都会发布一些问题。小组要求有 15～20 个参与者,除了每天至少发表两三次意见,还要参加 15 分钟的讨论。协调人每天(包括晚上)要登录几次查看讨论的内容,负责回答参与者当天提出的问题,如果需要的话,要就讨论的内容进一步提出问题或者调整讨论的方向。进一步的问题可以单独发给几个参与者,也可以发给所有人。依靠软件的支持,参与者在做出应答后可以看到其他人对此进行的评论。这种模式所提供的信息量是传统小组的三四倍。可以让参与者有时间思考,与其他人交谈,甚至到商店逛逛,或是去茶水间休息一下。充足的时间换来的是更丰富的信息内容和深层次的视角。委托人可以查看发布的在线内容,并随时与协调人进行沟通。

(二)在线焦点小组访谈的优缺点

1. 优点

(1)不受地域限制。参与者可以从任何地方选择而不一定要限于一个地区。

(2)调研费用低。其费用大约只需传统焦点小组访谈费用的一半。一方面在线焦点小组访谈本身费用很低,另一方面它还能省下大笔的餐饮、住宿和交通费用。委托人可以在办公室甚至在家里登录网络查看调研的进展。

(3)不必承受与他人面对面的压力,能更坦诚地表达自己的观点。在线焦点小组访谈的参与者能利用家里的私人空间参与焦点小组访谈,会觉得比较轻松。他们在不用面对协调人时,对不喜欢的事发表意见会表现得更为明确。在传统焦点小组访谈中,总有几个口才好的人主导着讨论,好的协调人会试图平衡所有小组成员的参与度。有的人在当着别人的面发表意见时会觉得不舒服,在不用与人面对面时,则能够清楚地表达自己的见解。在线焦点小组访谈具备内在的调节功能,使腼腆的成员可以和性格外向的人一样自由地表达自己的想法,可以坦白自己的想法而不用顾及别人的反应。

(4)可以收集到一些特定人群样本,如医生、律师和高级经理人。由于时间和职业本身的限制,传统调研方式很难接触到这些人。有了在线小组,就不需要他们从繁忙的日程中抽出时间奔赴某个地点。他们可以在自己的家中参与,这样就提高了这类人群的参与度。

(5)协调人与委托人之间的互动关系更有效。传统焦点小组访谈时,委托人只能躲在单面玻璃墙的后面观察,如果要与协调人沟通则势必要打断讨论。在线焦点小组访谈为协调人与委托人间的双向沟通创造了非常有利的条件。这种直接沟通已经成为确保焦点小组访谈能够完全有效地进行下去的必要条件。委托人不用再偷偷进入房间匆匆写下他们的意见,而是可以与协调人清楚、有效地进行直接沟通,也不用担心破坏访谈的氛围。

2. 缺点

（1）群体动力难以形成。传统焦点小组访谈的一个关键作用就是通过观察小组成员间的互动来洞察一些很有用的信息。但是在虚拟世界,特别是当参与者是对着电脑屏幕而非通过语言交流时,这种群体动力就无法形成了。美国的 M2 等公司开发的新系统已经弥补了这一不足。

（2）非语言信息难以捕捉。有经验的协调人在组织讨论和分析结果的过程中善于利用小组成员的非语言信息,而在网络环境下则很难捕捉非语言信息。

（3）委托人的参与观察作用下降。许多组织使用焦点小组访谈是为了有机会在一种客观的环境下与消费者直接接触。站在单面玻璃墙后面直接观察焦点小组访谈,这种作用是不可替代的,无论多好的录影带、远程广播系统、流式视频还是协调人呈交的报告都无法带来同样的效果。

（4）外部刺激物展示受到局限。焦点小组访谈的一个关键作用是将广告材料、新产品概念、样品等呈现给小组成员,听取他们的意见。而在线焦点小组访谈和现场焦点小组访谈的成员做出的反应肯定有所不同。其结果是,通过在线焦点小组访谈收集到的信息的价值会受到更多质疑。

（5）协调人的角色和技巧变化带来新的挑战。传统焦点小组访谈中主持人(即协调人)的技巧对调研质量有着重要的影响。有经验的协调人要做的不仅仅是向小组成员提问那么简单。好的协调人要想办法对内向、腼腆的小组成员给予鼓励,为那些略显沉闷的小组注入活力,除此之外还要尽可能挖掘更深入的想法。在线焦点小组访谈不再是面对面的进行,而是面对电脑终端,因此所需要的技巧完全不同。

二、网络社区调研

网络社区(web community)是由一组精心挑选的消费者组成的,他们同意与某个公司进行持续的对话。所有的社区交流都发生在一个自定义的网站上。在社区的有效期内(通常是 6 个月到 1 年,或者更长),社区的会员要定期回答公司发布的问题。这些讨论通常采用主观"对话"的方式,随着社区会员相互间讨论的深入而逐渐丰富,所讨论的问题往往是他们感兴趣的话题。网络社区有着快速、灵活的优点,并且能够每天 24 小时与消费者保持联系,使调研机构能够快速做出决定,并且节约许多费用。

网络社区之所以受到欢迎,它的影响力主要源于以下几个方面:①网络社区为顾客创建了一个轻松的环境,使委托人可以和他们进行深度的沟通;②能够发现一些"使人兴奋的想法"或"灵光闪现的时刻",激发了顾客驱动的创新;③培养了在情感上支持公司成功的品牌支持者;④提供实时结果,使委托人能挖掘一些平常受时间限制而无法获得的想法;⑤创建一个能自由对话的论坛,顾客们可以发起他们觉得重要的话题。

此外,网络社区促使公司员工站在消费者的角度与他们直接交流,可以帮助公司形成以顾客为中心的组织架构。

在网络社区的环境下加入一个研究中心,社区将具有以下作用:①映射消费者心理划分;②通过头脑风暴产生新想法;③共同创造并测试新产品;④观察正常的消费者行为;⑤使公司确立以顾客为中心的观念。

除此之外,如果能将网络社区获得的观点快速应用于传统市场营销调研中去,那么网络社区就能发挥更大的价值。与更主流的研究方法紧密联系,使网络社区在获取新的调研观点的同时,也能够吸收一些传统研究项目中产生的观点作为补充。

将网络社区和传统调研模式整合在一起,促进了一种新的研究模式。这种新的模式有以下几方面积极作用:①能够快速找到探寻新观点最适合的论坛,提高了调研效率;②利用网络社区进一步跟进专门调研时未能获得答案的问题,从而减少了费用;③对组织内部各部门间分享消费者观点的方法进行了改进。

三、在线个人深度访谈

互联网的作用日益突出,很多市场营销调研公司尝试开发和使用了在线个人深度访谈。在线个人深度访谈的基本做法是:①在选定了参与者后,让每位参与者获得一个自己的博客,用来创建与项目有关的在线日志;②在随后的几天内,参与者就给出的一系列问题在博客里发表意见;③通过电话、电子邮件或电子公告牌进行深层次的讨论,讨论的问题来源于博客;④问题讨论结束,由调研者分析研究得出结论并提交报告。

第五节　其他定性调研技术

一、过程分析

过程分析(protocol analysis)包括把一个人置于必须作出决定的情景,并要求他用言语表达出他作出决定时考虑的每一件事情。这是一种有特殊目的的定性调研技术,用于了解消费者作出决策的过程。经常用录音机来记载思考的过程,在若干被访者提供信息后,调查者复核并寻找普遍性的东西,例如用于评估的标准、考虑到的品牌数目、所利用的信息种类,等等。

这种研究在两种购买情形中非常有用。首先,对于需考虑若干决定性因素的长期购买行为很有帮助,如购买房屋,通常由被访者描述他们作出决策的步骤,调研人员就能归结出整个过程;其次,当购买的决策行为很短的时候,由回忆得出的信息可能是不正确的,这时,过程分析可用于放慢这种决策过程,例如,很多人在购买口香糖时并不考虑很多,但当牙医想知道人们为什么购买薄荷味的口香糖时,过程分析可以提供有关这种购买行为的重要信息。

二、投射技术

有时,在深度访谈中会结合使用投射技术(projective technique)。投射技术来源于临床心理学,简言之,投射测试的目的是探究隐藏在表面反应下的真实心理,以获知真实的情感、意图和动机。投射测试是穿越人的心理防御机制,使真正的情感和态度浮现出来的技术,通常是为受试者提供一种无限制的、模糊的情景,要求他作出反应。由于这种情景说得很模糊,也没有什么真实的意义,受试者必须根据自己的偏好作出回答。在理论上,受试者将情感"投射"在无规定的刺激上,因为受试者并不是直接谈论自己,所以就绕过了防御机制,受试者谈论的是其他的事情或其他的人,然而却透露了自己的内在情感。

投射技术包括营造一个环境,将参与者置于一个模拟的行为中,以使他们说出一些当他们被直接提问时不会说出的观点。投射技术适用于研究者确信被访者可能不会说出真实意见的情形(如给女服务员小费、抽烟、酗酒、乱丢杂物)和一些非法的行为(如球赛的赌注等)。

市场调研者常用的 5 种投射技术是:单词联想测试、补充句子联想测试、图片测试、卡通和气球测试与角色扮演。在深度访谈中,上述所有投射技术都需要资深的专业人士来分析结果,这与其他调研方法相比增加了成本。正因为如此,投射技术在商业营销调研中使用得并不是很广泛,但它的每一种方法在各自的使用领域中都是很有价值的。

大多数投射法都很容易操作,它的问题像其他无规定答案的问题一样被列成表格,通常与非投射的无规定答案的问题和非投射的有规定答案的问题连用。投射测试收集的资料比一般提问方法收集的资料更丰富,而且更有揭示性。投射法经常与印象调查问卷、观念测试法,偶尔还与广告效果预先测试法混用,在一次深度访谈中也经常运用多种投射技术。

(一)词语联想测试

词语联想测试(word association test)是指向被访者读出一个单词,要求被访者说出他脑海中反映出的第一个单词或第一种事物。这种测试可能超过 100 个单词,由中性的词和被测试的广告用词或产品、服务的名称组成。调研人员从回答中找出原始清单上所列出的单词的联想或隐藏的含义。

这种方法用来揭示人们对有关产品、服务、商标或广告等的真实想法。用来回答的时间叫作"回答延迟期",被访者的生理反应将被记录下来,并用以得出结论。具体做法一般是由调研人员快速念出一连串测试词语,请被调查者立即作答,以免其心理防御机制有时间发挥作用。如果被调查者不能在 3 秒钟内作出回答,就可以断定他已经受到了某种情感因素的干扰。

词语联想测试的具体运用参见问卷设计中开放式问题设计的有关介绍。

(二)补充句子测试

在补充句子测试(sentence completion test)中,向被访者提供未完成的句子,并要求他用自己的话将其完成,然后调研人员审查这些句子,确认其中存在的想法和观点。被访者可能会在回答中表明一些他们的想法。问卷设计中开放式问题设计的文句完成法就是补充句子测试的具体应用。例如,假设立顿红茶有兴趣将市场扩充到 13～19 岁的青少年,调研人员可以召集一些高中生并指导他们完成下列句子:

喝热茶的人是_____。

茶在_____时是一种好饮料。

泡制热茶是_____。

我的朋友们认为茶是_____。

调研人员将研究被访者的答案,并尝试从中归纳出中心观点。例如,从第一句中归纳出的观点可能是"健康",表明茶可能会被注重健康的人士所接受;若第二句的观点是

"热",则表明茶在天气寒冷时会是一种好饮料;若第三句反映出的是"混乱",则意味着学生们更为倾向于使用袋泡茶;若最后一句反映的是"令人满意",则暗示着对高中生来说,没有外界压力迫使他们避免饮茶。在获知这些信息后,立顿红茶可能会推断出存在向13～19岁的青少年提供热饮茶的市场。

(三)图片测试

在图片测试(picture test)中,给测试者一张图片,让其写一段有关图片的小故事,以描述他们的反应。调研者分析这些小故事的内容,确定由这张图片产生的感觉、反应和观点。这种方法用来测评一些将被用在小册子、广告或产品包装上的图片。图片测试能很好地说明一些有关图片的问题,尤其是否定的和令人讨厌的内容。在某些情况下,如果不用图片测试将很难了解被调查者的反应。

(四)照片归类法

照片归类法(photo sort)是美国环球 BBDO 公司开发的一项技术,消费者通过一组特殊安排的照片来表述他们对品牌的感受,这组照片展示的是不同类型人群,受试者将照片与他所认为的这个人应该使用的品牌连在一起。

另一种照片归类法是由美国格雷广告公司开发的理想图形化技术(pictured aspirations technique)。这种技术旨在发现一种产品符合消费者期望的程度,请消费者根据照片上描述的自己的期望程度将一组照片进行分类,从中发现产品与潜在消费者期望之间的关系。

(五)叙述故事法

叙述故事法(story telling)就是让消费者讲述他们自己的经历,从中洞察一些微妙的消费行为。美国哈佛商学院的教授杰拉尔德·扎尔特曼(Gerald Zaltman)为此创建了一个暗喻测试室。暗喻是用一种事物来描述另一种事物。人们用暗喻来表达心照不宣的、暗含的和不可言喻的想法。

扎尔特曼教授先让消费者花几周时间考虑如何形象地表述他们对某一个公司的感受,要求他们从杂志上剪下任何能反映这种感受的图片,然后消费者聚集到暗喻测试室中,用几个小时的时间,以故事的形式讲述他们所选择的图片以及图片间的相互关系。

(六)角色扮演

在角色扮演(role playing)中,被访者要装扮成第三方,如一个朋友或邻居,并描述他们对特定的场景或陈述的行为。通过复核他们的讨论,调研人员能看出他们对于这些场景的反应是积极的还是消极的,有理由相信被访者中有一部分人的真实感觉将被揭示出来,因为他们能扮成另一个人。

思 考 题

1. 定性调研和定量调研的区别和联系是什么?
2. 焦点小组访谈法有哪些优缺点?
3. 焦点小组访谈法的发展趋势是什么? 它的发展对定性调研的整体发展有何推动?

4. 定性调研的普及性和局限性是什么？

5. 焦点小组访谈法和深度访谈法有什么区别？

6. 在线焦点小组访谈的分类及其优缺点是什么？

7. 投射法的目的是什么？组织投射法时应该注意什么？

8. 从以下题目中任选一个，在班上组织一次焦点小组访谈。

(1) 学生们对学生会的感受

(2) 冷冻食品、快餐和其他可能受欢迎的食品的质量

(3) 学生们平时参加的娱乐项目，以及他们可能会喜欢的新项目

9. 消费者绘图测试法要求受试者画出消费特定产品的人的形象。请画出典型的喝百事可乐和典型的喝可口可乐的人的形象。所画的图形反映出受试者对喝百事可乐和喝可口可乐的人的什么印象？

10. 使用暗喻方法讲述一个超级市场的故事。

案例 Getaway 旅游代理公司的烦恼

Getaway 旅游代理公司（以下简称"Getaway 公司"）是一家旅游代理的特许经营机构，在全美各大城市均设有分支机构。它主要从事海上旅游，包括加勒比海、墨西哥湾、墨西哥至阿拉斯加的太平洋地区以及最近开辟的地中海地区。Getaway 公司的旅游项目包括空中和海上，出发与返回均从港口码头开始，它的费用包括全程。在过去的两年中，Getaway 公司的销售额并不如其最高管理部门所期望的那样，相反，在去年，整个 Getaway 公司的销售额降低了 5 个百分点。Getaway 公司请一家公司设计了焦点小组访谈，分析问题所在。下面是第一次讨论的记录，参加这次讨论的参与者均为 22～30 岁的单身男子。

约翰："我不喜欢随旅行团旅行，我喜欢按自己的方式去旅行，有时租一辆车就可以了。"

吉姆："我并不在意用什么方式去旅行，我只希望有人能告诉我该在什么时候到达什么地方，然后为我安排好去下一站的车及回程的方式。"

杰里："是的，那也正是我所希望的，但我希望有一些私人时间去购物，或者看风景，我希望我的旅行有一些冒险的感觉，但应是有组织的，我不想花时间去寻找一些原本就不存在的东西。"

主持人："有人反对随团旅行吗？"

约翰："是的，我喜欢自己安排行程，Getaway 公司在每个游玩区域只有三个可供选择的景点。我已去过了巴拿马、牙买加和……还有什么地方？旅行团在加勒比海附近已没什么地方可以去了。还有，我觉得 Getaway 公司的收费与实际旅行质量还有一定的差距。"

吉姆："那倒不是，与单独支出三角洲地区旅馆费用或美国航空公司的飞机票费用相比，我认为随 Getaway 公司旅行还是很便宜的。"

杰里："Getaway 公司收费不高与其批量交易有关。Getaway 公司总是让尽可能多的人在一个团里，你没有属于自己的时间，所以你会觉得似乎它的收费是合理的，我觉得

这其中的价格问题还是可以商讨一下的。"

约翰:"Getaway 公司的路线安排过于局限——加勒比海和阿拉斯加是唯一可去的地方,当我安排我的假期的时候,我希望有更多的风景区可以选择,所以,我就去了其他旅游代理公司。事实上,上星期我在网上进行了一次自己安排路线的尝试,然后旅游公司在最后将整个行程的花费告诉我,这种方式使我有很大的选择余地。"

吉姆:"这种系统过于复杂,有太多的地方可供选择,而且我觉得自己安排路线是个圈套,最终你的行程仍然是由旅游公司事先安排好的,你所选择的仅是这些路线中的 A、B 或 C。"

杰里:"是的,只要有一定的空闲时间总会有很多事情可以做,我并不想在计算机菜单上一分钟一分钟地安排我的假日。"

根据上述案例中的陈述回答下列问题:

1. Getaway 公司是如何察觉问题的? 也就是说,Getaway 公司与其他公司相比,在服务上有什么不同?

2. Getaway 公司在哪些方面还可以继续改进?

3. Getaway 公司的领导人应当担忧哪些误解? 你觉得应如何改进这些误解?

4. Getaway 是否应当考虑在制作网页以显示其公司的路线设计与服务? 赞成与反对的理由是什么?

(案例来源:〔美〕阿尔文·C.伯恩斯等著. 营销调研[M].梅清豪,等,译 北京:中国人民大学出版社,2001.)

一手资料,也称原始资料,是由市场调研人员自己对市场信息进行收集、整理、分析的结果,即通过市场调查取得的市场资料。相对于二手资料而言,一手资料收集的成本较高、时间较长,但同时也具有即时性、直接性等优点。收集一手资料是市场调查中一项复杂、辛苦的工作,但对于市场研究者更好地完成研究工作无疑具有重要的意义。本章主要介绍收集一手资料的三种方法:访问调查法、观察调查法和实验调查法。

第一节　访问调查法

访问调查法是收集一手资料最常用、最基本的方法之一。

一、访问调查法概述

访问调查法又称询问法,是指调研人员根据事先设计好的调查项目以某种方法向被访者提出问题,要求其给予回答,由此获取信息资料。访问调查法采用问卷方式进行调查,收集关于消费者、产品、企业等多方面的信息。

市场调查者可以根据调研的目的、想要收集资料的类型、获取信息难度的大小等因素,决定是单独使用某种访问调查法还是混合使用几种访问调查法来完成信息的收集工作。图 8-1 列出了常见的访问调查法。

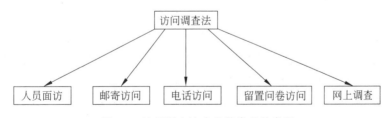

图 8-1　访问调查法中几种常见的类型

二、人员面访

人员面访是调查人员直接面对面向被访者询问有关的问题,以获取相关的信息资料的一种方法。它的应用十分普遍,既可以一个人面谈,也可以几个人集体面谈。

由于是面对面地进行访问,因此访问员与被访者可以在一种相互影响、相互作用的氛围中进行信息的交流,体现了人员面访灵活自由的特点。例如,对被访者难以理解的问题,访问者可以加以解释;对于被访者不愿回答或是难以回答的问题,访问者也可以适当地进行启发与鼓励;还可以针对被访者的态度等各种非语言的信息,扩大或缩小提问范围,具有较强的灵活性。这些都有助于提高调查质量,收集更多的信息。同时,人员面访还具有问卷回收率高的优点。

人员面访调查法的缺陷是需要耗费较多的人力和财力,调查所需的时间较长,因此只适用于在小范围内使用,对于规模较大、覆盖面较广的市场调研来说是不适合的。而且人员面访对调查人员的素质要求较高,调查结果容易受调查人员的提问技巧、被访者的合作态度等多种因素的影响,所以提高调查人员的素质和访问技巧是至关重要的。在实施人员面访调查时,应注意以下问题。

(1) 对访问员进行适当的培训。培训内容可以是礼貌礼仪方面的、访问技巧方面的,也可以是有关调研目的、注意事项等的内容,以便访问员能更灵活、更好地完成调研任务。

(2) 访问员应保持客观、中立。访问员的面部表情、语气、形体语言等有时会自觉或不自觉地影响被访者,使之给出不真实或不准确的答案。访问员应保持客观、中立的态度,避免发表具有倾向性和诱导性的意见,确保所得信息的真实性。

(3) 提问应遵循先易后难的原则。从简单问题入手,可以给被访者一种轻松的感觉,使其对该问题产生兴趣。难题或关键性问题,甚至隐私问题,则应尽量放在访问的后面进行,以免被访者从一开始就处于防卫状态。

(4) 对访问员进行必要的监督。这种监督包括两方面的内容:一是监督访问员的访问态度,看其是否认真地投入现场工作,是否做出了完整合理的记录;二是监督调研记录的真实性,以防访问员为了骗取报酬或是事后发现被访者有未回答或遗漏的问题时为了推卸责任而弄虚作假。

(5) 注意礼貌。访谈开始之前,要先做自我介绍,以便获得被访者的支持;访问结束后,也应向被访者表示谢意。

人员面访具体可以分为入户访谈和街头拦截访谈两种。

1. 入户访谈

入户访谈是指被访者在家中单独接受访问,是访问调查法中收集信息的一种主要方式,有较强的适用性,曾被认为是最佳的访谈方式。由于入户访谈是在被访者家中进行的私下的、面对面的一种访谈形式,因此有许多优点。

(1) 能确保被访者在一个自己感到熟悉、舒适、安全的环境里轻松地接受访谈。

(2) 能直接获得反馈信息。

(3) 可以对复杂的问题进行解释,减少被访者因不理解题意而随意作答的现象。

(4) 可以对问卷中的私人问题或比较敏感的问题进行访谈,使被访者更方便、更乐意回答。

(5) 可以使用其他辅助工具进行访问,如展示大量的图片、卡片、产品。

(6) 适合进行复杂而且需要很长时间的面谈。

然而,这种调研方法仍存在很多不足之处,这使得它的使用率在不断地降低。

(1) 成本高、时间长。

（2）可能由于被访者家庭成员、电话等的干扰而分心。

（3）入户困难，通常居民对陌生人的防备心理比较强，所以访问员经常会被拒绝。

（4）调研收集的信息受访问员的素质（如心理素质、专业素质等）影响较大。

（5）访问结果的可信度受访问员的种种作弊行为（如欺骗、操作不完整等）的影响。

尽管如此，入户访问目前仍然是一种有效而重要的方式。

2．**街头拦截访谈**

街头拦截访谈是目前一种十分流行的访问调研方式。这种调研方式一般属于有问卷访问，操作起来相对简单。它是在特定人群相对集中的公共场所，如超市、交通路口、广场、展览会场内外、医院等地拦截被访者进行现场调查的一种方式。

街头拦截访谈是一种新兴的方法，20 世纪 70 年代开始在国内外广泛地使用。除了具有与入户访问相同的能直接获得反馈、对复杂问题进行解释等优点外，还因为不需要四处寻找被访者而节约路费及行程时间，可以将大部分时间用于访谈。同时，这种方法更容易接近目标顾客、收集资料。例如，某超市想要调查顾客对超市服务方面的意见，只要对光顾该超市的顾客进行调查就可以了。这样做针对性较强，比入户访谈节约了不少的时间和费用。

街头拦截访谈也存在下列不足：

（1）拒访率较高，行人可能出于赶着回家或有急事等原因而拒绝访问，拒绝访问的样本往往可能是最具代表性的样本。

（2）不适合比较复杂而且长时间的面谈，如果采用街头拦截访谈方式，时间最好不要超过 10 分钟。

（3）不方便大量图片、卡片或产品的展示。

（4）在街头进行访谈，其环境比入户访谈差得多，可能会影响被访者注意力的集中，使其分心。

三、邮寄访问

邮寄访问法是由调查者将事先设计好的问卷通过邮寄的方式送达被调查者手中，请他们按要求和规定时间填写问卷并寄回调查者，以此获取信息的方式。

目前，邮寄访问由于种种原因在我国应用较少，但在国外它却是一种普遍运用的方法。它高效、方便、费用低廉，只需要一个人就能寄出几千份问卷，不需要对访问员进行培训监督等，节约了人力；同时不需要上门拜访被访者，也不用上街去寻找被访者，节约了不少费用。另外，邮寄访问能给被访者较充裕的时间，使其可以慎重思考后再回答问题，而且不会因为受到访问者有意识或是无意识的干扰而产生调查误差。

邮寄访问虽然有上述优点，但同样存在一些严重的缺点：

（1）问卷的回收率低。在几种调查方法中，邮寄访问法的问卷回收率是最低的。一般而言，30％的回收率为最佳，15％～20％的回收率为中等，但实际产生的回收率往往低于 10％[①]。低回收率容易影响样本的代表性，使得调查结果与实际情况产生相当大的误

---

① 刘玉洁，周鹏. 市场调研与预测［M］. 大连：大连理工大学出版社，2004.

差,这是一直困扰调查者们的一个难题。

(2)通过邮寄问卷进行调查时,无法完全真正了解人们不愿意寄回问卷的原因。

(3)调查人员无法控制问卷如何填写、被访者是否有误解了的问题、问卷是否为他人代写等现象,而这些直接关系到调查结果的准确性和真实性。

(4)信息反馈时间长,影响资料的时效性。

(5)要求被访者有一定的文字理解能力和表达能力,对文化程度较低者不适用。

为了提高邮寄问卷的回收率,调查者可以采用下列方法:

(1)对于没有回应的被调查者,用明信片、电话或邮件进行提醒。

(2)赠送小礼品,如铅笔、钢笔、钥匙链等小玩意,用来吸引被访者,提高问卷回收率。

(3)金钱刺激,这种方法在国外比较流行。比较普遍的做法是在问卷中夹带现金,以此让收件人因内疚而完成问卷。

(4)采取有奖征询的方式。凡是在规定时间内寄回调查问卷的都有资格参加抽奖活动,这样既能提高问卷回收率,又能缩短问卷的回收时间,使资料具有时效性。

(5)附贴好邮票的回邮信封。

以上方法如果使用得当,对提高问卷的回收率是相当有效的,而问卷回收率的高低又直接关系到邮寄调查的成败。

四、电话访问

从1927年柯乐利调查公司在44个城市访问了三个电话样本进行广播收听率的研究开始算起,电话访问调查已有近90年的历史。

电话访问是指调查者通过电话与被调查者进行交谈,获取信息的一种方式。在电话普及率较高的国家,电话访问已经独立地应用于社会经济市场调查的许多方面,如对健康状况的调查、对就业状况的调查等。它因其诸多优点而成为现在很受欢迎的一种调研方式。

(1)利用电话收集信息费用低,节约了访问员的行程费用。

(2)速度快。采用电话访问一天之内至少可以完成15次每次20分钟的访谈,而面访则需要访问员亲自拜访不同的访问者,每天花在路上的时间就占了很大一部分,剩下的时间也就只够完成四五次每次20分钟的访谈了。

(3)交谈比较自由,被访者不受调研人员在场的心理压力,能畅所欲言。

(4)调研人员管理方便。

(5)有可能获得高质量的样本,如果实施了恰当的电话号码抽选及回访程序,电话访问较其他访问更可能得到较完善的样本。

电话访问同样存在很多不足之处:

(1)无法展示产品、图片或卡片及广告形象、包装等,从而极大地限制了各种调研工具的综合使用。

(2)不适合较长时间的访问,除非被访者对调查的问题特别感兴趣,因为被访者的耐心通常有限。

(3)不适合深度访谈或开放式问题的回答。

（4）电话访问时访问员不在现场,因而辨别回答真伪以及记录的准确性都受到限制。

（5）容易遭到拒绝。被访者很容易将电话市场调查看作电话推销的幌子,拒绝访问。这就需要访问者在与被访者谈话时,说明此次电话调查与推销无关。

电话调查主要是在企业之间,如信息中心、调研咨询公司等借助电话向企业了解商品供求信息及价格信息等。现在,也可通过电话向消费者家庭进行询问调查。一般来说,电话调查多用于对简单问题的调查和企业调查中的复查。

在电话访问调查中,值得注意的是电话普及率的高低。如果电话普及率低,必然会造成样本偏倚,因为没有电话的成员并非随机分布的,他们的收入和社会地位都偏低。据我国工信部网站 2015 年 7 月最新披露的通信水平统计数据（单位：部/百人）显示,2015 年 2 季度,全国的固定电话普及率为 17.7,移动电话普及率为 94.5,通信的移动化趋势明显。分地区来看,东部地区电话普及率最高,西部地区略好于中部,中部地区最低。东、中、西部固定电话和移动电话的普及率数据分别为 23.0 和 113.4、13.7 和 78.4、14.3 和 85.7。所以在东部地区特别是在这一地区的大城市中使用电话调查问题不大,但在中、西部地区（除一些主要城市之外）特别是在这些地区的县城或农村,电话的普及率仍然较低,所以不适合使用。

五、留置问卷访问

留置问卷访问法是指调查人员将调查问卷当面交给被访者,并向他们说明调研的意图和要求,由被访者自行填写完成,再由调查人员按照约定的时间上门取回的一种调研方法。通常情况下,调查人员会在当天或是后一天的某个时候取回完成的问卷。

留置问卷访问法实际上是一种自我管理的调查形式。由于问卷留给被访者在闲暇时独立完成,因此在使用留置问卷访问法时应注意到,问卷要通俗易懂,不存在晦涩难懂或是有歧义的地方,同时对于作答方法和填写时的要求也要详细写明,以方便被访者回答。

1. 留置问卷访问法的优点

（1）被访者有充裕的时间仔细思考和回答问卷,使得问卷上的答案更能反映被访者的真实情况。

（2）调研问卷回收率高。

（3）可以避免因受到调查人员有意或无意的干扰而影响调查问卷可信度。

（4）对调查人员的技术要求较低,降低了调查人员经验不足对调研质量的影响。

（5）回收问卷时,可以当场检查问卷内容,对于漏填的问题可以要求被访者及时填写。

（6）可以对调查对象进行适当的选择,调查特殊群体。

（7）可以控制问卷的回收速度。

2. 留置问卷访问法的缺点

（1）调研的地域范围受到限制。

（2）需要访问两次以上,耗时较长。

（3）难以了解问卷是否真的由本人填写。

一些宾馆、商店等有时会采用留置问卷访问法。例如,宾馆将问卷放在客人的房间里,请他们填完后交到结账柜台。

六、网上调查

网上调查是借助联机网络、计算机通信和数字交互式媒体实现研究目标的市场调查方法。网上调查在20世纪90年代开始成为热门。网络技术的发展和计算机应用技术的普及以及网民数量的快速增长为网上调查的可行性提供了基础,并且网上调查越来越受到重视,得到了广泛应用。

2015年7月23日,中国互联网络信息中心(CNNIC)在北京发布了第36次中国互联网络发展状况统计报告。据报告显示,截至2015年6月,我国网民规模达6.68亿人(其中农村网民占比27.9%,规模达1.86亿人),互联网普及率为48.8%。中国网民通过台式电脑和笔记本电脑接入互联网的比例分别为68.4%和42.5%,手机上网使用率为88.9%。

(一)网上调查的优势

1.费用低廉

对于任何一种传统市场营销调研方式,数据收集的费用占了全部预算的大部分。使用传统问卷方法时,访谈的数量与花费是成正比的,而电子问卷的费用却不会随着问卷的数量增长而成倍增长。同时由于不受天气、距离等因素的影响,不需要派出访问员的路费、培训费、报酬,不用印刷和邮寄问卷的费用等,因此较人员访问、邮寄访问等费用低廉。据有关文献介绍,电子问卷的使用比传统的电话问卷调查节约了25%~40%的费用。

2.快速实施,实时报告

网上调查问卷的制作、发送、回收以及数据的记录和整理都可以在瞬间完成。在线问卷能同时散发给成千上万的潜在参与者。参与者完成问卷填答后,问卷被收回,经过统计将结果制成表格发给企业委托人审阅。因此,决策者们可以在很短的时间内获得网络问卷的结果,比使用传统问卷时快很多,通常只需要用传统方法一半的时间就可以获得问卷结果。

3.调查范围广

网络将整个世界联系在一起,只要进入相应的网站就能回答问卷;此外,网上调查还能24小时全天候开展。

4.调查结果客观性高

一是被调查者是否参加调查完全由自己决定,凡是参加的均属于自愿行为,因此被调查者一般对调查内容有兴趣,而且可以选择在自己方便的时间(如下班后)完成,这样调查所得的内容更加真实;二是不存在被调查者受调查人员有意识或无意识的行为干扰的可能,保证了被调查者在完全独立思考的条件下提供答案,还避免了传统调查方法中的人为错误,如记录错误和录入错误等,最大限度地保证了调查结果的客观性。

5.表现力强

网上调研的一个独一无二的特点便是可以设计出多媒体问卷,比如图解的表达方法、互动功能、与奖励性网站的链接、实时的总结报告,使电子问卷更具趣味性,更加吸引人,其结果往往可以带来更高的问卷回复率。例如,在研究包装设计时,可以请调查对象将不同的包装设计方案进行排序,以增强调查效果。

6. 能让日程繁忙的人参与调研

那些日程繁忙的人(医生、高收入的专家、知名公司的首席财务官等)采用传统市场营销调研方式特别难以访问成功。但是这些人会经常上网。网络问卷可以随时随地访问,使得那些日程繁忙的专业人士容易接受调查,参与到调研中来。

(二)网上调查的缺点

1. 上网的人并不能代表所有的人口

虽然现在网民的数量大幅度增加,但由于受计算机设备、网络普及程度及被访者操作技能的限制,目前上网的用户主要是有知识的年轻人,而老年人、贫困地区的人及受教育程度较低的中年人等则很少是网民,这就影响了目前样本的代表性。例如,在网上开展针对老年人在服装方面要求的调查就是很不合适的。所以,网民并不能代表所有的人口,样本的选择有一定的局限性。不过这种情况会随着网络更深一步的发展而得到改善。

2. 网络的安全性有待提高

网上调查可能会涉及被调查者的个人信息,如邮箱地址、工作单位、电话号码等,很多别有用心者会利用这些信息往被调查者邮箱里发垃圾邮件,这些行为严重影响了被调查者的正常生活。正是这种网络的不安全性使得很多网民不愿意接受网上调查,特别是需要透露个人信息的网上调查。因此,提高网络的安全性仍是亟待解决的一个重要问题。

3. 网上调查无样本限制

任何人都可以填写问卷。如果一个人重复填写问卷,就会使情况变得复杂,调查结果失真。例如,InfoWorld 1997 年在网上举办了一次年度读者意向调查,由于重复投票,调查结果极其离谱,以至于整个调研无法进行,编辑不得不请求读者不要再这样做。现在我们可以通过 IP 地址鉴别与锁定或是设置访问口令来限制一个人多次填答一份问卷。

(三)网上调查的主要方法

1. E-mail 问卷

这种方法简单快捷、费用低廉,只要将一份简单的调查问卷以邮件的形式按已知的邮箱地址发出即可。被访者回答完毕后将问卷回复给调研机构,由其利用专门的程序对收集的数据进行整理。使用这种方法时需要注意的是,不能用轰炸式的方式发放问卷,否则极易引起被访者的反感而拒绝回答。

2. 电脑辅助电话访问系统

电脑辅助电话访问系统(CATI)是访问员直接将答案输入电脑控制中心的方法,它利用一种软件语言程序在电脑辅助电话访谈的基础上设计问卷并在网上进行传输,然后进行网上调查的数据收集。它广泛地应用于不同的调查研究领域,如品牌知名度研究、产品渗透率研究、品牌市场占有率研究、产品广告到达率研究、广告投放后的效果跟踪研究、消费习惯研究、消费者生活形态研究、顾客满意度调查、服务质量跟踪调查、家庭用品测试及选举民意测验等。其优点主要有:

（1）即时性强，体现在即时发送、即时采样、即时进行统计分析。

（2）费用低，体现在无礼品费、审卷费、复核费和录入费等。

（3）由于是计算机随机抽样，所以抽样误差小。

（4）不受区域限制，可进行全国访问。

（5）访问过程控制计算机化，可以自动拨号、自动提示、自动跳问、自动逻辑检查等。

作为一种调查方法和技术，CATI 已在欧美发达国家使用了 30 多年，许多国家半数以上的访问均通过 CATI 完成，有些国家 CATI 访问量甚至高达 95%。有资料显示，美国的一家市场研究公司 CATI 的访问座席竟多达 550 个。CATI 技术在国外之所以如此流行，一方面得益于电话的高普及率，另一方面也是迫于大都市入户访问成功率越来越低的现状。

3. 网络调研系统

有专门为网络调研设计的问卷链接及传输软件。这种软件设计无须使用程序的方式，包括整体问卷设计、网络服务器、数据库和数据传输程序。一种典型的用法是：问卷由简单的可视问卷编辑器产生，自动传送到网络服务器上。通过网站，使用者可以随时在屏幕上对回答的数据进行整体统计或图表统计。

七、访问调查方法的选择

（一）各种访问调查方法的比较

我们在前面介绍的 5 种访问调查方法各有其优缺点。在某项具体的调查研究中，通常只采用一种或少数几种。大家都知道，不同的选择对调查结果的可信度、调查花费时间的长短等都有重要的影响。那么该如何进行选择呢？一般来说，可以根据调查的要求和调查对象的特点进行评价，从中选择最佳的方案。表 8-1 是 5 种访问方法的比较，列出了各种方法的优缺点，方便比较和选择。

表 8-1　5 种访问方法的比较

比较项目	人员访问	邮寄访问	电话访问	留置问卷访问	网上调查
调查范围	较窄	广	较窄	窄	很广
收集复杂信息的能力	强	中	弱	强	中
调查对象	可以控制和选择	难控制、难估计代表性	可以控制和选择	可以控制和选择	难控制
回收率	高	低	较低	高	一般
信息的可信度	高	一般	较低	高	一般
深入程度	高	一般	一般	一般	低
投入人力	较多	少	较少	较多	少
调查费用	高	较低	低	较高	低
调查时间	较长	长	较短	较长	短
调查员的素质要求	高	无	一般	一般	无

（二）选择调查方法时应考虑的因素

1. 收集数据的质量

数据质量是指数据的有效性与可靠性。有效性是指能够反映调查对象的整体情况，而可靠性则是指收集的数据的可信度。问卷的设计、样本的设计、数据的编辑、调查人员的素质等都对数据的有效性和可靠性产生影响。一般来说，采用有调查人员参与的资料收集方法，被访者的反应可以得到控制，数据质量较高。

2. 预算费用

所谓"巧妇难为无米之炊"，因此预算费用在很多方面都影响调查方法的选择，但它不应该成为选择时的唯一参考因素。应本着少花钱多办事的原则，将预算费用与一个可行的数据收集方法结合起来。

3. 问卷的长度

问卷的长度决定着调查时间，而调查时间的长短又决定了被访者接受访问乃至顺利完成调查的可能性。大多数方法都不适合于较长的问卷，如街头拦截法和电话访问法，因为很少有被访者愿意在嘈杂的街头或是电话中完成长达一个小时的深度访谈。所以，除非迫不得已，不宜将问卷设计得太长。

4. 问卷的结构化程度

问卷的结构化是指问题是否按一定的次序排出，答案是否属于封闭性的。符合上述条件的为结构化问卷，可以采用邮寄访问、电话访问等方法；而不符合上述条件的则为非结构化问卷，宜采用入户访问。

5. 操作的复杂性

有些调研活动的操作比较复杂，如口味的测试、产品选择和广告实验测试等。这些复杂的操作，如试吃某种新口味的方便面等，就要求在有所控制的状态下为被调查者提供统一的展示，以确保每位被访者都能对同样的刺激作出反应。显然，这就不适合采用非面谈的方式进行。所以这类测试往往采用街头拦截访问法等人工操作的方式进行。

6. 抽样精度要求

在实际调查研究中，对抽样精度的要求也是选择调查方法时的重要参考因素。对于精度要求较高的调查研究，电话访问由于多采用随机抽样通常能够满足对于精度的要求，所以是比较理想的方法，而上门访问的样本精度也比街头拦截访问高。

第二节　观察调查法

观察调查法是指调查者在现场直接观察、记录调查对象的情况，以取得市场信息资料的一种方法。日常生活中，人们无时无刻不在通过观察来获得各种各样的信息。观察法不像前面谈到的访问法那样，直接通过问卷向被访者提出问题要求回答即可，而是要凭借调查者的眼看、耳听等直观感受或是利用录音机、照相机及其他仪器设备记录和考察调查对象的活动和现场事实，以获得必要的信息。运用观察法作市场调查有这样的一个例证：

美国有一家玩具工厂,为了选择一个畅销的玩具娃娃品种,使用实验法来帮助决策。他们先设计了 10 种玩具娃娃放在一间屋子里,请来小孩作抉择。每次放入一个小孩,让她玩"娃娃",在无拘束的气氛下看这个小孩喜欢的是哪种玩具。为了求真,这一切都是在不受他人干涉下进行的。关了门,通过录像作观察,经过对上百个孩子的调查,确定生产何种样式的玩具娃娃。

一、观察对象及内容

通过观察可以获得有关人们行为和事物的各种信息,具体来讲,观察的内容包括如下两个方面。

1. 观察人的行为

通过对人们说话内容、表情、语调等各个方面的仔细观察,以及在此基础上进行的科学的研究分析,掌握被观察者的内心活动,实现对被调查者的认识,从而完成研究目的。对人的行为的观察又可以分为两种:一种是对消费者的行为进行观察,其中包括对消费者购买行为的观察和对消费者调查行为的观察,前者更为常见;另一种是对经营者的行为进行观察,如观察销售人员的服务态度等。

2. 观察客观事物

对客观事物进行观察,其内容比较广泛,如观察超市里商品的陈列、广告制作、商品的包装等。

二、观察法的分类

在实际使用观察法进行某项市场调查时,可以根据调查的要求及成本等限制条件选择合适的观察方法。

(一)按观察者参与观察活动的程度划分

按观察者参与观察活动的程度不同,可以将观察法划分为完全参与观察、不完全参与观察和非参与观察。

1. 完全参与观察

完全参与观察是指观察者隐瞒自己的真实身份,长期与被观察者处在同一环境中,生活在一起,开展调查。这有利于倾听被观察者的言谈,取得更深入、更全面的信息与资料。例如,一些企业的信息员以促销员的身份在超市从事促销工作,观察顾客购买本企业产品的情况及竞争对手产品的销售情况等。在这种调查中,观察者要注意防止以下两种情况的发生:①避免因观察者身份暴露引起被观察者的紧张甚至顾忌,导致信息传递量的减少甚至使其行为失真;②避免因长期与被观察者生活在一起而被影响、被同化,失去了客观的立场,对调查结果带有某些偏见。

2. 不完全参与观察

不完全参与观察是指观察者参与被观察者的群体活动,但不隐瞒自己的真实身份,并取得被观察者的容纳与信任,置身调查事项中取得资料。在这种调查中,被观察者往往会出于维护自身或他人的利益、形象等原因而掩盖一些材料信息,使调查结果不全面或失去真实性。

3．非参与观察

非参与观察是指调查者不置身被观察群体中,以局外人的身份观察事项的发生和发展情况,如测试购物中心的客流量和变动频率等。这种方法比较真实客观,但无法了解事情背后深层次的原因,观察到的往往是表面现象,也不能取得全面细致的资料。

非参与观察适用范围较广,既可用于一次性观察对象较多的调研,也可用于连续的观察调研。

（二）按取得资料的时间特征划分

按取得资料的时间特征的不同,可以将观察法划分为纵向观察和横向观察。

1．纵向观察

纵向观察又称时间序列观察,是指在不同的时间段进行观察,取得一连串的观察记录。通过对取得的资料进行分析研究,能了解调查对象发展变化的过程和规律。例如,调查某种洗面奶的销售情况就可使用此种方法。利用训练有素的观察人员和隐蔽的摄像机,记录下人们选择、购买或重新放回该产品时的表情和动作等情况。需要注意的是,要确定一个有说服力和代表性的观察时间范围。例如,观察在某超市购物的顾客时,应选择早、中、晚,还有周末等不同的时间段进行观察,这样才有说服力,因为工作日与周末、早晨与晚上来超市购物的消费者往往是完全不同的顾客类型。

2．横向观察

横向观察又称静态观察,是指在某个特定时间内对若干个调查对象所发生的事态同时加以观察记录。例如,同时观察几个超市同种饼干的销售情况等。

有时我们需要将纵向观察与横向观察结合起来进行,这样可以取得更加可靠、更加全面的调查资料,如在进行电视广告对消费者影响力的调查时,即可采用这种方法。

（三）按观察结果的标准化程度划分

按观察结果的标准化程度不同,可将观察法分为控制观察和无控制观察。

1．控制观察

控制观察是根据调查目的预先确定调查范围,以统一的观察手段、观察程序和观察技术进行有计划的系统观察,使观察结果达到标准化。它一般用于目的性、系统性较强的调查或用于简单观察后为使调查更加精确而进行的补充调查或取证。

2．无控制观察

无控制观察比较灵活,对观察项目、程序和步骤等不作严格的规定,也不用标准方法进行记录。它常用于探索性调查或有一定深度的专题调查。

（四）按观察的具体形式划分

根据观察的具体形式不同,可将观察法划分为人员观察和机器观察。

1．人员观察

人员观察是观察法中最主要的形式之一,是由调查人员实地观察受访对象以了解情况。例如,某公司为了了解自己生产的某种小家电的销售情况就采用了人员观察法,派调查员到超市、商场等销售现场,亲自观察和记录顾客的购买情况以及他们在挑选过程中向促销员咨询的相关问题等。

2.机器观察

机器观察是通过机器来观察受访对象。机器可能比人工更便宜、更客观、更详细。在某些情况下,用机器观察可能更适合进行长时间的观察。例如,零售商场的选址需要确定一定水平的客流量才能实现预期的利润,通过人工进行计数是非常耗时耗力的,而且很难得到正确的数据。利用交通流量计数器则可以使这个问题变得很简单。

如今经常用来观察的机器有交通流量计数器、人口计量器、阅读器等,这些在国外的应用相对来说更为广泛。

三、观察法的优缺点

观察法是市场调查研究中的重要方法之一。英国社会学家莫塞曾对观察的意义给予了高度的肯定,他认为"观察可称为科学研究的第一条方法"。随着科技的进步,各种观察工具相继产生并在实际调查中得到广泛的应用,使得观察法这种非常古老的认识方法不断地进步和深化。与其他的调查方法相比较,观察法的优缺点是比较明显的。

(一)观察法的优点

1.避免了因被访者而产生的误差

观察活动最好是在被观察者毫不知情的情况下,由观察者对其在自然状态下的行为、语言、表情等进行观察和记录,这样可以保证记录的正确性和可靠性,从而有效地避免被观察者在知道自己正在被观察时表现出来的无意识的紧张甚至是有意识地做出非自然状态的假象。

2.适用性强

观察法在适用于诸多市场现象的同时,还可以有效地用作其他调查方法的补充。例如,前面提到的入户面访,访问员可以通过观察进一步判断被访者的回答与现实情况的偏差,甚至可以获得新的不能通过语言表达的信息。

3.实施起来简单、易行

4.所获信息客观、准确

(二)观察法的缺点

1.无法观察内在的动机及行为的原因

这是观察法最大的局限性。它只能观察到表面现象,无法了解人们的动机、态度、想法和情感等深层次的原因。例如,我们只能观察到顾客选了哪个品牌的产品,而对于其选择这个或放弃那个的原因却无法仅仅通过观察得知。因此,只有当观察对象的行为动机、态度及心理反应不是研究的主要因素时,运用观察法才更为有效。

2.受调查人员自身条件的约束较大

在人员观察中,观察法对观察者的技术要求较高,如要求观察者有敏锐的观察力、必要的心理分析能力等,否则会使结论失真,容易出现主观臆断。

3.被观察到的只是现实信息,并不代表将来的行为

4.观察者不能控制观察对象

特别是当观察对象的出现及行为或是间断地发生或是持续时间很长的情况下,观察者要花很多的时间等待。

四、观察法的具体运用

人员观察是观察法中最主要的形式之一。它可以分为"神秘顾客"、单向镜观察法、购物形态和行为、内容分析四种类型。下面仅对使用"神秘顾客"进行观察作简单的介绍。

所谓"神秘顾客"(mystery shoppers)法，是指由一些身份特殊的顾客以普通消费者的身份，通过实地体验，了解调查对象的服务和管理等各方面情况，然后将收集到的"信息资料"整理成报告，递交给调查人员。调查人员根据这些信息，分析出存在的问题并作出适当的改进，以提高企业的服务水平，取得更好的业绩。

"神秘顾客"法在国外应用很广泛。美国大约就有 100 家这样的专门公司。其中最大的一家是特伦市场公司，有 100 名职工和 500 名"神秘顾客"。在我国，"神秘顾客"最早是由肯德基、罗杰斯、诺基亚、摩托罗拉、飞利浦等一批跨国公司引进国内，为其连锁分部进行管理服务的。美国肯德基国际公司对于遍布全球 60 多个国家的 9 900 多间分店的管理，也是通过"神秘顾客"的方式，雇用、培训了一批人，让他们佯装顾客秘密潜入店内进行检查评分。由于这些"神秘顾客"来无影去无踪，而且没有时间规律，这就使快餐厅的经理、雇员时时感受到某种压力，丝毫不敢疏忽，从而提高了员工的责任心和服务质量。

"神秘顾客"法这种方式之所以能被企业的管理者所采用，原因就是"神秘顾客"在购买商品和消费服务时，观察到的是服务人员无意识的表现。从心理学和行为学的角度，人在无意识时的表现是最真实的。"神秘顾客"在消费的同时，也和其他消费者一样，对商品和服务进行评价，与其他消费者有同样的感受。根据上述服务质量的特性，"神秘顾客"弥补了管理过程中的一些不足。"神秘顾客"的作用主要体现在以下几个方面：

（1）"神秘顾客"的观察对象不仅是本企业，也可以是竞争对手。通过长时间连续的观察，可以对本企业及竞争对手的优势和薄弱环节有正确的认识，并且发现增强企业竞争力的机会。

（2）"神秘顾客"为激励员工提高服务水平和奖励员工提供了依据。

（3）"神秘顾客"在与服务人员接触的过程中，可以听到员工对企业的不满和建议，帮助管理者及时发现和解决管理中的问题，拉近员工与管理者之间的距离，增强企业的凝聚力。

企业应积极地宣传开展"神秘顾客"活动的目的，让员工充分了解这是希望发现他们的优质服务，并予以奖励和推广，而并非只是希望发现他们的错误。出发点不同，员工的心态是不同的。

"神秘顾客"本身必须经过严格的挑选和培训。为了省钱、省事，不设计正规的调查记录表，随便招聘几个人去当"神秘顾客"的做法，会由于"神秘顾客"缺乏经验，只能得到表面信息，接触不到问题的实质。

第三节　实　验　法

日本某咖啡店的老板发觉不同的颜色能使人产生不同的感觉，于是他就做了一个实验。他请来 30 位试验者，让他们每人喝 4 杯相同的咖啡，但装咖啡的杯子的颜色是不同的,有红色、黄色、青色和咖啡色。然后,咖啡店老板询问试验者:"哪种杯子的咖啡浓度正好?"大家异口同声地回答:"青色杯子的咖啡太淡""黄色杯子的咖啡正好""红色杯子的咖啡太浓"。还有一部分人认为"咖啡色杯子的咖啡太浓"。于是,老板的咖啡店就改用了红色的杯子。由于减少了原料,老板赚了钱。这就是实验法的一个典型例子。

一、实验法概述

实验法是市场调研中收集一手资料的重要方法,它是指市场实验者有目的、有意识地通过改变或控制一个或几个市场影响因素的实践活动来观察市场现象在这些因素发生变化时的变动情况,由此认识市场现象的本质和发展规律。实验法可以深入研究事物之间的因果关系。

实验法与访问法、观察法有着本质的区别。在访问法和观察法中,研究人员都是通过询问和观察目标对象发生的变化来收集数据,处于被动的地位。而在实验法中,研究人员的角色发生了变化,他们主动设计和参与实验,并且设计资料的收集方法。

(一)实验法的种类

根据选择实验场所的不同,实验法可以分为实验室实验和市场试销两类。

1. 实验室实验

实验室实验是指市场调查人员人为地模拟一个场景,分析导入变量前后经济效果的变化。它主要应用于新产品、包装和广告设计以及其他调查的初始测试。

2. 市场试销

市场试销是指企业的某种产品进入某一特定地区进行试验性销售,目的是收集有关市场活动的信息和经验,预测市场活动计划在应用于全部目标市场时的结果。

实验室实验和市场试销的本质区别在于所处环境的不同:前者是在人为的环境之中,后者是在自然环境之中。

(二)实验法的应用步骤

运用实验法来完成某项市场调研任务,一般按如下步骤开展。

1. 根据市场调查课题,提出研究假设,确定实验自变量

在市场实验调查开始之前,市场调查人员要根据此次调查课题和项目的要求,分析可能影响事物变化的因素,再按照其重要性依次提出具有因果关系的若干研究假设,确定实验的自变量。实验的自变量可以是一个,也可以是几个。

2. 进行实验设计,确定实验方法

进行实验设计是指调查人员拟定控制实验对象的方法,以验证研究假设达到实验目的。在市场调研中有多种实验方法可供调研人员选择。选择合理的实验方法是合理的实验设计的关键,而合理的实验设计又是实验调查成功的关键。

3. 选择实验对象

实验调查一般在较小的范围内开展,因此必须选择恰当的实验对象。根据调查深度和市场现象的特点,一般用随机抽样方法或非随机抽样方法进行实验对象的选择。

4. 进行正式实验

严格按照事先设计规定的程序进行实验,并对实验结果进行认真的观测和记录,必要

时还可以通过反复实验和研究获得较为真实、准确的实验数据资料。

5. 整理分析资料,得出实验结果

根据实验记录及有关资料,进行统计分析,以揭示市场现象的规律性及有关因素的影响,得出客观、科学的结论并写出详细的调查报告。

按照上述科学的步骤进行实验调查,既是实验顺利完成的保证,也是认识市场现象的客观要求。

(三)实验法的优缺点

实验法的优点主要包括:通过实验法获得的调研资料比较真实、客观;能够验证市场现象之间是否存在相关关系。调研人员通过主动改变某种条件,促进市场现象的发展,以观察其对实验对象产生的影响,得出结论,并通过反复的实验来检验实验结论正确与否。

当然,实验法也存在一定的局限性。由于影响市场变化的因素错综复杂,并且相互影响和制约,其中很多是难以人为控制的,这必然会影响实验结果的准确性。

二、几种主要的实验调查方法

根据调查目的的不同、根据是否设置对照组和组数的多少,可以设计出多种实验方案。在市场调查中,常用的实验设计方法有两大类,即正规设计和非正规设计。

(一)正规设计

正规设计,也称随机对比实验,是指调查者按随机抽样法选定实验单位进行实验调查。非正规设计的几种实验调查方法都是按照判断分析的方法选择实验单位,简便易行,也能够获得较好的调查效果。但当实验单位很多,市场情况十分复杂且较为陌生时,按主观的判断分析选定实验单位就比较困难。这时,可以采用正规设计,即采用随机抽样法选定实验单位,使众多的实验单位被选中的概率相同,从而保证实验结果的准确性。正规设计又可以分为完全随机设计、分组随机设计和多因素分组随机设计等。

1. 完全随机设计

完全随机设计是采用完全随机的方法选择实验对象,实验的目的是验证某因素是否对目标变量的变动存在显著的影响,例如,包装设计、销售价格、产品品牌等的不同对市场销售产生的影响。这类实验的实验单位完全采用简单随机抽样,实验外变量要尽量控制,使之对各实验单位的影响接近。

【例8-1】 某厂某新产品现有 A_1、A_2、A_3 3 种包装,公司欲试验这 3 种包装,并且记录每种包装的销量。研究人员将这 3 种包装随机地分配给要进行试验的 9 个商店,每 3 个商店用 1 种包装,实验期为 1 周,重复次数为 4 次。实验结果如表 8-2 所示。

通过分析每种包装 4 周的平均销量,可以发现,不同包装下的销量是有差别的,可初步确定采用包装 A_2 的产品销量最高。

完全随机设计使用简单、易操作,但在实际中并不能广泛地使用,原因是这种方法没有严格控制外部因素(如气候、商店规模差异、商店的地理位置、竞争状况等)的影响。

表8-2　各商店销售结果　　　　　　　　　　　　单位：件

实验次数	各包装销量		
（第 i 周）	A₁	A₂	A₃
1	38	51	28
2	48	58	35
3	25	42	42
4	32	65	40
合　计	143	216	145

2. 分组随机设计

分组随机设计可以用来解决完全随机设计存在的部分问题。研究者除了考查基本自变量因素的影响外,还可将某个主要的外部因素孤立起来研究。它的主要特点是将实验单位之间的差异按照某些标准进行分组,从而使得各个组之间的差异明显,各组内的差异减少。例如,例 8-1 只测量了 9 个商店 3 种不同包装的销量,没有考虑商店大小的影响,而商店规模很显然是影响实际销量的潜在因素。因此,我们可以利用分组随机设计使一个外部因素的影响与总的实验误差分开,得到实验处理的实际效果的真实情况。

【例 8-2】　在例 8-1 中,我们把这些商店按每周总销售额进行分组:第一组大于 10 万元,第二组 6 万～10 万元,第三组小于 6 万元。由于使用了额外的变量(商店大小),有必要增加实验的商店数。为保证每种价格下每组都有 3 个商店,就要使用 27 个商店。然后把各种包装随机地分配给每个组的 9 个商店。其结果如表 8-3 所示。

表8-3　不同商店规模下不同产品包装的销量结果　　　　　单位：件

商 店 规 模	不同包装下的销量		
	A₁	A₂	A₃
大于 10 万元	198	183	192
6 万～10 万元	180	156	167
6 万元以下	50	147	161
总和	428	486	520

先用方差分析进行显著性检验,然后对 3 种包装之间的不同的显著性程度用 t 检验来检验,得出实验结果。这种结果排除了商店规模大小的影响。

3. 多因素分组随机设计

单因素分组随机设计只能消除一个不能控制的实验外因素对实验结果的影响,如要消除两个或更多实验外因素的影响,则应采用多因素分组随机设计。这里仅以两个实验外因素为例说明基本方法。

仍以例 8-1 为前提,现认为新产品上市销量受包装和产品价格的影响,有 3 种包装设计 A₁、A₂、A₃ 和 2 种价格水平 B₁、B₂,商店规模分组同例 8-2,这样,可以得到 3×2 种因素组合,分别为 A₁×B₁,A₁×B₂,A₂×B₁,A₂×B₂,A₃×B₁,A₃×B₂。我们得到的实验数据如表 8-4 所示。

表 8-4 不同商店、不同规模下不同种类的产品包装的销量结果 单位：件

商店规模	A_1		A_2		A_3	
	B_1	B_2	B_1	B_2	B_1	B_2
大于 10 万元	193	172	185	180	173	170
6 万～10 万元	180	175	162	157	167	160
6 万元以下	120	103	119	100	135	107

通过以上数据，可以在下列方面进行显著性检验：

（1）价格与包装之间的显著性关系；

（2）两种价格的差别对产品销量的影响是否显著；

（3）3 种包装之间的差别对产品销量的影响是否显著；

（4）不同的商店规模对产品销量的影响是否显著。

正规设计的实验调查方法的优点是能够测算实验误差，从而有助于提高实验结果的准确性，同时可以节省分析过程和时间，并与其他实验方法互相结合、互相补充，解决实验单位不易选定或选定不准的困难。但它也有缺点，主要是应用中花费时间长，费用开支大，使其实际应用受到限制。

在选择具体的实验调查方法时，若要确保研究结果更具有科学性，并能做进一步的统计分析，调研人员可以选择正规实验设计，因为它能提供相对准确的结果；而当调研人员只是希望对某些因果性现象是否存在假定的因果关系进行检验，同时又感到自己无法完整地按照各阶段的实验原则完成各阶段的实验设计时，则可以采用非正规实验设计。

（二）非正规设计

在实验过程中，如果不是随机地选择实验组或实验方法，那么这种设计称为非正规设计。非正规设计又可以分为三大类：事前事后无控制对比实验、事后有控制对比实验和事前事后有控制对比实验。所谓事前、事后，是指实验前、实验后。

1. 事前事后无控制对比实验

事前事后无控制对比实验，又称单一实验组前后对比实验法，是在同一市场内，先在正常情况下进行测量，收集一定时期必要的数据，然后进行现场实验，经过同等时间的实验期后，收集实验过程中的数据资料，从而进行事前事后对比，通过对比观察，研究分析实验变量的效果。其实验设计特点见表 8-5。

表 8-5 事前事后无控制对比实验的特点

项目	实验组	项目	实验组
事前测量	Z_1	事后测量	Z_2
实验处理	有		

这种实验法可用在企业采取改变花色、规格、款式、包装以及调整产品价格等措施是否有利于扩大销售量、增加利润的实验中。

【例 8-3】 某服装企业为了扩大销售额，准备调整 A、B、C、D、E 五款服装的款式，但

对于新的设计又没有十分的把握,因此在某小型市场实验一个月,事前、事后均有对这五款服装销售量的统计。其结果见表8-6。

表 8-6　某服装实验前后的销售数据　　　　　　　　　　　　　　单位:件

实验单位	实验前销量	实验后销量	变动量
A	100	115	+15
B	123	134	+11
C	97	111	+14
D	105	125	+20
E	115	125	+10
合　计	540	610	+70

通过表 8-6 可以看出,这五款改进后的服装比改进前的总销量增加了 70 件。服装 A 增销了 15 件,服装 B 增销了 11 件,服装 C 增销了 14 件,服装 D 增销了 20 件,服装 E 增销了 10 件。如果经分析无其他因素的影响,就可以作出这五款服装采用新款式的决定。

事前事后无控制对比实验设计的缺点是没有考虑实验期间其他外部因素的影响(如季节对服装销量的影响等干扰因素),因而难以肯定测量的差异是实验结果所致。

2. 事后有控制对比实验

事后有控制,是在市场调研中选择两组条件相当的调查对象,一组为实验组,一组为控制组,改变实验组的自变量(如花色、价格等),控制组仍保持原样。实验后,对实验组的结果与控制组的结果进行比较。其实验特点如表 8-7 所示。实验结果 $= Z_2 - Y_2$。

表 8-7　事后有控制对比实验的特点

项目	实验组	控制组
实验处理	有	—
事后测量	Z_2	Y_2

为提高实验结果的可信度,可交换实验组与控制组,再次进行实验。由于这种设计缺少事前测量,所以不适合用来分析所发生的整体变化。

3. 事前事后有控制对比实验

事前事后有控制对比实验,又称实验组与控制组对比实验,是指控制组事前事后实验结果同实验组事前事后实验结果之间进行对比的一种实验调查方法。具体做法是在同一时间周期里,选择两组条件相似的实验单位,一组作为实验组,一组作为控制组,在实验前后分别对这两组进行比较。在这里,实验组与控制组的可比性非常重要。若是企业,应选择在类型、规模、渠道等方面都大致相同的,以保证二者无论是整体结构还是内部结构都有高度的相似性。

实验原理:设 Z 表示实验组的销售量,Y 表示控制组的销售量,1 表示实验前,2 表示实验后,其实验设计特点如表 8-8 所示。

表 8-8　事前事后有控制对比实验的特点

项　目	实验组	控制组
事前测量	Z_1	Y_1
实验处理	有	无
事后测量	Z_2	Y_2

实验结果＝实验组测量变动量－控制组测量变动量 ＝$(Z_2-Z_1)-(Y_2-Y_1)$

实验效果＝$[(Z_2-Z_1)/Z_1-(Y_2-Y_1)/Y_1]\times100\%$

与事前事后无控制对比实验相比,事前事后有控制对比实验因为排除了自变量以外的其他非控制因素的影响,仅仅只有实验因素对实验结果产生影响,提高了实验的准确性,是一种更为先进的方法。

【例 8-4】　某服装公司想了解改变花色对某款夏装的销量是否有促进作用,决定采用实验组与控制组对比实验来观察效果。选 A、B、C 三个专卖店为实验组,D、E、F 三个专卖店为控制组,进行为期一个月的实验。经过一个月的实验后,其结果如表 8-9 所示。

表 8-9　实验前后销量汇总表　　　　　　　　单位：件

	A、B、C(实验组)	D、E、F(控制组)
实验前	800(Z_1)	900(Y_1)
实验后	1 200(Z_2)	1 000(Y_2)

通过表 8-9 可知,一个月内实验组的销量增加了 400 件,控制组的销量增加了 100 件。在实验组这增加的 400 件中,既有实验组变数(改变花色)的影响,又有非实验变数(应季节品畅销)的影响,因为这一时期正是该夏装畅销的季节。本例中,在实验期内,控制组销量增加的 100 件,即为实验组中受外来变量影响的结果。在实验组变动结果中,要将这 100 件剔除,余下的 300 件即为受花色改变影响而引起的销量增加。

实验效果＝$[(1\,200-800)/800-(1\,000-900)/900]\times100\%\approx38.9\%$

即该服装公司某款夏装改变花色可促使销量增加约 38.9%。

为提高实验结果的可信度,也可交换实验组与控制组,再次进行实验。

第四节　消费者固定样本连续调研法

一、消费者固定样本连续调研法的含义

消费者固定样本连续调研是用随机抽样法选出调查对象,对被选出来的人或户长年累月地作连续调查。

消费者固定样本连续调研,是市场调查中最基本的一种调查,可迅速并且正确地获知消费者的各种市场动向,犹如 X 光透视一样,发挥透视市场的功能。

二、消费者固定样本连续调研法的特点

消费者固定样本连续调研的特色,在于能准确地了解消费者家庭购买日用品的数量。

比如，调查"家庭使用洗衣粉的品牌、数量"等问题，可以请家庭主妇将所购买的所有洗衣粉记在日记本上，那么她家里所购买的洗衣粉数量和品牌便可以很容易地计算出来了。调查日用品时，其购买量和消费量，以长期的观点来看，可以视同一致，即购买多少，也就消费多少。

一般的市场调查对于每个家庭正在使用的日用品或最近所买的物品，不易问出正确的数字，市场占有率也不能正确地表示出来。如以女性为对象所作的化妆品调查来说，调查结果显示 A、B 两种化妆品的使用率相等，各为 20%，这只是在数字上所表示的 A、B 两种化妆品使用率相同而已。进一步的分析显示，A 种化妆品主要是为年轻群体所使用，对化妆品的消耗量有很大的差别。这样说来，只是各以 20% 的数字去判定 A、B 两种化妆品的市场消费情况是不准确的。

三、消费者固定样本连续调研法的作用

消费者固定样本连续调研的优点，是将获得的资料如同底片一般地加以保存，而后视其必要，或将一部分放大，或将各部分加以组合，或是连续上映而观察其动态，这是消费者固定样本连续调查的目的，因此可提供的市场运营资料相当广泛，主要有以下几种。

1. 新产品渗透情况

固定样本连续调研是长期不断的实施，因此可随着时间的推移来调查新产品到达消费者手里的时间及其渗透过程。

2. 广告投资量与购买的关系

所投下的广告费对市场到底能产生多少影响，是企业经营者急于获悉的重要资料。事实上这种资料不易获得，但是借助固定样本连续调查所实施的资料分析可以获得相当客观的结果。

3. 品牌忠诚度

品牌忠诚度一词所含的意义包括购买者的诚意和意志，这种资料唯有从连续不断的固定样本连续调查中得到。品牌忠诚度的高低受被调查者家庭特性（包括主妇的出身、兴趣、娱乐和年龄等）影响很大，须将忠诚度与家庭特性相结合进行研究分析。

当然，利用固定样本连续调研所得的品牌忠诚度也有其测量方面的先天缺陷。根据固定样本连续调研，所获得的资料是购买类型，而不是直接对品牌忠诚度加以测量的结果，因此，只能根据购买类型推测品牌忠诚度。但是，购买类型除了受品牌忠诚度的影响外，还受其他很多因素的影响，因此，根据固定样本连续调研所得到的品牌忠诚度经常存在一些问题。比如，固定样本连续调研可能会发现一个家庭主妇连续 10 次购买 B 品牌牙膏，原因可能只是因为便宜，也可能是她常去的店只有 B 品牌牙膏。

4. 购买路线、购买方法的推定

消费者的购买路线、购买方法等购买习惯虽然相当稳定，但有时也会有变化，如距离最近的商品超市和零售店等。在固定样本连续调研中，可以获得有关购买路线和购买方法的资料。

5. 购买周期、累积购买率

一般的市场调查得到的调查资料只是代表家庭个别时候的购买率、使用率，换言之，

就是将本来连续变动的消费情况割下一段就某一瞬间来观察而已。因此一般的市场调查无法把握因时间而变化的消费情况。只有通过固定样本连续调研才能获知购买周期、单位量使用时间以及累积购买率的资料。

6．每户购买率分析

根据统计数字绘制统计表分析每户对各商品购买率的高低,比较各商品的销售情形。

7．每户购买金额分析

由每户购买金额的合计数字,可以了解各户花费在该项商品上的金额,更可根据统计总数计算同一种商品不同品牌的个别市场占有率。

8．知名度分析

知名度高的商品,表示广告效果好或商品品质好,反之则差。

9．购买理由分析

分析消费者购买某一品牌的商品是受到哪种因素的影响,从而决定广告政策。

四、消费者固定样本连续调研法的优缺点

（一）优点

1．能够收集到相对大量的数据,可以明了调查事项的变化动态

这一点是其他仅以记忆或统计预测寻求长期资料的调查方法所不能及的,因此消费者固定样本调查资料对长期趋势的调查而言利用价值很高。

2．调查表回收率较高,数据准确

因为固定样本连续调研的调查次数不止一次,需要调查人与被调查人之间的长期合作,通常调查人对被调查人除逢年过节赠送礼品之外,还要支付相应的报酬。在长期合作中,调查人与被调查人之间逐渐建立起深厚的友谊,所以调查表回收率较高。固定样本连续调研的数据更多地依赖于连续的购买日志的记录,很少依赖于调查对象的回忆,数据估计得更加准确。

（二）缺点

1．调查时间过长,费用很高

2．调查对象可能缺乏代表性

这是固定样本连续调研的主要缺点,其原因可能是:

（1）拒绝合作。许多个人或家庭不愿受固定样本组运作的打扰,因而拒绝参与。调查对象的合作率通常只有60％或更低。

（2）中途退出。同意参加固定样本组的成员也会因为搬家或者失去兴趣而退出,无法继续调查,另补样本又失掉了固定样本的本意。调查对象退出或者减少的比率达每年20％或更高。

（3）报酬吸引。报酬可能会吸引特定类型的人,从而使样本组失去总体代表性。

3．回答的偏差

其原因可能是:

（1）新的固定样本组成员在最初的回答中经常带有偏差。他们企图增加所测量的行

为,如食物购买。当调查对象不再对固定样本组感到新奇时,这一偏差会降低,所以应当除去新成员最初的数据。

(2)固定样本组的老成员可能会认为自己是专家或者希望答案看起来好些而给出"正确"的答案,这也会带有偏差。

(3)偏差也来源于厌烦、疲劳以及不完整的日志记录。被调查者由于长时间接受调查,不胜其烦,容易敷衍了事。

思 考 题

1. 实施人员面访调查时,应注意哪些问题?
2. 说明入户访谈和街头拦截访谈的优缺点。
3. 邮寄访问、电话访问、留置问卷访问、网上调查各有何优缺点?
4. 网上调查的主要方法有哪些?
5. 请比较各种访问调查的具体方法。
6. 选择访问调查具体方法时应考虑哪些因素?
7. 请说明观察法的分类。
8. 观察法有哪些优缺点?
9. 实验法的应用步骤如何?
10. 请说明几种主要的实验调查方法。
11. 消费者固定样本连续调研在定性调研中的作用和意义是什么?
12. 消费者固定样本连续调研的优缺点是什么?

第 九 章

数据资料的整理与基本数据分析

在市场调研的整个过程中,数据资料的整理和分析涉及现场工作、数据收集整理和数据处理三大项内容。在本章中,我们将结合实例分析如何在现场做好资料的收集与记录,对上交资料进行整理以及对数据进行基本分析等工作。

第一节 数据资料的接收、检查与编辑

一、调查资料的接收与检查

(一)调查资料的接收工作

调查资料的接收工作是整个数据处理过程的第一步,做好资料的接收工作是解保数据真实准确的关键。调查资料的接收工作通常是从项目的实地执行开始,由调查公司(部门)专门的督导负责。

根据实际情况,要做好调查资料的接收工作,必须做到以下几点。

1. 事前的准备工作

事前的准备工作是防范问题出现最经济的方法,通常包括如下内容:

① 在访问以前必须由督导对访问员进行 1～3 个小时的培训工作,对于一些难以理解或者操作起来比较困难的问题要重点强调。

② 制定问卷合格接收的相关规则,比如,背景资料齐全或问卷完整回答等,并由专门的督导或其他工作人员在现场负责问卷的接收工作。

③ 对问卷进行编号,并在每份问卷上详细记载受访对象的基本资料、访问员的姓名、审查员的姓名以及接收督导情况,以便为未来的检查提供方便。

2. 实际的处理情况

在做好事前的准备工作以后,将进入实际的接收工作,主要包括以下几点。

(1) 对问卷的处理

实际工作中,督导在项目的执行过程中经常发现现场访问员上交的问卷存在诸多问题。对于比较明显的问题,如问卷回答遗漏、问卷严重涂改、问卷回答不规范等问题,通常当场要求访问员进行补访或重新访问,而对于不太明显的问题,则暂时接收,等候日后的检查。

(2) 信息的反馈

由于通常进行访问时都会有严格的配额限制,但为了保证项目的进度,很多调查活动选择几个地点同时行动,在现场直接控制配额。这就要求督导之间要经常进行沟通,以免

某种类型的问卷接收过多,进而影响项目的进度。

（3）现场的沟通

必须让访问员或其他人员充分重视信息工作的重要性,并让他们明白现场资料收集的质量直接关系到后期所有项目的运行,同时要注意适当的激励和奖惩。

（二）调查资料的检查

通常情况下,接收调查资料以后,接下来必须进行全面的检查工作。资料的检查是一项复杂且系统的工作,需要良好的技术方法和一丝不苟的工作精神。

1. 检查调查资料的程序与方法

（1）制定检查的原则

比如,问卷完整到什么程度才可以算合格,问卷要经过几次复核才能通过等问题都要详细列举出来。

（2）检查人员的安排

对资料的检查是一项烦琐的工作,既需要相当的细心,又是对毅力的巨大考验。在此情况下,对检查人员进行合适的安排与分工可以起到事半功倍的效果。比如可以安排一审专门审查问卷的完整性、逻辑性错误等;二审则负责安排电话复核等,确定信息的真实性。

（3）对细节的关注

"细节决定成败",这一点在资料的检查环节尤为关键。比如,可以对资料进行分级处理,有些是明显要作废的,有些是有疑问要补做的,将出现这些不同问题的问卷分开放置,以便分开处理。

2. 问卷不能被接受的几种情况

出现以下问题的问卷是不能被接受的。

（1）问卷的回答明显不够完整

比如,调查对象的背景资料没有填写,问卷的某个部分完全没有填写,问卷明显缺页等。

（2）问卷没有按照规定的时间上交

这一点是很多公司特别强调的,尤其是当很多调研将项目执行转包给一些当地执行公司时。

（3）没有按照规定回答

比如,调查对象的回答表明他没有弄清楚问题的含义或没有阅读说明,如有些问题他不必回答但回答了。

（4）问卷答案具有明显的一致性

比如,发现一个访问员上交的 10 份问卷的答案明显趋同,这种情况下必须注意访问员作弊的可能性。

二、资料的编辑

资料的编辑工作是为了提高问卷的准确性和精确性而进行的再检查,目的是确保编辑后的资料可以直接进行后续的编码和录入工作。

（一）资料编辑过程中存在的问题

在资料的编辑过程中,通常会发现资料中存在如下问题。

1. 问卷字迹模糊或者填写不清

比如,在单选题里面,发现选择了多项;在开放题里面,访问者填写的答案无法理解等。对这样的问卷,必须及时进行处理。

2. 逻辑性错误

逻辑问题通常比较隐蔽,在前面的检查中很容易遗漏,在进行资料的编辑时应特别注意。比如,一个人年收入不足 3 万元,却拥有超过 50 万元的房产和高档轿车;一个 18 岁的男孩月收入超过 5 000 元,而且有一个孩子等。对类似的问题一定要进行彻底的复核和调整。

3. 跳答问题的错误

在较为复杂的问卷里面,通常包含较多的跳答问题,其目的是提高回答的准确率。比如,在对消费者是否拥有汽车的调查中:

A1 题　你拥有汽车吗?

1. 有(继续 A 部分);2.否(跳答到 B 部分)

在这种情况下,如果出现选择答案 2 却继续 A 部分的问卷肯定是有问题的。

（二）对不合格问卷的处理

在实际进行的调研项目中,通常情况下都会存在一定比例的不合格问卷。对不合格问卷的处理,通常有如下方法。

1. 进行补访

在这种情况下,要求访问人员直接与访问对象进行再次联系,重新填写那些不合格的部分。这种方法适用于企业或行业的市场营销调查,因为样本容量通常比较小,调查对象容易确认。

2. 缺失值处理

如果发现少量信息没有填写,而且与受访对象的联系不是很方便,可以考虑进行缺失值处理,即在以后的统计分析中将未填写的问题作为缺失项。值得注意的是,如果样本量太少,或者缺失变量是关键变量,要尽量少用这种方法。

3. 将问卷作废

这种情况是最彻底的一种处理方法,但这是在前两种方法都失效的情况下进行的。这种方法通常适用于不合格的问卷占总样本量的比例较小,而且问卷的废弃不影响调研的结果等情况。

第二节　数据资料的编码与数据录入

在进行数据的分析工作以前,通常需要对数据资料进行检查、编码、编辑、录入、整理、转换、形成文档等。本节将详细讨论数据资料的编码和录入这两个步骤。根据调研的实际情况,我们这里的讨论是基于这样的假设,即我们所收集的数据是以问卷的形式,用纸和笔记录下来的。

一、数据资料的编码

通常情况下,我们所收集的数据是以纸和笔记录下来的。但值得注意的是,文字记录对于定量分析来说不是特别合适。其一,调查分析一般由计算机完成,将调查的长篇记录直接输入计算机很不方便,而且会花费大量的时间;其二,计算机无法对输入的文字记录进行有效的定量分析。对于同一问题,100 个被访者会有 100 种回答。但是,他们的回答也有可能存在相似的地方,能够被归类并计算分析其统计意义。

对数据的编码有效地解决了以上问题。比如,询问消费者购物时采用的交通方式,消费者可能有很多不同的回答,但我们可以规定以"1"表示步行,"2"表示骑自行车,"3"表示搭出租车,"4"表示乘公共汽车,"5"表示自己开车,"6"表示其他方式。这样在输入计算机时,就可以直接输入以上的 1～6 的数据。

为了更加形象地反映编码的全部过程,下面以案例的形式逐一进行介绍。

案例 9-1　调查问卷样卷(部分)

您好:

我是××调查公司的访问员,现在正在进行一项调查研究,需要邀请各类消费者参与我们的研究,听取大家的意见。希望能邀请您参与,您的意见或建议将对我们产品的改进有很大的参考价值。这次研究大约会占用您 15 分钟时间。为了保证研究的科学性,我们对参与者有一定的要求,所以我需要先向您确认以下问题。

G. 过滤部分

G1.【出示卡片】请问您的年龄是(请填写具体年龄):

g001/

18 岁以下	01	→【终止访问】
18～25 岁	02	
26～30 岁	03	
31～35 岁	04	
36～40 岁	05	→【检查配额,决定是否继续访问】
41～45 岁	06	
46～50 岁	07	
51～55 岁	08	
56～60 岁	09	
60 岁以上	10	→【终止访问】

G2.【出示卡片】请问您目前个人月均收入大约相当于哪一档次?

g002/

800 元及以下	01	【终止访问】
800～1 500 元	02	
1 501～2 000 元	02	
2 001～2 500 元	03	
2 501～3 000 元	04	
3 001～3 500 元	05	→【继续访问】
3 501～4 000 元	06	
4 001～4 500 元	07	
4 501～5 000 元	08	
5 000 元以上	09	
拒绝回答	10	→【终止访问】

G3. 请问您最近三个月是否曾到大型商场或购物中心购物？

g003/

否	1	【终止访问】
是	2	【继续访问】

G4.【出示卡片】请问您及您的家人中有没有从事下列工作的？我给您读一下：

g004/

在广告公司或公司广告策划部门工作	1	
在市场调查公司或公司市场研究部工作	2	【终止访问】
在政府主管商业的机构工作	3	
在商场或百货公司工作	4	
以上都没有	5	【继续访问】

A. 消费者态度与习惯研究

A1. 请问您平均一个月逛几次百货商场？

A002/

1 次以内	01	6～7 次	04
1～3 次	02	8～9 次	05
4～5 次	03	10 次及以上	06

A2. 请问您通常采取何种交通方式到百货商场？

A009/

步行	01	坐公交车	04
骑自行车	02	自己开车	05
搭出租车	03	其他方式	06

A3. 请问您平均每月在百货商场购物的花费？

A010/

100 元以下	01	301～500 元	03
100～300 元	02	501～700 元	04

| 701～1 000 元 | 05 | 1 501～2 000 元 | 07 |
| 1 001～1 500 元 | 06 | 2 000 元以上 | 08 |

A4.【出示卡片】您在百货商场购物时,曾经光顾过哪些配套设施?【多选】

　　您认为哪些配套设施是您最需要的?【限选 3 项】

配套设施	光顾过 /A026-035	最需要的/A036-045
中、西餐厅	01	01
酒吧	02	02
咖啡厅	03	03
卡拉 OK 中心	04	04
儿童乐园	05	05
书店	06	06
健身房	07	07
电影院	08	08
地下超市	09	09
其他		

A5.【出示卡片】您在选择不同的百货商场购物时,主要考虑以下哪些因素?【限填 3 项】

　　1.　　　　　　　　　　　　　　　　　　　　　　　　/A 046

　　2.　　　　　　　　　　　　　　　　　　　　　　　　/A 047

　　3.　　　　　　　　　　　　　　　　　　　　　　　　/A 048

　　……

以上是我们的所有问题,谢谢您的协助。

编码过程具体包括编码方式的选择、编码的原则和编码的记录等。

(一)编码方式的选择

编码可以在收集数据之前进行,也可以在数据收集结束之后进行。因此,编码通常有事先编码和自由编码两种方式。

1. 事先编码

所谓事先编码,也就是在收集数据以前就已经定义了编码。在案例 9-1 的 G1 题中,当问到被访者的年龄时,只需要在年龄后面代表的数字 1～10 上画圈即可,这就是一种典型的事先编码。事先编码通常适用于问卷设计者对被访者的回答有明确了解的情况。因此,通常在客观题中用得较多。在可能的情况下,我们一般推荐事先编码。

事先编码与自由编码相比有以下优势:

(1)事先编码只需要调查人员在相应的数码上画圈即可,无须进行文字记录。这一方面方便了调查人员的记录,节省了时间,另一方面减少了被访者的回答时间,从而在一定程度上降低了拒访率。

(2)事先编码在一定程度上提高了信息的实用价值。一方面,由于进行了事先的编码,因此选择的答案通常比较标准化,有利于后期研究工作的进行;另一方面,被访者通常对这类题目比较配合,因此所给出的答案的准确度较高。根据笔者的经验,如果大量地采用自由编码的方式,被访者通常会空出答案,或者只给出很少的信息,这样信息收集的实用价值就会大打折扣。

2. 自由编码

所谓自由编码,则与事先编码相对应,是指在调查以前没有编码,调查时进行一定的文字记录,在调查以后根据调查结果进行编码,也称为事后编码。尽管在可能的情况下,一般应该事先编码,但是自由编码也有其特定的作用。通常情况下,一些主观性的题目,如有关动机、喜好和厌恶方面的问题,很难准确地预测被访者的回答,这就要求我们采用自由编码的形式。例如,在案例 9-1 的 A5 题中,当问到选择购物的考虑因素时,没有对回答结果进行相应的编码,需要被访者自己填写。自由编码适用于问卷设计者对被访者的回答不甚了解的情况,因此,在主观题中应用较多。

相对于客观题的事先编码而言,自由编码难度较大。需要注意如何对主观题进行编码这一问题。通常情况下可以通过以下方式进行操作:

(1)访员或其他员工抄码至少在 50 份以上。

(2)由项目人员按最初设想及分析角度归纳后写出编码规则或编出主要码,这时要按类别、按逻辑关系进行,如第 1 位是 1 表示国内品牌,第 1 位是 2 表示合资品牌,第 1 位是 3 表示进口品牌,99 为说不清。

(3)项目人员对编码访员进行指导培训时,应注意归入大类的小类的文字表述最好抄在大类后的括号内,以丰富项目材料。另外,应注意如果一个被访者回答了两个意思相近的词,就不必编两个码,切忌访员为图省事,只顾向下编,不看已编过的码,产生重码。

(4)项目人员按分析需要作归类(SPSS 中的 record 命令),重新合并分类,生成新的变量,以免由于合并不当破坏原始信息。

(5)录入所有开放题的题号、变量号、编码代码及对应文字,附在报告中,并交项目存档。

(二)编码的原则

在根据上述方法选择了编码的具体方法以后,下一步应该注意的就是了解并遵循编码的原则,主要包括以下几种。

1. 编码必须具有唯一性

数据组的每一条记录必须有一个特定的编码,不能出现一条记录对应两个及以上的编码。这样编码的目的是识别数据组中的这一特定记录,便于数据的后期整理与计算机分析工作。比如在案例 9-1 的 G1 题中,当问到被访者的年龄时,我们以唯一的编码"01"来表示其年龄为"18 岁以下"。

2. 编码必须具有排他性

每条记录的编码不应该有相互交叉的部分,而应相互独立。比如,以"1"表示英语成绩为"71～80 分",以"2"表示"80～90 分",如果成绩为"80 分"则会出现难以选择的问题。

3. 编码必须具有完备性

编码必须足够完备,能够完全反映数据记录的要求。在案例 9-1 的 G1 题中,我们通过设置 1～10 这 10 个编码来完整反映所有被访者的年龄阶段。如果缺少选项"10",则不能反映"60 岁以上"年龄阶段的被访者。

（三）编码的记录

实际的编码完成以后,通常需要用编码本记录编码的具体信息。其目的一方面是记录数据的基本信息,另一方面则是作为编码员在进行自由编码时的参考。

通常情况下,编码本应该包含以下内容。

1. 基本的编码信息

基本的编码信息通常包括研究的编号、研究的简要描述、文件的具体编码原则、文件的存放地点,其具体内容应该根据项目的需要进行相应调整。

2. 变量的名称、变量编号和排列顺序

这实际上是编码本的目录,应给出每一个变量的名称和描述以及在原始数据记录中和在编码后数据中的位置。如在案例 9-1 的 G1 题中,可以进行如下描述:

变量:g001

变量描述:被访者的年龄

问卷中的位置:G1

3. 每一个变量的具体编码信息

变量必须取与变量清单同样的顺序,也就是它们在数据记录中的顺序。在变量命名以后,必须列出与该变量有关的所有编码和编码说明。如在案例 9-1 的 G1 题中,可以进行如下描述:

变量:g001

变量描述:被访者的年龄

编码:01＝18 岁以下

02＝18～25 岁

03＝26～30 岁

……

10＝60 岁以上

（四）附录:案例 9-1 的编码本(只给出 G 部分的编码)

文件名和存放位置:数据存于计算机的 C 盘

文件名:CASE 9-1

变量名:ID

变量描述:记录的识别文字信息

编码:1～10

变量名:G1

变量描述:被访者的年龄

编码:1＝18 岁以下　　2＝18～25 岁

3＝26～30 岁　　4＝31～35 岁

5＝36～40 岁　　6＝41～45 岁

7＝46～50 岁　　8＝51～55 岁

9＝56～60 岁　　10＝60 岁以上

变量名：G2

变量描述：月收入情况

编码：1＝800 元及以下　　2＝801～1 500 元

　　　3＝1 501～2 000 元　4＝2 001～2 500 元

　　　5＝2 501～3 000 元　6＝3 001～3 500 元

　　　7＝3 501～4 000 元　8＝4 001～5 000 元

　　　9＝5 000 元以上　　　10＝拒绝回答

变量名：G3

变量描述：最近是否购物

编码：1＝否;2＝是

变量名：G4

变量描述：是否在某些部门工作

编码：1＝在广告公司或公司广告策划部门工作

　　　2＝在市场调查公司或市场研究部工作

　　　3＝在政府主管商业的机构工作

　　　4＝在电视台、广播电台、报社、杂志社等媒体机构工作

　　　5＝在商场或百货公司工作

　　　6＝以上都没有

二、数据录入

在进行数据编码以后,接下来是进行数据的录入工作。在大型的市场调研项目中,由于数据的录入工作量很大,而且相当烦琐,所以在要求录入人员具有良好的基本素质和敬业精神以外,通常我们还需要借助专业的数据录入软件进行数据的辅助录入工作。下面介绍几种常用的数据录入软件以及相关的数据清查和数据转换等工作。

（一）数据录入方式的选择

在选择数据录入方式时,可以采用一些特定的输入软件,也可以采用通用的数据库软件或专业的统计软件。

1. 利用特定的统计输入软件

PCEDIT 和 EPIDATA 等软件适用于变量很多、样本量很大且全部变量都是数值型变量的情况。专业性的市场调查公司通常采用上述两种软件。由于 PCEDIT 现在的应用较为广泛,因此,在此对 PCEDIT 进行简要的介绍。

PCEDIT 是由联合国开发的非商业性软件,为人口统计学应用而设计。通常采用的是 DOS 下的 PCEDIT 版本。其功能除录入外,还有统计频数、交叉列表等,目前应用最多的是其录入功能。

PCEDIT 的基本操作指南如下。

（1）进入

• CD C：\PCEDIT

• PCEDIT

这时出现一个菜单式界面(见图9-1)。

图 9-1 PCEDIT 的基本操作界面(DOS 版)

F1 新建或修改数据库结构

F2 录入数据

F4 修改数据

? 一般性帮助

ESC 退出回到 DOS 状态

(2)新建数据库

- F1
- filename
- 默认 C
- 默认 O
- 默认 I
- 默认 N
- 这时进入数据库结构编辑状态,需要在相关处输入内容,有些则可以不填。必填的内容有 NAME,TYPE,LENGTH,VERYFY 等,如是数值型,还要定义小数点位数,其余则可不填。其中 VERYF 可写 N,因为通常我们不会再次录入校验。
- 如果需要帮助,则按 F1,有操作提示。
- 定义范围和关系,这时屏幕左下角有提示,只要在提示内容中选择相应英语单词并键入其第一个字母即可。R 为范围 RANGE,F 为 FOR,T 为 TEST,I 为 IF,S 为 SAVE,D 为 DEFINE。你键入一个字母后,PCEDIT 会提示下一步键入的内容,因此它是一个很简单的不需要记命令的软件。
- ^S 为存盘继续,^Q 为存盘退出,^G 为字段列表,^I 为插入一个字段或一个函数。
- 特别注意,← 表示后退一个变量,→ 为前进一个变量,而只有上下箭头表示在此变量内移动。

(3)录入数据

- F2
- filename.lay

- filename. dat

- L 或 P

- 这时进入录入状态。在竖录状态下,如果错录,用 ← 表示后退一个变量,而不在当前变量上改变;在横录状态下,用 ← 表示后退一个变量,再用 → 表示向前。

- 录入时,如果一个记录没有录完就退出,则这个记录不被保存。重新进入时,如果是竖录,则不显示前面录过的内容,而横录可显示前面录过的内容。

- ^Q 为存盘退出。

(4) 修改数据

- F4

- filename

- 将光标移到要修改的位置,修改就行,但其光标移动不具恢复性,很不方便。如果退出 PCEDIT,而在 DOC 中用 EDIT 命令则方便些,但要注意不要破坏其原定义的内容,否则修改后会造成文件 LAY 与 DAT 不匹配,可能 DAT 会无用。

(5) 文件转换

- PCTODBF 可将 PCEDIT 中生成的 LAY 及 DAT 文件转为 Foxpro 文件 DBF。

- PCTOSPSS 可将 PCEDIT 中生成的 LAY 及 DAT 文件转为 SPSS 文件 PRG 及 SAV,包括数据及定义内容。但在转化后需进一步修改 PRG 文件,才能读 DAT 文件,从而转为 SAV 文件。加入 DAT 的路径及文件名,fixed records=1 table/ 1…EXECUTE,并要有其他一些修改。

- XTDBFCNV 可将 DBF 文件转为 LAY 及 DAT 文件。

由于篇幅所限,无法详述 PCEDIT 的所有用法,有兴趣的读者可以参考相关书籍。

2. 用 Excel 或 Foxpro 等常用的数据库软件进行输入

这些软件通常适用于变量不多,但有较多字符型变量,样本不大或样本虽大但呈现某种规律性的情况。用上述两种软件输入数据完毕以后,为了后期分析和统计的需要,通常需要将. XLS(Excel 文件)或. DBF(Foxpro 文件)转化为 SPSS 文件。由于 Excel 和 Foxpro 软件在国内比较普及,因此对其用法在此不再赘述。

3. 直接用 SPSS 软件进行输入

适用于变量不多,样本较少且基本上以数值型变量为主的情况。由于 SPSS 软件具有强大的数理统计功能,因此,相对于其他输入软件,采用 SPSS 进行直接输入以后不需要进行数据格式的转换(见图 9-2)。

作为专业的统计软件,SPSS(statistical package for social science)由于用途广泛,而且操作相对简单易学,目前在国内拥有很高的普及率。由于篇幅所限,无法对 SPSS 功能进行详细的介绍,有兴趣的读者可以参考相关的书籍。

(二) 数据的转换

由于在本书中我们将重点介绍 SPSS 软件在市场调研与分析中的作用,因此如果读

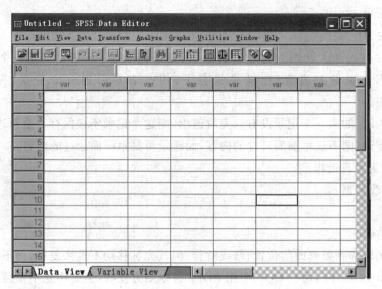

图 9-2　SPSS 的操作界面（SPSS11.0 版）

者采用其他的方式录入数据，就必然涉及数据的格式转换问题，即如何将其他格式的文件数据转换为 SPSS 数据格式。

采用不同的软件进行输入，需要转化的步骤可能有一定的差异，但主要采取两种方式。

（1）对以 Excel，Foxpro，Access 等软件形式输入的文件，可以打开 SPSS 软件，在"文件"菜单中选择"Open"选项，然后在随后弹出的对话框中选择需要打开的文件形式，并在 SPSS 的提示下进行相应的操作（见图 9-3）。

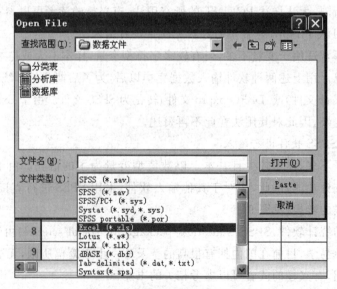

图 9-3　SPSS 打开文件的对话框

（2）对以 ASCⅡ文件形式保存的文件，则需要先打开 SPSS 软件，在"文件"菜单中选择"Read ASCⅡ Data"选项，找到文件存放的路径，然后按照 SPSS 的提示进行相应的操作。在操作完成以后，单击"完成（OK）"键，将文件以 SAV 扩展名保存起来，这样就产生了可以直接在"文件"菜单的"打开"命令下使用的文件，从而在下次使用基于 SPSS 软件分析数据的时候不必再定义变量。

（三）数据清理

由于参与调查者回答不清，或者访问员填写不清楚，或者录入员录入过程中出现错误，或者数据库转换过程有问题等多种原因，会造成录入后得到的数据库与能够拿来作分析的"干净数据库"有较大差异，从而影响最终的数据结果。因此，在选择好录入方式和做好数据格式的转换以后，还必须通过分析之前的查错工作来找出数据库存在的问题，并加以纠正，才能保证分析结果的真正可信。

用 SPSS 进行数据清理的时候，通常通过以下几个步骤来实现。

1. 检查漏答的情况

通过 SPSS 的频数分析（Frequencies）检查 System Missing，并对应查找问卷，发现相应的问题。以案例 9-1 为例，如果对年龄（g001）进行频数分析，发现存在缺失值（missing），则可以在工具栏上选择"Find"快捷键，出现如图 9-4 所示的对话框。

图 9-4 数据搜寻对话框

随后在对话框中输入"."符号，就可以找出出现问题的问卷，并进行相应的修改。

2. 查溢出值

比如在案例 9-1 的 G1 题中，周岁年龄的变量 g001 的选择范围是 1～10 的 10 个数字，如果数据库中出现任何小于 1 或者大于 10 的数据，则显然要么是编码的错误，要么是数据输入的错误。

对此类错误，SPSS 的查错方法是：先将鼠标定位于要查错的变量（如 g001）上，然后在工具栏选择"Find"快捷键，在随后出现的对话框中（如图 9-4 所示）可以输入"0"或"11"以及其他溢出值，并以此找到相应的问卷，并对其数据及时进行相应的修改。

然后，在出现的对话框内输入"0"或"11"等数字，并迅速发现这些溢出值，从而进行相应的修改。

3. 查逻辑不一致

具有逻辑不一致的答案可能以多种形式出现。例如，调查对象说他用电话卡打长途电话，但同时又说他没有电话卡；或者调查对象可能频繁地使用某产品，同时认为自己对它不熟悉。发现不一致的数据时，还要同时明确必要的信息（如调查对象代码、变量代码、变量名、记录数、栏数),以便定位和进行更正。

在 SPSS 中利用 Data→Select Cases 来发现存在问题的 Cases(问卷),通过代表问卷号的变量的频数来查找问卷,作出相应的处理。SPSS 操作的具体问题在此不再详述,请感兴趣的读者参考相关书籍。

4. 处理极端值

并非所有的极端值都是由于操作上的错误造成的,但值得注意的是,有时过于明显的极端值可能反映数据本身所存在的问题。比如,对某项服务的满意度的极端低值可能是由于某个调查对象在每个问题上都选择1(在一个 1～7 的 7 级量表上)。对于此类问题,通常可以采用以平均值来取代异常值,或者可以对这条数据进行缺失值处理。

5. 对缺失值的处理

在实际的数据库中通常会遇见缺失值,也就是对某个变量的取值不明。缺失值是统计人员和数据采集人员最不愿意见到的,但也是无法避免的。在大型的随机访问中,即使有着非常严格的质量控制,含有缺项、漏项的记录也可以非常容易地达到10%。而在进行敏感问题调查时,缺失值问题会更加突出。例如,当问卷中涉及家庭收入、婚外伴侣等问题时,许多被访者都会以漏填来避免尴尬。

处理缺失值通常采取以下几种方法:

(1)用估计值代替缺失值。这种方法是指用调查对象对其他问题的回答估计或计算一个值来替代缺失值,但这种方法实行起来比较困难,而且可能受到调查者偏见的影响。

(2)用整例删除法,即所选择的任意一个应变量或分组变量中带有缺失值的记录将不进入分析之中。这种分析方法可能会导致小样本。丢弃大量数据是不明智的,因为收集数据花费了巨大的金钱和时间成本。

(3)用结队删除法。研究者不是丢弃缺失值的所有样本,而只是在具体计算时,所用到的变量具有缺失值的记录不进入当前分析。相对而言,这种方法在一定的程度上较好地解决了缺失值的问题,因此推荐采用它进行缺失值的处理。

第三节　基本的数据分析技术

对于基本的数据分析技术,在本章中主要介绍基本描述分析和交叉分析,其他较为复杂的数据分析方法将在后几章介绍。

一、基本描述性分析

本节主要介绍数据的集中趋势指标、离散趋势指标以及如何利用 SPSS 进行基本的描述性分析。

为了更加直观地叙述描述性分析,我们选用案例 9-2 中的数据来说明。

案例 9-2　对一组反映学生互联网使用情况的数据的描述性分析

调查数据见表 9-1。

根据表 9-1 中的数据,我们用 SPSS 进行基本的频数分析,得到表 9-2。

表 9-1　学生互联网使用情况的调查数据

编号	性别	对互联网的熟悉程度	互联网使用时间
1	1	7	14
2	2	3	2
3	2	4	3
4	2	7	3
5	1	7	13
6	2	5	6
7	2	4	2
8	2	5	6
9	2	6	6
10	1	7	15
11	2	4	3
12	2	6	4
13	1	6	9
14	1	3	8
15	1	5	5
16	2	4	3
17	1	5	9
18	1	5	4
19	1	6	14
20	2	6	6
21	1	4	9
22	1	5	5
23	2	4	2
24	1	6	15
25	2	5	6
26	1	6	13
27	2	5	4
28	2	3	2
29	1	5	4
30	1	7	3

表 9-2　学生对互联网熟悉程度的频数分布

熟悉程度	频数	百分比/%	有效百分比/%	累计百分比/%
3	3	10	10	10
4	6	20	20	30
5	9	30	30	60
6	7	23.3	23.3	83.3
7	5	16.7	16.7	100
合计	30	100	100	

学生对互联网熟悉程度的频数图如图9-5所示。

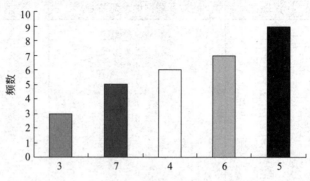

图9-5 学生对互联网熟悉程度的频数图

通过频数分析可以很方便地观察变量的取值情况,并提供一些数据的基本信息。但为了获得更加详细的统计数据,还需要了解一些相关的统计量。与频数分析有关的最常用的统计量包括集中趋势指标(平均值、中位数、众数)和离散性指标(全距、标准差、变异系数)。

(一)集中趋势指标

1. 平均数

平均数是反映数据集中趋势的最重要的指标,是通过将全部数据加总后除以数据的总个数得到的。通常用$\bar{x}$表示平均数,其基本的计算公式为

$$\bar{x} = \frac{\sum\limits_{i=1}^{n} x_i}{n}$$

式中,$x_i(i=1,2,\cdots,n)$—— 各数据值;

　　n—— 数据的总个数。

平时人们所提到的加权平均数与上述概念及计算如出一辙,不同的只是它将相同的数据进行归类,使计算方便而已。

根据表9-2中的数据,我们可以计算出学生对互联网熟悉程度的平均值:

$$\bar{x} = \frac{3\times3+4\times6+5\times9+6\times7+7\times5}{30} = 5.17$$

2. 中位数

将一组数据按大小顺序排列起来,就形成了一个数列。居于数列中间的那个数就是中位数,通常用Me表示。也就是说,一组数据的中位数表示该组数据中有一半的数据小于中位数,另一半则大于中位数。

当数据组的个数N为奇数时,中位数Me就是排序后观测值最中间的一个;当数据组的个数N为偶数时,中位数Me就是排序后观测值最中间的两个观测值的平均数。

如表9-2所示,在学生对互联网的熟悉程度中,学生样本数$N=30$(偶数),则中位数是第15(30/2)与第16(30/2 +1)两个数的平均数,观察可得中位数$Me=5$。

3. 众数

众数是描述数据集中趋势的统计指标之一。它是一组数字中出现频率(次数)最多的那个数。换句话说,当我们观察一组数字时,众数是出现频率比其他任何一个数字都要多的那个数字,众数一般用 Mo 表示。

在表 9-2 中,根据观察可以发现,学生对互联网的熟悉程度以 5 出现的频率最高,则众数 $Mo=5$。

(二) 离散性指标

1. 极差(全距)

极差(range)是一组数据中最大值与最小值之差,也称全距。它表示该组数据的变动范围,一般用 R 来表示:

$$R = X_{\max} - X_{\min}$$

式中,$X_{\max}$ 为一组数据中值最大的数据;

$X_{\min}$ 为一组数据中值最小的数据。

根据表 9-2 的数据,$X_{\max}=7$,$X_{\min}=3$,则极差 $R=7-3=4$。

值得注意的是,极差直接受到奇异值的影响。因此,实际数据统计中,极差的应用范围有限。

2. 方差和标准差

方差(variance)反映了观测值与平均数的差的平方和,其值大于等于零。当数据集中在平均值周围时,方差值较小;反之,当数据离平均值较远时,方差值较大。而标准差(standard deviation)就是方差的平方根,在抽样调查中,样本标准差用 S 表示,其计算公式为

$$S = \sqrt{\frac{\sum_{i=1}^{n}(x_i - \bar{x})^2}{n-1}}$$

例如,根据表 9-2 中的数据,计算学生对互联网熟悉程度的标准差,计算如下:

$$S = \sqrt{\frac{\sum_{i=1}^{n}(x_i - \bar{x})^2}{n-1}}$$

$$= \sqrt{\frac{(3-5.17)^2 \times 3 + (4-5.17)^2 \times 6 + \cdots + (7-5.17)^2 \times 5}{30-1}} = 1.234$$

3. 离差系数

离差系数(coefficient of variation)就是标准差和平均值之比,用百分比来表示。离差系数是一个无单位的相对差异性指标。离差系数 CV 的公式为

$$CV = \frac{S_x}{\bar{x}}\%$$

式中,S_x 为数据的标准差;

$\bar{x}$ 为数据的平均值。

离差系数只有在变量以定比尺度衡量时才有意义。即使所有数据值乘以一个常数,离差系数也不变。

（三）如何用 SPSS 进行描述性分析

上面分析了描述性分析的相关概念及其计算方法。实际生活中,由于数据的计算较为复杂,所以通常借用统计软件 SPSS 来解决分析过程。

具体而言,打开 SPSS 软件,运行 Analyze→Descriptive statistics→Frequencies,随后弹出如图 9-6 所示的窗口。

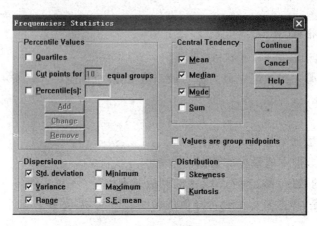

图 9-6　Frequencies 模块的操作窗口

在如图 9-6 所示的对话框中,选择标准差、方差、级差以及平均值、中位数和众数等指标,就可以轻松得到这些指标的具体数值。根据表 9-1 中的数据,具体运算结果如表 9-3 和表 9-4 所示。

表 9-3　学生对互联网熟悉程度的频数分布

熟悉程度	频次	百分比/%	有效百分比/%	累计百分比/%
5	9	30	30	30
6	7	23.3	23.3	53.3
4	6	20	20	73.3
7	5	16.7	16.7	90
3	3	10	10	100
合计	30	100	100	

表 9-4　相关指标计算值

平均值	5.17	标准差	1.234	有效数据	30
众数	5	方差	1.523	缺省值	0
中位数	5	极差	4		

二、交叉分析

我们可以通过简单的描述性分析解决很多数据分析问题。但当变量出现多元时,比如研究品牌的使用者与收入之间的关系、研究品牌的渗透率与地区的关系等问题时,通常要求将一个变量与其他变量联系起来进行分析。在这些情况下,通常采用交叉分析(也称列联表分析)来进行分析。

交叉分析在商业性市场营销研究中被广泛使用,因为:①交叉表分析和结果易于为非统计专业背景的经理理解;②清晰的解释易于将研究结果与管理行动结合在一起;③一系列交叉分析比单个的多变量分析能提供更多解释复杂现象的信息;④交叉分析能够减轻离散多变量中单元过于分散的问题;⑤交叉分析易于进行,适用于不十分熟练的研究者。

(一)交叉分析应用实例

案例 9-3　某保险公司对影响保险户驾车事故率的因素进行调查,并对各种因素进行交叉分析,从初始表(见表 9-5)中可以看出有 61% 的保险户在驾车的过程中未出现交通事故。

表 9-5　驾车者的事故频率

出　现　情　况	
驾车时无事故	61%
驾车时至少经历过一次事故	39%
样本数量	17 800 人

通过交叉分析,我们可以结合性别信息来更好地理解男、女驾车者在事故频率上的区别,从而得出下面的二维交叉表格(见表 9-6)。

表 9-6　男女驾车者的事故频率

出　现　情　况	男	女
驾车时无事故	56%	66%
驾车时至少经历过一次事故	44%	34%
样本数量	9 320 人	8 480 人

从表 9-6 的结果来看,男性驾车发生事故的概率要高于女性,而女性驾车时涉及事故的人数也少于男性。但仅从表 9-6 还不能肯定地说男性驾车发生事故多于女性。人们可以提出疑问来否定上述判断的正确性,如是否因为男性的驾驶距离较长而导致了高事故率。这样就引出第三个变量"驾车距离",并产生表 9-7。

表 9-7　不同驾车距离下的事故率

	男		女	
驾车距离	>1 万公里	<1 万公里	>1 万公里	<1 万公里
驾车时无事故	51%	73%	50%	73%
驾车时至少一次事故	49%	27%	50%	27%
样本数量	7 170 人	2 150 人	2 450 人	6 050 人

表 9-7 的结果表明,男性驾驶者的事故率高是由于他们驾驶的距离比女性长,并没有

证明在驾车事故率方面存在性别差异。其结果表明,驾车事故率仅与驾车行驶距离高度相关,而与性别不存在相关关系。

(二) 与交叉分析有关的统计量

通常卡方统计量用于测量观察到的联系的统计显著性,这种联系的强度或深度对实际应用是很重要的。在本章中,我们主要介绍几种测量统计显著性的工具,包括卡方统计量 χ^2、ϕ 系数、列联系数等。

1. 卡方统计量 χ^2

卡方统计量 χ^2 主要用于检验交叉分析的列联表中数据相关性的显著性,从而判断变量之间的关系。卡方统计量 χ^2 的计算公式为

$$\chi^2 = \sum \frac{(f_0 - f_e)^2}{f_e}$$

其中,f_0 为实际观察频数;

f_e 为期望频数。

在利用卡方统计量 χ^2 进行检验时,我们通常以零假设 H_0 来假设检验变量之间不存在统计相关性,即列变量与行变量相互独立;相反,以 H_1 来表示变量之间存在统计相关性。为了判断是否存在统计联系,需要估计卡方值大于或者等于交叉分析计算出的卡方值的概率。卡方统计量的一个重要特征就是与其相关的自由度(df)。通常自由度的值等于观测值的个数减去计算统计量时约束条件的个数。在列联表中,卡方统计量的自由度等于行数(r)减去 1 与列数(c)减去 1 的乘积,即 $df = (r-1) \times (c-1)$。只有当计算出的统计检验量大于相应自由度下的卡方分布临界值时,才能拒绝两个变量之间没有联系的零假设。

2. ϕ 系数

ϕ 系数主要用于测量 2 行 2 列(2×2)矩阵中变量之间联系的强度。ϕ 系数与卡方统计量是成比例的。假设样本规模为 n,则计算公式为

$$\phi = \sqrt{\frac{\chi^2}{n}}$$

当变量之间没有联系时,ϕ 系数的值为 0;当变量之间完全相关时,ϕ 系数的值为 1,且所有观测值都位于一条主对角线或副对角线上。

当表格中包含更多行与列时,我们可以用列联系数来测定其相关程度。

3. 列联系数

ϕ 系数主要用于 2×2 的表格,而列联系数(C)则可以用来评估任意大小的列联表中联系的强度。这个指标与卡方 χ^2 有关。其计算公式为

$$C = \sqrt{\frac{\chi^2}{\chi^2 + n}}$$

列联系数的取值范围为 0~1,当变量没有联系时为 0(变量在统计上相互独立),但永远无法达到最大值 1。列联系数的最大值由表格的大小(行数与列数)决定,因此只能用于比较相同大小表格的情况。

（三）如何用 SPSS 进行交叉分析

利用 SPSS 统计软件可以很方便地进行交叉分析。具体的分析步骤如下所示。

利用菜单选项：Analyze→Descriptive Statistics→Crosstabs，出现如图 9-7 所示的窗口。

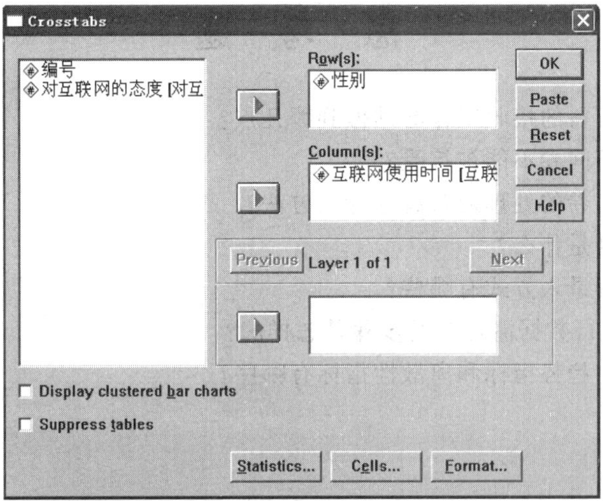

图 9-7　SPSS 交叉分析下的频数分析窗口

具体操作时，选择一个变量作为行变量放到 Row 选框中，而选择另外一个变量作为列变量放到 Column 选框中。

如果有其他变量参与分析，可以将它们作为层控制变量选定到 Layer 框中。在指定层控制变量时，应根据实际分析的要求通过按 Previous 或 Next 按钮来确定它们的具体层次。

Statistics 按钮的操作内容则主要与一些列联表的统计指标相关，如上文提到的卡方统计量 χ^2、ϕ 系数、列联系数以及其他相关指标系数。其操作如图 9-8 所示。

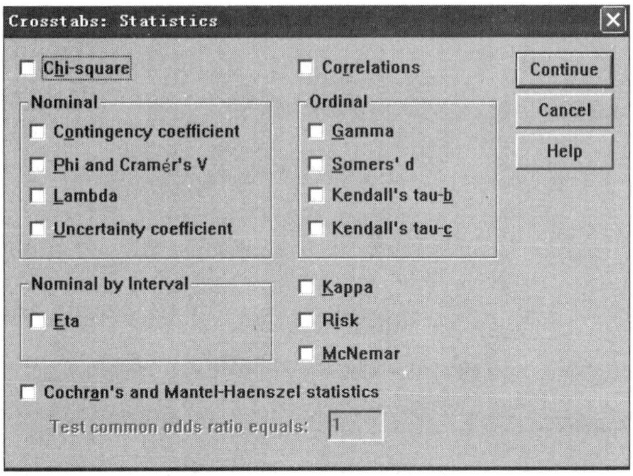

图 9-8　Statistics 窗口的操作

在 Statistics 窗口中,我们可以选择卡方值 χ^2(Chi-square)、一组测定名义变量的系数(Nominal 复选框下的各项系数)、一组测定定序变量的系数(Ordinal 复选框下的各项系数),以及相关系数 Correlation(包括 Pearson 相关系数与 Spear 相关系数)。

由于篇幅所限,其他具体操作可以参阅相关的 SPSS 专业书籍。

思 考 题

1. 做好调查资料的接收工作必须做到哪几点?
2. 哪些情况下问卷不能被接受?
3. 对不合格问卷的处理通常有些什么方法?
4. 编码的原则是什么?
5. 常用的数据录入方式有哪些?
6. 用 SPSS 进行数据清理时的步骤是怎样的?
7. 常用的集中趋势指标和离散性指标有哪些?

在市场调研中,除了对样本数据的水平或其他特征进行描述以外,还经常需要根据样本的信息,对总体的分布以及分布的数字特征进行统计推断,对数据本身所包含的隐性事物本质及其规律进行深入研究。对数据的统计检验分析能帮助我们为市场营销决策提供更为理性、客观的依据。统计检验分析的前提要求是,样本是随机抽样得来的,对总体有一定的代表性。本章主要介绍几种常用的统计检验分析方法。

第一节　假设检验概述

假设检验是在总体分布未知或已知总体分布但不知其参数的情况下,为了推断总体的某些性质,先对总体提出某项假设,然后利用从总体中抽样所得的样本值来检验所提的假设是否正确,从而作出接受或拒绝假设的决策的方法。换言之,就是先构思总体的情况,然后进行抽样和分析样本的资料。例如,我们先假设某一总体对某种商品的平均消费额为750元,然后根据样本的均值来发问:原先的想法(即假设)对吗?

一般而言,市场营销调研所面对的总体总是庞大而复杂的,即使是观察力很强的调研人员也难以保证自己的判断准确无误。再加上市场环境中有很多不确定的因素,给市场分析带来更大的难度,这就需要在市场分析中运用假设检验的推断,使营销决策尽可能合理。

一、统计显著性

统计推断最根本的目的是从抽样调查的结果中归纳出总体特征。统计推断的信条是:在数学意义上不同的数字在统计学意义上可能并无显著的不同。这里涉及以下三个概念:

(1)数字差分。如果几个数字不完全相同,它们就有差分。但这些差分在统计上并不一定显著。

(2)统计显著性。如果一个差分大到不可能是由于偶然因素或抽样误差引起的,那么这个差分在统计意义上就是显著的。

(3)管理意义上的重要差分。统计上已证明有显著性的差分,在管理上并不一定有实际意义。例如,某企业调查显示,顾客满意度由一个月前的80%上升到一个月后的83%。通过统计检验证明两者之间是有显著性差异的,这说明企业的管理水平提高了。但是,如果管理者认为企业的目标是使顾客满意度达到100%,那么管理者显然对这样的提高是不屑一顾的。但是,当我们分析如何管理企业才能提高顾客的满意度时,这种差别又是有意义的。如果结果或数字差别有统计显著性,而且从管理角度看又是有意义的,我们就可以说这个差分是重要的。

我们进行市场调查统计分析处理,就是要找出数字差分,并进行统计上的显著性检验,找出管理意义上的重要差分,为我们作科学决策提供依据。

二、研究假设与假设检验

研究假设的目的是保证通过调研获得的资料能满足研究目标的要求。一旦研究目标确定,就要针对市场上出现的各种可能情况形成一些合适的假设。例如,某企业在分析上季度销售收入显著增长时总结出以下几点:

(1) 企业形象塑造战略的导入改善了企业形象,导致新客户有很大增加。

(2) 促销战略的适时运用刺激了消费者的购买欲望,使得销售量显著增长。

(3) 国家刺激内需的政策起了很大的作用。

(4) 不排除其他偶然因素起作用。

这实际上是对企业销售收入增加提出的几种假设,是对"为什么上季度销售收入会显著增长"这一研究目标的几种推测。这些假设是否正确还有待下一步的假设检验。一旦假设得到证实,则可以作为经验予以推广;如果仅是偶然因素在起作用,则需立即改变企业的营销策略,以使企业销售收入稳定增长。

假设的形成并不是凭想象产生的,而是在市场调研的基础上,通过对研究资料的初步分析得出的结论。假设可以是对研究资料的一种陈述性假设,如上例,也可以是用于陈述某个行动的不同方案。例如,某公司拟开发一种保健品,在对市场需求进行调查、确定目标市场时提出了几种方案的假设:

(1) 着眼于批量生产,开发适用于各种人群的保健品,实行无差异的市场营销策略;

(2) 针对市场上的老年人和儿童,采取差异性的市场营销策略;

(3) 主要针对老年人市场,采取集中性市场营销策略,着眼开发延年益寿型的产品。

研究者可以调查每一个假设方案,通过对各类信息的仔细分析和假设检验确定最优的开发方案。

在假设检验中,我们对总体参数所作的一个尝试性假设称为原假设(零假设),记为 H_0;然后,定义另一个与原假设的内容完全相反的假设,记为 H_1,称为备择假设。μ_0 代表原假设和备择假设中所考虑的指定数值。这样表示的原假设和备择假设不会都是正确的。需要用可靠的证据来确定哪一种假设更可能是真实的。

假设检验与对犯罪的审判很相似,在犯罪审判中,假定被告人是清白的,即

$$H_0:被告是清白的; \quad H_1:被告是有罪的$$

三、假设检验的基本原理

当研究假设形成以后,就进入假设检验阶段。利用样本值对一个具体的假设进行检验,一般借助直观分析和理论分析相结合的做法,其基本原理就是人们在实践问题中经常采用的小概率原理,即发生概率很小的随机事件在一次试验中几乎不可能发生。如果小

概率事件在一次试验中居然发生了,则有理由怀疑原假设的真实性,从而拒绝原假设。

例如,某商店采用摸奖促销,并规定购买了一定数量商品的顾客有从装有红、绿两色球各 10 个的暗箱中摸奖一次的机会,若够条件连续摸 10 次(摸后放回)且 10 次摸到的都是绿球的顾客则中大奖。某顾客按规则连摸 10 次,皆为绿球,而商店认定此人作弊,拒付大奖,由此引出官司。从假设检验的基本原理出发,商店的怀疑是有道理的。如果摸球过程完全随机,要在连续 10 次中都摸到绿球的概率是 $(1/2)^{10} = 1/1\ 024$,这是一个非常小的概率,现实中几乎不可能发生,所以商店的怀疑就不难理解了。

四、假设检验的类型

在假设检验过程中,建立原假设和备择假设通常有三种表现形式。

(一)检验研究中的假设

其形式通常为

$$H_0 : \mu > \mu_0 ; \quad H_1 : \mu \leqslant \mu_0$$

在某些研究中,拒绝 H_0 将得出支持研究的结论并可以采取研究行动。因此,在建立原假设和备择假设时,研究中所用的假设将表达为备择假设。

例如,目前汽车的平均油耗是每百公里 7 升油,某一产品研究小组专门设计了一种新型汽化器来提高每百公里油耗效率,产品研究小组正在寻找证据证明这种新型汽化器可以节省油。

$$H_0 : \mu > 7 ; \quad H_1 : \mu \leqslant 7$$

(二)检验某项声明的有效性

其形式通常为

$$H_0 : \mu \geqslant \mu_0 ; \quad H_1 : \mu < \mu_0$$

在对某项声明的有效性进行检验时,通常将认为声明为真的假设作为原假设 H_0,将认为声明不正确的假设作为备择假设。当拒绝 H_0 时,应考虑采取措施纠正该项声明。

例如,假设某种软饮料的制造商声明其容量为 2 升的饮料平均是 67.6 盎司。我们要通过检验看其声明是否有效,这时的假设形式为

$$H_0 : \mu \geqslant 67.6 ; \quad H_1 : \mu < 67.6$$

(三)决策中的假设检验

其形式通常为

$$H_0 : \mu = \mu_0 ; \quad H_1 : \mu \neq \mu_0$$

在这种情况下,我们看到如果拒绝 H_0,则必须采取某种措施。

例如,某企业刚刚收到了一批货物,质量控制监督人员必须决定是否接受。假定要求这批货物的长度为 2 米,如果其长度不足或超过 2 米,则认为没有达到要求,不予接受。其表现形式为

$$H_0 : \mu = 2 ; \quad H_1 : \mu \neq 2$$

如果拒绝 H_0 则必须采取某种措施,即不接受这批货物。

五、假设检验的步骤

假设检验的一般步骤如图 10-1 所示。

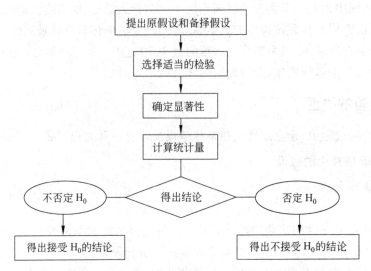

图 10-1　假设检验过程流程图

（一）根据实际情况提出原假设和备择假设

例如，某电子记事本生产企业认为其产品购买者的平均年龄为 35 岁。为了检验其假设，在抽样调查时随机选取 400 名顾客进行调查，则原假设和备择假设表示如下。

原假设 H_0：购买者平均年龄＝35 岁；

备择假设 H_1：购买者平均年龄≠35 岁。

需要注意的是，这样表示的原假设和备择假设不一定都是正确的，需要用可靠的证据来确定哪一种假设更有可能（概率保证度更高）是真实的。

（二）选择适当的检验统计量

分析人员必须根据调查对象特征选择适当的统计检验方法。

（三）确定判定规则

抽样调查结果与总体参数完全相等的情况几乎是不可能发生的。关键问题是要确定如果统计假设正确，实际样本平均数与假设平均数之间的统计差分或离差是否会在 100 例中出现 5 例（如果 α 为 5％）。因此，需要一个判定规则或标准来决定是否拒绝原假设。统计学家用显著水平 α 来说明判定规则。

显著水平 α 在选择原假设和备择假设的过程中是很关键的。显著水平是判定原假设可接受时的一种被认为很低的不合理事件发生的概率。α 最普遍的取值是 0.01、0.05 或 0.10。如果决定检验一项显著水平为 0.05 的假设，这表示如果由于巧合或抽样误差，检验表明观察结果有统计差分（如抽样平均值与期望值之间的差别），而实际上没有统计差分，这种事件发生的概率为 5％。这样，我们将拒绝原假设。对原假设的拒绝相当于认同备择假设。

（四）计算统计检验值

在这一步骤中要注意：

（1）运用适当的公式来计算统计检验值（检验统计量）。

（2）比较计算得到的统计量值与根据判定规则得到的严格统计量值（从适当的表中查得）。

（3）通过比较，得出是否拒绝原假设 H_0 的结论。

（五）表述结果

从初始研究问题的角度表述结论，以总结、检验结果。

六、假设检验中的两种错误类型

从理论上看，小概率事件当然也可能发生，只是发生的概率小而已。但是，从假设检验的基本思想来看，这可能导致两类错误，一般称为第一类错误和第二类错误。

第一类错误发生时有如下情况：调查者拒绝了原假设，而事实上它是正确的。第一类错误亦称"弃真"或"拒真"错误。调查者之所以犯这种错误是因为样本与总体之间的差分是由于抽样误差造成的。发生这种情况的概率为 α（当然这个 α 应有一个恰当的概率值，如 0.05、0.025、0.01 等）。与之相对应，我们接受 H_0，而 H_0 又是正确的，我们有 $1-\alpha$ 的概率保证度。

第二类错误发生时有如下情况：原假设错误而调查者未能拒绝它。第二类错误亦称"取伪"或"采伪"错误。发生这种情况的概率为 β。与之相对应，$1-\beta$ 反映了 H_0 是错误的，而我们又正好拒绝了 H_0。上述情况的总结见表 10-1。

表 10-1　第一类错误与第二类错误

原假设的实际情况	发生的概率	
	不拒绝 H_0	拒绝 H_0
H_0 正确	正确的（$1-\alpha$）	第一类错误（α）
H_0 错误	第二类错误（β）	正确的（$1-\beta$）

在现实中，无论是"弃真"还是"取伪"都是无法避免的，这就是通常所说的"决策失误"。当然，我们可以通过增加样本容量的办法来减少犯这两类错误的概率，这就要求我们在进行市场调研时应尽可能详尽地把握原始资料，把发生错误的概率控制在一定的范围内。关于 β，其推算则更为复杂，这里不再讨论。

对于抽样指标的假设检验，只能控制 n、α、β 中的两个变量；而对于一个规定了样本容量的调查，一般只能控制 α 或 β。

通常设定 $\alpha=0.05$，结果在检验 H_0 的过程中有 5% 的可能性在 H_0 正确时却拒绝了它。也可以设定 $\alpha=0$，这样可能会永远避免犯第一类错误，但是犯第二类错误 β 的可能性则为 100%。

但是，α 与 β 之和并非一定为 1。根据数理统计知识，α 越大，β 越小；β 越大，α 越小。

因此,一般情况下,α 的取值范围为 0.01~0.1。如果第二类错误导致的结果很严重,则倾向于 α 偏大(α=0.1 或接近 0.1);反之,则倾向于 α 偏小。α 通常的取值为 0.05。

各种假设检验的原理都是一样的,只是所依据的分布与相关的参数不一样而已。

第二节　对总体均值和百分比的假设检验

一、大样本下的总体均值假设检验

对总体均值的假设检验,是指根据样本平均值及标准差判断总体平均值的大小的方法。大样本是指样本数据来自样本量大于 30 的样本。如果有关总体的平均值和标准差也是已知的,那么我们采用的检验方法是 Z 检验。

样本均值的检验形式为

$$Z = \frac{\bar{x} - \mu_0}{\sigma/\sqrt{n}} \tag{10-1}$$

计算所得到的值说明了 $\bar{x}$ 与 μ_0 之间相距多少个标准差。我们用 Z 作为检验统计量来确定与其之间的距离是否足够远,进而判断是否拒绝原假设。

1. 总体均值的单侧检验的检验形式

如果所给出的拒绝域仅位于抽样分布的一侧,我们将这种情形的检验称为单侧检验。如果考虑将 0.05 作为可以接受的第一类错误的概率,则当检验统计量表明样本均值在 μ_0 下方 1.645 个标准差时,我们将拒绝原假设。

即 $H_0 : \mu \geqslant \mu_0 ; H_1 : \mu < \mu_0$

检验统计量为式(10-1),显著性水平为 α 时的拒绝法则是:$Z < -Z_\alpha$,则拒绝 H_0。

如果 $H_0 : \mu \leqslant \mu_0 , H_1 : \mu > \mu_0$

检验统计量为式(10-1),显著性水平为 α 时的拒绝法则是:$Z > -Z_\alpha$,则拒绝 H_0。

需要指出的是,在大多数应用中,因为总体标准差未知,在计算检验统计量时以标准差 S 来代替。

【例 10-1】　某大学管理学院对 200 名已毕业的 MBA 校友的年收入进行调查。结果为:总样本平均年收入 6.75 万元,标准差 1.75 万元。是否可以由调查结果判定毕业的 MBA 校友的总体平均年收入在 6.50 万元以上?(显著性水平为 α=0.05)

检验步骤如下:

第一步,设总体平均收入的判定标准值为 6.50 万元,实际值用 $\bar{x}$ 表示。

第二步,用 H_0 表示与研究的目标结论相对立的原假设,用 H_1 表示与研究目标结论相对应的备择假设,即 $H_0 : \mu \leqslant \mu_0 , H_1 : \mu > \mu_0$。

第三步,采用单侧检验的 Z 检验拒绝法则。

$$Z = \frac{\bar{x} - \mu_0}{\sigma/\sqrt{n}} = \frac{6.75 - 6.50}{1.75/\sqrt{200}} = 2.02$$

第四步,α=0.05,查正态分布表得到 Z_α=1.645,由于 $Z > Z_\alpha$,则拒绝 H_0。所以得出结论是毕业 MBA 校友的平均年收入在 6.50 万元以上。

2. 总体均值的双侧检验的检验形式

双侧假设检验与单侧假设检验不同,它的拒绝域在抽样分布的下侧或上侧,即通常我们假定原假设为真,并建立检验统计量 Z 的拒绝域。当检验统计量的值在抽样分布的上侧或下侧时,拒绝 H_0。

大样本下总体均值的双侧检验的一般表现形式可以表述为

$$H_0 : \mu = \mu_0, \quad H_1 : \mu \neq \mu_0$$

检验统计量为式(10-1),显著性水平为 α 时的拒绝法则是 $Z > Z_{\alpha/2}$ 或 $Z < -Z_{\alpha/2}$,则拒绝 **H_0**。

二、小样本下的总体均值假设检验

当样本容量为小样本($n < 30$)时,用样本标准差 S 作为总体标准差 σ 的估计值。如果(假定)有理由认为总体服从正态概率分布,则对总体均值的值进行推断时采用 t 分布。利用 t 分布对总体均值进行假设检验时,所采用的统计检验量为

$$t = \frac{\bar{x} - \mu_0}{S / \sqrt{n-1}} \qquad (10\text{-}2)$$

检验统计量服从自由度为 $n-1$ 的 t 分布。小样本的总体均值假设检验的一般形式与相应的大样本的总体均值假设检验的一般形式类似。

1. 总体均值的单侧检验的检验形式

如果 $H_0 : \mu \geqslant \mu_0, H_1 : \mu < \mu_0$

检验统计量为式(10-2),显著性水平为 α 时的拒绝法则是 $t < -t_\alpha$,则拒绝 H_0。

如果 $H_0 : \mu \leqslant \mu_0, H_1 : \mu > \mu_0$

检验统计量为式(10-2),显著性水平为 α 时的拒绝法则是 $t > t_\alpha$,则拒绝 H_0。

2. 总体均值的双侧检验的检验形式

$$H_0 : \mu = \mu_0, \quad H_1 : \mu \neq \mu_0$$

检验统计量为式(10-2),显著性水平为 α 时的拒绝法则是 $t > t_{\alpha/2}$ 或 $t < t_{-\alpha/2}$,则拒绝 H_0。

【例 10-2】 某心理学家认为汽车司机的视反应时平均为 175 毫秒,有人随机抽取 36 名汽车司机作为研究样本进行了测定,结果平均值为 180 毫秒,标准差为 25 毫秒。能否根据测试结果否定该心理学家的结论? 假定人的视反应时符合正态分布。

解答如下:

$$H_0 : \mu_1 = \mu_0, \quad H_1 : \mu_1 \neq \mu_0$$

司机的平均视反应时 175 毫秒,即 μ_0,而 μ_1 是指样本 $\bar{x}$ 的总平均。

$$\bar{x} = 180, \quad S = 25, \quad n = 36$$

$$t = \frac{\bar{x} - \mu_0}{S / \sqrt{n-1}} = \frac{180 - 175}{25 / \sqrt{36 - 1}} = 1.18$$

查 t 分布表(双侧),自由度 df = 35,$t_{0.05/2} = 2.03$。

即 $P > 0.05$,这表示否定 H_0 时犯错误的概率大于 0.05,因而从统计学上不能否定 H_0。这就是说样本均值 180 与总体平均值 175 的差异不显著,因此不能否定心理学家的

结论。

从 t 分布表中可以看到,在某一显著水平下,随着 df 的增大,t_α 逐渐接近 Z_α,如从 df=10 到 df=120 时,t 值开始接近于 Z 值。因而在实际中,当 $n \geqslant 30$ 时 t 分布常常近似地按正态分布对待,这时的检验也就近似地应用 Z 检验。因此 Z 检验又称大样本的检验方法,t 检验又称小样本的检验方法。

三、大样本下的总体比率的假设检验

令 p 代表总体比率,p_0 代表总体比率的某一假设值,则总体比率的假设检验有如下三种形式。

$$H_0: p \geqslant p_0, \quad H_1: p < p_0$$
$$H_0: p \leqslant p_0, \quad H_1: p > p_0$$
$$H_0: p = p_0, \quad H_1: p \neq p_0$$

前两种形式为单侧检验,第三种形式为双侧检验,具体采用哪一种形式取决于应用的要求。

检验统计量为

$$Z = \frac{\bar{p} - p_0}{\sigma_p} = \frac{\bar{p} - p_0}{\sqrt{p_0(1-p_0)/n}} \tag{10-3}$$

1. 总体比率的单侧检验的检验形式

如果 $H_0: p \geqslant p_0, H_1: p < p_0$

检验统计量为式(10-3),显著性水平为 α 时的拒绝法则是:如果 $Z < -Z_\alpha$,则拒绝 H_0。

如果 $H_0: p \leqslant p_0, H_1: p > p_0$

检验统计量为式(10-3),显著性水平为 α 时的拒绝法则是:如果 $Z > Z_\alpha$,则拒绝 H_0。

2. 总体比率的双侧检验的检验形式

$$H_0: p = p_0, \quad H_1: p \neq p_0$$

检验统计量为式(10-3),显著性水平为 α 时的拒绝法则是:如果 $Z > Z_{\alpha/2}$ 或 $Z < -Z_{\alpha/2}$,则拒绝 H_0。

【例 10-3】 某公司进行一次新产品调研,调查目的之一是调查新产品将来可能的市场占有率。对 500 名潜在用户调查后发现,有 15% 的潜在用户回答很可能或绝对可能购买该新产品。公司的其他研究表明,在新产品全面投入市场后,市场占有率必须超过 12% 才能保证获利。是否应该开发这个新产品?(显著性水平为 $\alpha = 0.05$)

检验步骤如下:

第一步,设开发此新产品市场占有率的评判标准值为 $p_0 = 12\%$,实际值用 $\bar{p}$ 表示。

第二步,用 H_0 表示与研究的目标结论相对立,用 H_1 表示与研究的目标结论相对应,即备择假设,$H_0: p \leqslant p_0, H_1: p > p_0$。

第三步,采用单侧检验的 Z 检验拒绝法则。

$$Z = \frac{\bar{p} - p_0}{\sigma_p} = \frac{\bar{p} - p_0}{\sqrt{p_0(1-p_0)/n}} = \frac{15\% - 12\%}{\sqrt{12\%(1-12\%)/500}} = 2.06$$

第四步，$\alpha=0.05$，查正态分布表得到 $Z_\alpha=1.645$，由于 $Z>Z_\alpha$，所以拒绝 H_0，得出的结论是应该开发该新产品。

同样，小样本下的总体比率的假设检验分为总体比率的单侧检验和总体比率的双侧检验两种。类似于平均数的假设检验，需用 t 检验。

四、两个总体均值差的假设检验

1. **大样本下两个总体均值差的假设检验**

检验形式为：$H_0:\mu_1=\mu_2$，$H_1:\mu_1\neq\mu_2$

检验统计量：

$$Z=\frac{\bar{x}_1-\bar{x}_2}{\sqrt{\dfrac{\sigma_1^2}{n_1}+\dfrac{\sigma_2^2}{n_2}}} \tag{10-4}$$

显著性水平为 α 时的拒绝法则是：如果 $Z>Z_{\alpha/2}$ 或 $Z<-Z_{\alpha/2}$，则拒绝 H_0。

2. **小样本下两个总体均值差的假设检验**

检验形式为：$H_0:\mu_1=\mu_2$，$H_1:\mu_1\neq\mu_2$

检验统计量：

$$t=\frac{\bar{x}_1-\bar{x}_2}{\sqrt{\sigma_{\bar{x}_1-\bar{x}_2}^2\left(\dfrac{1}{n_1}+\dfrac{1}{n_2}\right)}} \tag{10-5}$$

其中：

$$\sigma_{\bar{x}_1-\bar{x}_2}^2=\frac{(n_1-1)\sigma_1^2+(n_2-1)\sigma_2^2}{n_1+n_2-2} \tag{10-6}$$

在两个随机样本容量分别为 n_1 和 n_2 时，t 分布的自由度为 n_1+n_2-2。显著性水平为 α 时的拒绝法则是：如果 $t>t_{\alpha/2}$ 或 $t<-t_{\alpha/2}$，则拒绝 H_0。

3. **大样本下两个总体比率差的假设检验**

检验形式为：$H_0:p_1=p_2$，$H_1:p_1\neq p_2$

检验统计量：

$$Z=\frac{\bar{p}_1-\bar{p}_2}{\sigma_{\bar{p}_1-\bar{p}_2}} \tag{10-7}$$

其中：

$$\sigma_{\bar{p}_1-\bar{p}_2}=\sqrt{\bar{p}(1-\bar{p})\left(\frac{1}{n_1}+\frac{1}{n_2}\right)} \tag{10-8}$$

$$\bar{p}=\frac{n_1\bar{p}_1+n_2\bar{p}_2}{n_1+n_2} \tag{10-9}$$

显著性水平为 α 时的拒绝法则是：如果 $Z>Z_{\alpha/2}$ 或 $Z<-Z_{\alpha/2}$，则拒绝 H_0。

4. **小样本下两个总体比率差的假设检验**

检验形式为：$H_0:p_1=p_2$，$H_1:p_1\neq p_2$

检验统计量：
$$t=\frac{\bar{p}_1-\bar{p}_2}{\sigma_{\bar{p}_1-\bar{p}_2}}$$

其中 $\sigma_{\bar{p}_1 - \bar{p}_2}$、$\bar{p}$ 的计算公式同式(10-8)和式(10-9)。

在两个随机样本容量分别为 n_1 和 n_2 时,t 分布的自由度为 $n_1 + n_2 - 2$。显著性水平为 α 时的拒绝法则是:如果 $Z > Z_{\alpha/2}$ 或 $Z < -Z_{\alpha/2}$,则拒绝 H_0。

第三节 拟合优度检验

调查中收集的数据,经常用单向频次和交叉表的方法来分析。制作交叉表的目的是研究不同变量间的关系。问题是,不同类别回答的数目与期望是否相同?通常将用户分成不同的组,如性别(男性、女性)、年龄(小于 18 岁、18~35 岁、大于 35 岁)或收入水平(低、中、高),然后再结合品牌偏好或使用水平等制作交叉表格。χ^2 检验能帮助调查者确定观察到的频次形态是否与期望的一致,检验观察到的分布与期望分布之间的拟合优度。下面,我们将描述这项技术在检验单个样本和两个独立样本的交叉类别数据分布方面的应用。

一、单个样本的 χ^2 检验

假设某超级市场的营销经理需要检验三种促销方案的效果(促销方案 1、促销方案 2、促销方案 3),每种促销方案历时一个月,每次促销期间顾客的数量见表 10-2。

表 10-2 促销期间的顾客数量

促销方案	月份	每月顾客数/人
1	4	11 700
2	5	12 100
3	6	11 780
合计	—	35 580

市场营销经理希望了解,每次促销期间的顾客数量是否存在有意义的差别。单个样本的 χ^2 检验是解决这个问题的好方法。检验过程如下。

1. 分述原假设和备择假设

原假设 H_0:每次促销期间来店的顾客数都相等;

备择假设 H_1:在不同促销期间来店顾客数量有显著性差异。

2. 如果原假设正确,确定各类顾客的数量与期望的一致(E_i)

在本例中,原假设是指在不同促销期间顾客数量没有差别,所以,每次促销期间的期望顾客数量相等。当然,这是假定没有其他因素影响来店顾客的数量。在原假设中,每次促销期间来店顾客的期望值是 11 860 人,计算公式如下。

$$E = \frac{TV}{N} \qquad (10\text{-}10)$$

其中:TV 为顾客总数,N 为月份数目。

据式(10-10)可以算得

$$E = \frac{35\ 580}{3} = 11\ 860（人）$$

3. 统计量 χ^2 的计算公式

$$\chi^2 = \sum_{i=1}^{k} (Q_i - E_i)^a / E_i \tag{10-11}$$

其中：Q_i 为第 i 类观察值；

$\quad$ E_i 为第 i 类期望值；

$\quad$ k 为类别数；

$\quad$ $a = k - 1$。

对于本例：

$$\chi^2 = \frac{(11\ 700 - 11\ 860)^2}{11\ 860} + \frac{(12\ 100 - 11\ 860)^2}{11\ 860} + \frac{(11\ 780 - 11\ 860)^2}{11\ 860} = 7.55$$

4. 选择显著水平 α

如果选择显著水平为 $\alpha = 0.05$，那么 χ^2 值在 2 个自由度（$k-1=2$）时的临界值是 5.99（查有关统计表得出）。

5. 结论

由于计算的 χ^2 值（7.55）比查表所得的临界值（5.99）高，我们应该拒绝原假设。

通过上述检验过程，可以有 95% 的把握断定不同促销期间的顾客数有差异。遗憾的是，这种检验只告诉我们不同情形下频次的总变差比期望的大，但它不能告诉我们任何一种情形是否与其他情形有显著性差异。

【例 10-4】 某厂生产一种新型山地车，特推出美观轻便型、经济耐用型和速度型三种款型。为了解用户对三种款型有无显著性偏好，该生产企业在若干大城市随机调查了 600 名消费者，结果表明愿意选择美观轻便型的有 246 人、愿意选择经济耐用型的有 152 人、愿意选择速度型的有 202 人。能否根据上述调查结果判断这三种款型中有一种受欢迎程度显著高于其他两种？

这是一个适度检验问题。采用 χ^2 检验法：

H_0：三种款型山地车受欢迎程度一样；

H_1：三种款型山地车受欢迎程度存在显著性差异。

选择检验统计量

$$\chi^2 = \sum_{i=1}^{k} (Q_i - E_i)^a / E_i$$
$$= \frac{(246 - 200)^2}{200} + \frac{(152 - 200)^2}{200} + \frac{(202 - 200)^2}{200} = 22.12$$

选定显著性水平 $\alpha = 0.005$，自由度 $\mathrm{df} = k - r - 1 = 3 - 0 - 1 = 2$（这里 r 为被估计的参数的个数，取 0；$k = 3$），查 χ^2 分布表得：$\chi^2(k - r - 1) = \chi^2_{0.005}(2) = 10.597$

由于 $\chi^2_a > \chi^2_{0.005}(2)$，所以拒绝 H_0，接受 H_1，即认为三种款型山地车的受欢迎程度存在显著性差异，也就是说，美观轻便型山地车的受欢迎程度明显高于其他两类山地车。这说明，随着人们物质文化生活水平的提高，人们把对美的追求提高到了一定的档次；同时在繁华的大都市，"轻便省力"也是人们首选的一个考虑因素。针对这种情况，该企业应着重在城市开发"美观轻便型"产品。

二、多个样本的 χ^2 检验

市场调查人员经常需要确定两个或两个以上不同变量间是否有联系。例如,男性和女性是否可以同样分为大量、中等、少量使用者?或者消费者和非消费者能被同样分为低、中、高收入群吗?这些问题在制定营销战略前都需要回答。这种情形一般适用于 χ^2 检验。下面用表10-3中的数据来说明这种技术。

一家便利连锁店想确定顾客性别与来店频次间关系的性质(调查数据见表10-3)。来店频次被分为三个等级:1~5次/月(少量使用者),6~14次/月(中等使用者),大于等于15次/月(大量使用者)。

表 10-3 两个独立样本的 χ^2 检验

去便利店的男性				去便利店的女性			
次数/x_m	人数/f_m	频率/%	累计频次/%	次数/x_f	人数/f_f	频率/%	累计频次/%
2	2	4.4	4.4	2	5	7.0	7.0
3	5	11.1	15.6	3	4	5.6	12.7
5	7	15.6	31.1	4	7	9.9	22.5
6	2	4.4	35.6	5	10	14.1	36.6
7	1	2.2	37.8	6	6	8.5	45.1
8	2	4.4	42.2	7	3	4.2	49.3
9	1	2.2	44.4	8	6	8.5	57.7
10	7	15.6	60.0	9	2	2.8	60.6
12	3	6.7	66.7	10	13	18.3	78.9
15	5	11.1	77.8	12	4	5.6	84.5
20	6	13.3	91.1	15	3	4.2	88.7
23	1	2.2	93.3	16	2	2.8	91.5
25	1	2.2	95.6	20	4	5.6	97.2
30	1	2.2	97.8	21	1	1.4	98.6
40	1	2.2	100.0	25	1	1.4	100.0
—	$\sum f_m = 45$	—	—	—	$\sum f_f = 71$	—	—

男性来店的平均数:$\bar{x}_m = \sum x_m f_m / 45 = 11.49$

女性来店的平均数:$\bar{x}_f = \sum x_f f_f / 71 = 8.51$

以下是检验过程。

1. 表述原假设和备择假设

原假设 H_0:性别和来店频次间没有关系;

备择假设 H_1:性别和来店频次间有显著关系。

2. 将观察到的样本频次填入 $k \times r$ 交叉表中(如表10-4所示)

k 列代表样本组数,r 行代表条件或处理。计算每一列和每一行的和。将这些总和记录在表的边缘处(称为边缘总和)。另外,再计算整个表格的总和(N)。

表 10-4 交 叉 表

光顾次数	男性	女性	合计
1～5	14	26	40
6～14	16	34	50
15 以上	15	11	26
合计	45	71	116(N)

3. 确定表中每个单元的期望频次

将每个单元对应的两个边缘总和的积除以总数 N 即得每个单元的期望频次(见表 10-5)。

表 10-5 期望频次计算表

光顾频次	男 性	女 性
1～5	$(45 \times 40)/116 = 15.52$	$(71 \times 40)/116 = 24.48$
6～14	$(45 \times 50)/116 = 19.40$	$(71 \times 50)/116 = 30.60$
15 以上	$(45 \times 26)/116 = 10.09$	$(71 \times 26)/116 = 15.91$

如果表中 20% 以上的单元的频次少于 5 或任何一个单元的频次小于 1，χ^2 值将被扭曲。在这种情况下，不宜使用 χ^2 检验。

4. 计算 χ^2 的值

$$\chi^2 = \sum_{i=1}^{r} \sum_{j=1}^{k} (O_{ij} - E_{ij})^2 / E_{ij} \qquad (10\text{-}12)$$

其中：O_{ij} 为 i 行 j 列中的观察值；

E_{ij} 为 i 行 j 列中的估计值(期望值)，$E_{ij} = \dfrac{r_i \times k_j}{N}$。

在上例中

$$\chi^2 = \frac{(14-15.52)^2}{15.52} + \frac{(26-24.48)^2}{24.48} + \frac{(16-19.4)^2}{19.4} + \frac{(34-30.6)^2}{30.6} +$$

$$\frac{(15-10.9)^2}{10.9} + \frac{(11-15.91)^2}{15.91} = 5.12$$

5. 结论

χ^2 表中显著水平为 0.05、自由度为 $(r-1)(k-1) = 2$ 时，χ^2 值为 5.99。由于计算出的 χ^2 的值要比 χ^2 的值小，因此，不拒绝原假设，且可推出结论，从来店频次看，男性与女性无显著差别。

【例 10-5】 某大学在市民中开展了一项调研活动，拟探究市民文化水平与收入水平之间是否存在联系。从市民中随机抽取了 2 764 人进行观察，获得如表 10-6 所示的资料(括号内数据除外)。能否根据调查结果判断市民文化水平与收入水平之间存在联系？

H_0：市民文化水平与收入水平之间不存在联系；

H_1：市民文化水平与收入水平之间存在联系。

表 10-6　市民文化水平与月收入水平调查表　　　　　　单位：元

收入水平	文化水平			合计
	大学及以上	中学	小学及以下	
500 以下	186(153.68)	38(53.13)	35(52.19)	259
500～800	227(193.43)	54(66.87)	45(65.70)	326
800～1 500	219(222.50)	78(76.93)	78(75.57)	375
1 500～2 500	355(360.16)	112(124.52)	140(122.32)	607
2 500 以上	653(710.23)	285(245.55)	259(241.22)	1 197
合　计	1 640	567	557	2 764

先求出 E_{ij} 的值，有

$$E_{11} = \frac{r_1 \times k_1}{N} = \frac{259 \times 1\ 640}{2\ 764} = 153.68$$

$$E_{12} = \frac{r_1 \times k_2}{N} = \frac{259 \times 567}{2\ 764} = 53.13$$

$$\vdots$$

依此类推，结果见表 10-6 括号内的数据。

选择统计量

$$\chi^2 = \sum_{i=1}^{r} \sum_{j=1}^{k} (Q_{ij} - E_{ij})^2 / E_{ij}$$

$$= \frac{(186 - 153.68)^2}{153.68} + \frac{(38 - 53.13)^2}{53.13} + \cdots + \frac{(259 - 241.33)^2}{241.22} = 47.9$$

选定显著性水平 $\alpha = 0.005$；自由度 $(r-1)(k-1) = 4 \times 2 = 8$。

查分布表得：$\chi_\alpha^2 (r-1)(k-1) = \chi_{0.005}^2 (8) = 21.96$

由于 $\chi^2 > \chi_{0.005}^2 (8)$，所以拒绝 H_0，接受 H_1，即认为市民文化水平与收入水平之间存在联系。一般认为，市民文化水平高，其收入水平相应也高一些。

三、柯尔莫哥洛夫—斯莫诺夫检验

柯尔莫哥洛夫—斯莫诺夫检验（K-S 检验）与拟合优度的 χ^2 检验相似，主要涉及观察值分布和理论上或估算的分布间的一致性。不过，K-S 检验还适用于顺序量表数据。

例如，康柏计算机公司准备推出一条家庭计算机产品线。焦点小组访谈的结果显示，家庭市场中许多潜在购买者不喜欢办公室工作环境中那种传统的计算机颜色。调查组织者向参加的人展示了许多颜色。被访者表示，他们更喜欢棕色。

然后，公司又对目前没有计算机但表示未来 6 个月内会购买计算机的 500 人进行了调查。公司向他们展示了几种浓淡不同的棕色，并询问他们喜欢哪种颜色。调查结果见表 10-7。

表 10-7   消费者对计算机颜色的喜好调查结果

计算机颜色浓淡	喜好该颜色的人数	计算机颜色浓淡	喜好该颜色的人数
很浅	150	暗	45
浅	170	很暗	55
中等	80	合计	500

制造商希望了解这种结果仅仅是偶然因素造成的,还是表明了明显的偏好。

由于颜色的浓淡表明了一种自然顺序(顺序数据),因此,K-S检验适用于这种情形。这种检验需要比较原假设下期望的累计频次分布(理论分布)与观察到的频次分布,确定两个分布显示出最大程度偏差的那一点,取其值作为检验统计量。统计量(D)表明两分布之间的偏差是由于偶然因素造成的,还是一种真正的偏好。

K-S检测的步骤如下。

1.表述原假设和备择假设

原假设 H_0:对计算机颜色浓淡程度的偏好无差别;

备择假设 H_1:对计算机颜色浓淡程度的偏好有显著性差别。

2.在原假设条件下建立累积频次分布

原假设为对各种颜色的偏好无差别,如果真是这样的,喜欢每种颜色的消费者比例都应为 1/5 或 20%(见表 10-8)。

表 10-8   K-S 检验中的数据

色度	观察数	观察比例	观察累积比例	原假设比例	原假设累积比例	累积比例绝对差
很浅	150	0.30	0.30	0.20	0.20	0.10
浅	170	0.34	0.64	0.20	0.40	0.24
中间色	80	0.16	0.80	0.20	0.60	0.20
暗色	45	0.09	0.89	0.20	0.80	0.09
很暗	55	0.11	1.00	0.20	1.00	0.00

3.从样本中计算观察所得的累计频次分布(见表 10-8)

4.选择显著性水平 α

如果选择了 $\alpha=0.05$,样本临界值(判定值)D 就是所给的 $\frac{1.36}{\sqrt{n}}$,其中 n 为样本单位数。这里,临界值为 $\frac{1.36}{\sqrt{500}}=0.06$。

5.确定 K-S 检验 D 统计量

D 等于观察到的累积频次比例与期望的累积频次比例最大偏差的绝对值。表 10-8 提供了必要的数据,最大的绝对差为 0.24,即为 K-S 检验的 D 值。

因为 D 值(0.24)大于临界值(0.06),因此原假设不成立。

第四节　对相关样本的检验

有时,需要检验这样一种假设:一个总体的变量值与另一个总体的该变量值是否相等。这时,在选择合适的统计检验方法时,调研人员就需要考虑这些样本是各自独立的还是相关的。独立样本包括如下情形,即在一个样本中对某个感兴趣的变量进行的测量对另一个样本中该变量的测量没有任何影响。此时没有必要进行两次不同的调查。在相关样本中,在一个样本中对某个感兴趣的变量的测量会影响对另一个样本中该变量的测量。

例如,在进行一项感冒就医率调查时,如果分别对男女进行调查,则男女的调查是互不影响的,男性样本与女性样本是相互独立的。又如,如果我们测定一个品牌的知名度,确定一个样本进行调查。过了 3 个月后我们再对同一个样本进行相同的调查时,前一次的调查就会对这一次的调查结果产生影响。因此,可以说这两个样本相互之间不是独立的,而是相关的。

本节主要讨论对相关样本的检验。

一、相关样本检验的含义

相关样本检验,是指同一个样本前后使用两次,检验被调查者的某些因素(如态度、意向)的转变情况。

二、麦氏检验

麦氏检验(McNehmar test)用于同一样本在两种不同情况下态度差别的检验,如顾客在看广告前后或在新产品试用前后对产品看法的转变等。其检验步骤如下。

1. 建立原假设和备择假设

H_0:态度没有显著转变;　　H_1:态度有显著转变

2. 选择随机样本并记录前后两次的态度频数

3. 计算检验统计量的值

$$\chi^2 = \frac{(|B-C|-1)^2}{B+C} \tag{10-13}$$

其中:B 为第一次态度是有利的,但是第二次态度是不利的样本数目;

C 为第一次态度是不利的,但是第二次态度是有利的样本数目。

4. 拒绝法则

如果 $\chi^2 > \chi_\alpha^2$,则拒绝 H_0。

【例 10-6】 某调查公司想了解改变某企的业产品包装能否显著改变人们对该产品的印象。挑选了 150 名顾客作为研究对象。结果见表 10-9。显著性水平 $\alpha = 0.05$。

用麦氏检验对其进行检验如下。

H_0:认为改变包装后没有使人们对产品的态度发生转变;

H_1:认为包装改变后使人们对产品的态度发生了转变。

表 10-9 顾客对包装的评价结果

第二次	第 一 次		
	好	不好	调查顾客数
好	60	10	70
不好	30	50	80
调查顾客数	90	60	150

计算统计量的值：

$$\chi^2 = \frac{(|B-C|-1)^2}{B+C} = \frac{(|30-10|-1)^2}{30+10} = 9.03$$

由 $\alpha=0.05$，$df=k-1=1$。k 为态度种类，在此处为 2。查 χ^2 值表得到 $\chi_a^2=3.84$。由于 $\chi^2 > \chi_a^2$，故拒绝 H_0，即认为包装的改变使人们对产品的态度产生了显著转变。

三、魏氏检验

魏氏检验(Wilconxon test)也可用于对前后资料的比较分析。与麦氏检验不同的是，魏氏检验是对在环境改变的情况下同一样本前后观察值的变化方向及变化大小的检验。其检验步骤如下。

1. 建立原假设和备择假设

H_0：环境改变后观察值完全相同；H_1：环境改变后观察值发生了变化。

2. 选择随机样本并记录前后两次观察值

计算出两次观察值的差别值，按绝对值的大小由小到大进行排秩。最小者等级为 1，依次为 2，3，4，…。对于差别值相等的，取秩的平均值为两者的等级。如果差别值为 0，即观察值没有差别时，将此组观测值剔除，不参加排秩。

3. 计算检验统计量的值

当同一样本前后两次匹配的数据对的个数为 25 或更多时，T 的抽样分布近似于如下的正态概率分布(T 为魏氏检验符号秩之和，选 T_+ 和 T_- 中小的一个)：

$$Z = \frac{T - \mu_T}{\sigma_T} \tag{10-14}$$

其中：均值 $\mu_T = \frac{n(n+1)}{4}$；

标准差 $\sigma_T = \sqrt{\frac{n(n+1)(2n+1)}{24}}$

n 为剔除了差别值为 0 后的样本数目。

4. 拒绝法则：如果 $Z > Z_a$，或者 $Z < -Z_a$，则拒绝 H_0。

【例 10-7】 某市一家报纸为了了解读者对该报新的版面设计的反应，在新设计投入前后进行了一次读者调查，调查人数是 28 人，请他们对报纸的综合质量进行评价。评分结果见表 10-10，请问能否由调查结果判断报纸版面的更新对读者的态度有显著影响？(显著性水平 $\alpha=0.05$)

标准差 $\sigma_T = \sqrt{\dfrac{n(n+1)(2n+1)}{24}} = \sqrt{\dfrac{26(26+1)(52+1)}{24}} = 39.37$

T_+ 和 T_- 分别为105和246,故取 T 值为105。

$$\mu_T = \frac{n(n+1)}{4} = \frac{26(26+1)}{4} = 175.5$$

$$Z = \frac{T-\mu_T}{\sigma_T} = \frac{105-175.5}{39.37} = -1.79$$

表 10-10　读者对报纸版面的态度分析($n>25$)

被调查者	第一次评价	第二次评价	差异	差异绝对值	秩	符号秩
1	66	65	1	1	1.5	1.5
2	80	83	-3	3	10.5	-10.5
3	63	60	3	3	10.5	10.5
4	55	53	2	2	4	4
5	68	61	7	7	23	23
6	50	70	-20	20	26	-26
7	84	88	-4	4	16	-16
8	88	88	0	0	—	—
9	75	70	5	5	18.5	18.5
10	63	75	-12	12	25	-25
11	70	76	-6	6	21.5	-21.5
12	78	73	5	5	18.5	18.5
13	63	69	-6	6	21.5	-21.5
14	70	80	-10	10	24	-24
15	85	90	-5	5	18.5	-18.5
16	74	77	-3	3	10.5	-10.5
17	69	72	-3	3	10.5	-10.5
18	76	73	3	3	10.5	10.5
19	78	78	0	0	—	—
20	86	83	3	3	10.5	10.5
21	64	67	-3	3	10.5	-10.5
22	73	78	-5	5	18.5	-18.5
23	82	83	-1	1	1.5	-1.5
24	85	88	-3	3	10.5	-10.5
25	62	64	-1	2	4	-4
26	59	62	-3	3	10.5	-10.5
27	54	52	2	2	4	4
28	67	70	-3	3	10.5	-10.5

对于显著性水平 $\alpha = 0.05$,由于 $Z_\alpha = -1.79$,如果 $Z > Z_\alpha$,或者 $Z < -Z_\alpha$,则拒绝 H_0。由于 $Z = -1.79$,所以我们不能拒绝 H_0,即报纸版面设计的改变没有显著改变读者的态度。

当 n 小于25时,直接查表进行检验。如本例中我们只调查了15人(被调查者序号

1～15)。结果如表 10-11 所示。

表 10-11　读者对报纸版面的态度分析($n<25$)

被调查者	第一次评价	第二次评价	差异	差异绝对值	秩	符号秩
1	66	65	1	1	1	1
2	80	83	−3	3	3.5	−3.5
3	63	60	3	3	3.5	3.5
4	55	53	2	2	2	2
5	68	61	7	7	11	11
6	50	70	−20	20	14	−14
7	84	88	−4	4	5	−5
8	88	88	0	0	—	—
9	75	70	5	5	7	7
10	63	75	−12	12	13	−13
11	70	76	−6	6	9.5	−9.5
12	78	73	5	5	7	7
13	63	69	−6	6	9.5	−9.5
14	70	80	−10	10	12	−12
15	85	90	−5	5	7	−7

T_+ 和 T_- 分别为 31.5 和 73.5，故取 T 值为 31.5。

查符号等级检验表，双侧检验，$n=14$；$T_{0.05}=21$。

因为 $$T=31.5>T_{0.05}=21$$

所以态度不显著改变。

第五节　方差分析

在市场调研中经常需要考虑某些影响消费者行为的因素，如消费者的年龄、学历、职称、收入水平、消费偏好等。在这些因素中，有的因素影响大些，有的因素影响小些。在现实生活中，往往需要分析哪几种因素对决策起显著性的影响，并知道起显著性作用的因素在什么时候发挥最好的作用。方差分析就是解决这类问题的一种有效方法。

方差分析是比较若干总体均值是否相同时最常用的统计方法。在方差分析中，我们将那些影响实验指标的条件称为因素，而将因素所处的条件称为水平。根据所研究的问题是只涉及一个影响因素还是涉及多个影响因素，分别称两种情况下的方差分析为单因素分析和多因素分析。以下我们着重讨论单因素方差分析和双因素方差分析在市场营销中的具体应用。

一、单因素方差分析

单因素方差分析只检验一个变量的影响。

【例 10-8】　某服装公司拟通过市场调研检验不同年龄的消费者对该公司生产的 T

牌休闲服购买量有无显著性差异,以决定是否细分市场。该公司选择了一组调查对象,将调查对象按年龄因素分为老(A_1)、中(A_2)、青(A_3)三个水平。随机调查了该公司下辖的五个专卖店在某一段时间内不同年龄消费者的购买情况,获得资料如表 10-12 所示。不同年龄组对 T 牌休闲服的购买量有无显著性差异?是否应细分市场?

表 10-12　某时期内 T 牌休闲服不同年龄组的购买数据　　　　单位:件

组　　数	各专卖店购买量					合计	各水平下的样本均值
	1	2	3	4	5		
老(A_1)	215	198	210	187	200	1 010	$\bar{x}_1 = 202$
中(A_2)	237	205	215	191	207	1 055	$\bar{x}_2 = 211$
青(A_3)	246	230	223	208	213	1 120	$\bar{x}_3 = 224$
总样本均值	$\bar{x} = 212.33$						

因为该题只涉及一个变量——年龄,所以我们可以采取单因素方差分析法进行检验。

H_0:不同年龄组对 T 牌休闲服的购买量无显著性影响;

H_1:不同年龄组对 T 牌休闲服的购买量有显著性影响。

1. 计算各专卖店销售量总离差平方和(Q_T)

各专卖店销售量之间的离差,即组内离差平方和(Q_E);各专卖店对不同年龄组的销售量之间的离差,即组间离差平方和(Q_A)。

总离差平方和(Q_T)是实验的总误差,反映数据波动的程度;组内离差平方和(Q_E)是在各水平下,样本值与样本均值之间的差异,这是由随机误差引起的,所以 Q_E 又称误差平方和;组间离差平方和(Q_A)是各水平下样本均值与总体均值之间的差异,这是各水平以及随机误差引起的,反映由因素 A(年龄)的水平变动而产生的误差,即系统误差。可见方差分析的实质就是要将总误差中的随机误差和系统误差加以分离,赋予它们数量表示,并将两者在一定条件下加以比较,如差异不大则认为系统误差对指标的影响不大;反之,如系统误差较随机误差大得多,则说明所考查条件的影响大得多。

总离差平方和、组内离差平方和与组间离差平方和的计算公式为

$$Q_T = \sum_{i=1}^{m} \sum_{j=1}^{n} (x_{ij} - \bar{x})^2 = Q_A + Q_E$$

$$Q_E = \sum_{i=1}^{m} \sum_{j=1}^{n} (x_{ij} - \bar{x}_i)^2$$

$$Q_A = n \sum_{i=1}^{m} (\bar{x}_i - \bar{x})^2$$

其中,m 为水平数量;

　　　n 为实验次数;

　　　x_{ij} 为样本值;

　　　$\bar{x}_i$ 为各水平下的样本值,$\bar{x}_i = \dfrac{1}{n} \sum_{j=1}^{n} x_{ij}$;

$\bar{x}$ 为总样本均值，$\bar{x} = \dfrac{1}{mn}\sum\limits_{i=1}^{m}\sum\limits_{j=1}^{n}x_{ij} = \dfrac{1}{n}\sum\limits_{i=1}^{m}\bar{x}_i$。

则
$$\bar{x}_1 = \frac{1}{5}(215+198+187+200) = 202$$

同理可得
$$\bar{x}_2 = 211, \quad \bar{x}_3 = 224$$

则
$$\bar{x} = \frac{1}{3}(202+211+244) = 212.33$$

因此

$$Q_A = n\sum_{i=1}^{m}(\bar{x}_i - \bar{x})^2 = 5\big[(202-212.3)^2 +$$
$$(211-212.33)^2 + (224-212.33)^2\big] = 1\,223.33$$

$$Q_E = \sum_{i=1}^{m}\sum_{j=1}^{n}(x_{ij} - \bar{x}_j)^2 = (215-202)^2 +$$
$$(198-202)^2 + \cdots + (213-224)^2 = 2\,520$$

$$Q_T = \sum_{i=1}^{m}\sum_{j=1}^{n}(x_{ij} - \bar{x})^2 = Q_A + Q_E = 3\,743.33$$

2. 选择检验统计量 F

$$F = \frac{Q_A/m-1}{Q_E/m(n-1)}$$

这里，$[m-1, m(n-1)]$ 为自由度，$m=3$，$n=5$，所以

$$F = \frac{1\,223.33/2}{2\,520/12} \approx 2.91$$

选定显著性水平 $\alpha = 0.05$，查 F 分布表得

$$F_\alpha[m-1, m(n-1)] = F_{0.05}(2,12) = 3.89$$

若选定显著性水平 $\alpha = 0.10$，则得

$$F_\alpha[m-1, m(n-1)] = F_{0.10}(2,12) = 2.81$$

3. 将以上计算结果列成方差分析表（见表 10-13）

由表 10-13 可知，$F_{0.05}(2,12) > F > F_{0.10}(2,12)$，所以显著性水平 $\alpha = 0.10$ 下，拒绝 H_0；而在显著性水平 $\alpha = 0.05$ 下，接受 H_0。这说明不同年龄组对 T 牌休闲服的购买量有一定的影响，但显著性不强，因此对厂家而言，如果单从年龄因素考虑的话，没有必要细分市场。

表 10-13　方差分析表

方差来源	离差来源	自由度	F 值	临界值	
因素 A（年龄）的作用（组内）	$Q_A = 1\,223.33$	2	2.91	$F_{0.10}(2,12)$	$F_{0.05}(2,12)$
				2.81	3.89
随机误差（组内）	$Q_E = 2\,520$	12			
总误差	$Q_T = 3\,743.33$				

二、双因素方差分析

前面介绍的单因素方差分析法只考查了一个变量的影响,但在许多实际问题中,往往不能只考查单一因素各种水平下的影响,而必须同时考查几种因素的影响。比如,前面我们已经验证了年龄因素对T牌休闲服的购买量存在一定的影响(不显著)。事实上除年龄这个因素外,诸如消费者收入水平、消费者偏好、交通便利情况等其他因素也会对销售量产生影响,甚至是显著性影响。假如人们再将这15家专卖店按交通便利情况分成5组,每组3家进行考查,则除年龄因素外,交通便利情况也构成了影响销售量的一大因素,必须考查用双因素方差分析进行检验。

双因素方差分析法与单因素方差分析法在某些方面虽然存在本质的区别,但其基本思想和基本方法大致相同。这里我们把年龄因素设为A因素,交通便利情况设为B因素,则有关计算如下。

1. 建立假设

H_{01}:年龄因素(A因素)对T牌休闲服的购买量有显著性影响;

H_{02}:交通因素(B因素)对T牌休闲服的购买量有显著性影响。

2. 计算$\bar{x}_i$、$\bar{x}_j$、$\bar{x}$

有关计算结果见表10-14。

表 10-14　双因素各种水平下的样本均值

B因素 A因素	B_1	B_2	B_3	B_4	B_5	$\bar{x}_i$
A_1	215	198	210	187	200	$\bar{x}_1 = 202$
A_2	237	205	215	191	207	$\bar{x}_2 = 211$
A_3	246	230	223	208	213	$\bar{x}_3 = 224$
$\bar{x}_j$	$\bar{x}_1 = 232.67$	$\bar{x}_2 = 211$	$\bar{x}_3 = 216$	$\bar{x}_4 = 195.33$	$\bar{x}_5 = 206.67$	$\bar{x} = 212.33$

3. 计算Q_A、Q_B、Q_E、Q_T

有关计算结果见表10-15。

表中:$\bar{x}_i$为A因素各水平下的样本均值,且$\bar{x}_i = \dfrac{1}{n}\sum\limits_{j=1}^{n} x_{ij}$;

$\bar{x}_j$为B因素各水平下的样本均值,$\bar{x}_j = \dfrac{1}{m}\sum\limits_{i=1}^{m} x_{ij}$;

$\bar{x}$为总的样本均值,$\bar{x} = \dfrac{1}{mn}\sum\limits_{i=1}^{m}\sum\limits_{j=1}^{n} x_{ij}$。

4. 依据统计结果作出决策

从表10-15可知,在显著性水平$\alpha = 0.005$下,$F_A > F_{0.005}(2,8)$、$F_B > F_{0.005}(4,8)$;而在显著性水平$\alpha = 0.001$下,$F_A < F_{0.005}(2,8)$、$F_B > F_{0.005}(4,8)$。这说明年龄因素对T牌休闲服的影响不是非常显著,而交通是否便利这一因素对专卖店销售量的影响则非常显著。因此,对厂家而言,没有必要按年龄因素细分市场,倒是在专卖店的选地址问题上一定要慎重。

表 10-15　对年龄及交通便利情况两变量的双因素方差分析结果

方差来源	离差平方和	自由度 df	F 值	显著性水平	临界值
因素 A（不同年龄组之间）	$Q_A = 1\,223.33$	$m-1=2$	$F_A = 18.12$	$\alpha = 0.001$	$F_\alpha = 18.49$
				$\alpha = 0.005$	$F_\alpha = 11.04$
因素 B（不同交通情况之间）	$Q_B = 2\,249.97$	$n-1=4$	$F_B = 33.33$	$\alpha = 0.001$	$F_\alpha = 14.39$
				$\alpha = 0.005$	$F_\alpha = 8.81$
误差 E	$Q_E = 270.03$	$(m-1)(n-1)=8$			
总离差	$Q_T = 3\,743.33$	$mn-1=14$			

思　考　题

1. 假设检验的步骤如何？

2. 在假设检验过程中，建立原假设和备择假设通常有哪几种表现形式？

3. 请说明第一类错误和第二类错误的区别与联系。

4. 显著性水平的选取是不是随意的？在市场研究中，显著性水平的选取范围一般为多大？

5. 魏氏检验法与麦氏检验法的区别和联系是什么？

6. 在某学校，从一年级挑出 16 位女性新生，按智力系数（IQ）、家庭经济状况、健康状况、家庭大小等配对，每对中一个上过一年幼儿园，另一个则未上过。在对所有的 16 名学生的测验中，分数如下：

各对	1	2	3	4	5	6	7	8
上过幼儿园	83	74	67	64	70	67	81	64
未上过幼儿园	78	74	63	66	68	63	77	65

试问在显著性水平 $\alpha = 0.05$ 下，这一调查研究是否能证明学前幼儿园教育是有益的？

7. 某工业部门的平均日工资为 20.1 元，若从这一部门的某公司抽取 16 人的一个样本，他们的日平均工资为 18.9 元，标准差为 3.6 元。假定该公司的日工资近似地服从正态分布。按 0.05 的显著性水平能否认为这一公司支付的工资偏低？

案例　之雅服装厂的市场调查与竞争分析

旭东集团是一家集服装、保健品生产和房地产开发于一体的多元化经营集团公司，多年来，其经营业绩一直较好。但 1999 年以来，其下属的之雅服装厂的经营业绩出现滑坡。为找出原因，集团派出调查组协同之雅服装厂对其内部管理情况及外部市场情况进行了摸底调查，发现之雅服装厂之所以经营业绩一直滑坡，原因之一在于其内部管理高层频繁更换。但是,调查组经过分析后一致认为这不是主要的原因。调查组又深入市场,发现自1999年以来,市场上出现了八家服装厂,其中有两家生产规模与之雅服装厂相当,且均生产同类型的服装。调查组初步认为,竞争对手的出现可能是导致企业经营业绩滑坡的主要原因。为进一步弄清竞争对手的市场定位情况及竞争实力状况,调查组特意从产品质量、价格和服务质量三个方面随机对3 000名消费者进行了市场调查,对每个服装厂均选择1 000名消费者进行调查,让每个被调查者在产品质量、价格合理、服务质量好三个选项中作单项选择,获得资料见下表。

从调查资料来看,之雅服装厂似乎在产品质量上有优势,而在价格方面却处于明显的劣势。但实际情况是不是这样,还需要进一步的假设检验。因为通过市场抽样调查获得的信息带有很大的随机性和偶然性,必须做一个去伪存真的处理。因此,调查组选择用百分数检验法对其进行检验。

三个服装厂产品情况调查表

服 装 公 司	选 择 理 由			
	产品质量好	价格合理	服装质量好	合计
之雅服装厂	370	280	350	1 000
竞争对手Ⅰ	300	330	370	1 000
竞争对手Ⅱ	320	350	330	1 000
合　计	990	960	1 050	3 000

选择检验统计量

$$Z=\frac{p_1-p_2}{\sqrt{\dfrac{p_1(1-p_1)}{n_1}+\dfrac{p_2(1-p_2)}{n_2}}}$$

先算出各服装厂在三种状态下的样本百分数,结果如下表所示,再进行假设检验。

样本百分数

服 装 公 司	选 择 理 由			
	产品质量好	价格合理	服装质量好	合计
之雅服装厂(p_1)	37	28	35	100
竞争对手Ⅰ(p_2)	30	33	37	100
竞争对手Ⅱ(p_3)	32	35	33	100

假设检验分三步进行,首先检验之雅服装厂与两个竞争对手在产品质量方面有无显著性差异;然后检验价格方面有无显著性差异;最后检验服务质量方面有无显著性差异。

有关计算结果如下表所示。

提出原假设:

H_0:之雅服装厂与对手Ⅰ、对手Ⅱ之间在产品质量、服务质量、价格等方面均无显著性影响。

对于产品和服务质量,有

之雅服装厂与其他竞争对手之间的检验结果

检验结果＼状态		检验统计量 $Z=\dfrac{p_1-p_2}{\sqrt{\dfrac{p_1(1-p_1)}{n_1}+\dfrac{p_2(1-p_2)}{n_2}}}$	临界值（显著性水平$\alpha=0.05$）
产品质量好	之雅服装厂与竞争对手Ⅰ之间	$Z_1=3.33$	$Z_\alpha=Z_{0.05}=1.645$
	之雅服装厂与竞争对手Ⅱ之间	$Z_2=2.36$	
价格合理	之雅服装厂与竞争对手Ⅰ之间	$Z_3=-2.43$	$Z_{1-\alpha}=Z_{0.95}$ $=-1.645$
	之雅服装厂与竞争对手Ⅱ之间	$Z_4=-3.38$	
服装质量好	之雅服装厂与竞争对手Ⅰ之间	$Z_5=-0.93$	$Z_\alpha=Z_{0.05}=1.645$
	之雅服装厂与竞争对手Ⅱ之间	$Z_6=0.94$	

$$p\{Z\mid Z\geqslant Z_\alpha\mid H_0\text{ 为真}\}=\alpha$$

则得 H_0 的拒绝域为：$Z\geqslant Z_\alpha$

对于价格，有

$$p\{Z\mid Z\leqslant Z_{1-\alpha}\mid H_0\text{ 为真}\}=\alpha$$

则得拒绝域为：$Z\leqslant Z_{1-\alpha}$

对照上表的计算结果，由于 $Z_{1,2}>Z_{0.05}$，$Z_{3,4}<Z_{0.95}$，$Z_{5,6}<Z_{0.05}$，调查得出以下统计结论：

（1）在产品质量方面，至少有 95% 的把握认为之雅服装厂的产品质量明显高出其竞争对手，这是优势。

（2）在服务质量方面，三者平分秋色。之雅服装厂既无优势也无劣势。

（3）在价格方面，之雅服装厂价位偏高，明显处于不利地位。如果不考虑这个因素，之雅服装厂仍具有很强的市场竞争能力，但一旦加入这个因素（事实上很多消费者对这个因素很敏感），该品牌的市场竞争优势荡然无存，市场占有率下降，市场份额减少。

针对上述调查结果，之雅服装厂协同调查组作出决策，决定在继续抓好产品质量、服务质量、突出质量优势的前提下，适当调整产品价格。考虑到之雅服装厂的降价措施可能引起竞争对手的连锁反应，之雅服装厂决定做好以下几项配套措施：

（1）在广告宣传中，重点做好产品质量推介，巩固消费者对本厂产品质量的忠诚度；

（2）加大技术投入，尽量降低产品成本，做好长期竞争的物质准备；

（3）利用现有技术力量，适当开发一些差异性产品（主要是竞争对手没有或不愿意开发的产品），如采用一些新式面料、开发一些新款时装，以增强企业的抗风险能力。

【讨论题】

调查组与之雅服装厂所作的市场调查与竞争分析是否正确、完备？还有没有更好的市场调研方法？

（资料来源：景奉杰. 市场营销调研[M]. 北京：高等教育出版社，2001.）

第十一章

几种重要的多变量数据分析方法

第一节　聚类分析

一、聚类分析的含义与基本原则

在社会生活中,我们通常要研究"聚类"这样一类问题。在市场研究中,我们经常要根据消费者明显不同的特性对市场进行细分。由于影响市场的因素有很多,各种因素相互影响,共同对市场起作用,因此市场细分不能只依据某一因素进行划分,而应用一系列的因素组合来确定。这就需要采用一定的数学方法综合分析考虑有关因素,以便正确地细分市场。聚类分析正是统计学中研究这类"物以类聚,人以群分"问题的一种方法。

聚类分析(又称数字分类学)是依据某种尺度对样本或变量进行分类的一种多元统计分析方法。它是根据事物本身的特性研究个体分类的方法,能够将一批样本或变量按照它们性质上的亲疏程度在没有先验知识的情况下自动进行分类。聚类分析的基本原则是同类的个体有较大的相似性,而不同类的个体的差异很大。在聚类分析中,根据分类对象的不同可分为样品聚类(Q型聚类)和变量聚类(R型聚类)两种。样品聚类是对事件进行聚类,或是对观测量进行聚类,是对反映被观测对象的特征的变量值进行分类。变量聚类则是当反映事物特点的变量很多时,根据所研究的问题选择部分变量对事物的某一方面进行研究的聚类方法。在分类过程中,不必事先给出一个分类标准,聚类分析能够从样本数据出发,客观地决定分类标准。

在市场调研中,聚类分析的应用非常广泛,它除了可以用来细分市场外,还可以应用于许多其他的研究,如研究消费者行为、选择实验市场、确定分层抽样的层次和寻找新的潜在市场等。例如,在市场细分时,可以根据消费者购买某种产品所寻求的利益,将消费者分类,每一类里的消费者所寻求的利益相似。据此,企业可以更好地进行市场定位和后续的营销工作。又如,对品牌和产品进行分类,就能够识别竞争对手,识别新产品的市场机会。因为同一类产品中品牌之间的竞争比不同类产品中品牌之间的竞争更为激烈,企业通过比较自己正在销售的产品与竞争对手的产品,知晓竞争对手的优势和弱点,就能够识别潜在市场机会,制定有效的新产品开发策略。

二、聚类分析的步骤

在对数据进行聚类分析时,通常要经过一个复杂的过程:确定研究问题→选择聚类尺度→选择聚类方法→确定聚类个数→解释聚类群体(见图11-1)。下面对聚类分析的这一过程作出具体分析。

（一）确定研究问题

在进行聚类分析以前,我们首先要确定研究的问题。比如,我们要了解消费者对减肥的态度,可以通过事先确定几个变量,然后以量表的形式来获得消费者的一组数据。

我们可以采用如下 35 个变量来测量消费者对减肥的态度。

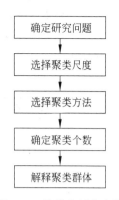

图 11-1　聚类分析的步骤

1-1　我比一般人更看重产品的质量;

1-2　我比一般人更看重产品的品牌和信誉度;

1-3　有科技含量的产品对我更有吸引力;

1-4　我喜欢买时尚感强的东西;

1-5　我经常等到商店打折时再买东西;

1-6　买东西我会货比三家;

1-7　我买东西的时候受售货员推荐的影响;

1-8　有骨感的身材是最理想的身材;

1-9　性感丰满的身材是最理想的身材;

1-10　最理想的身材要凹凸有致、比例匀称;

1-11　只有健康的才是美的;

1-12　格调高雅的东西才能保持永久的魅力;

1-13　我喜欢简单自然的东西;

1-14　我喜欢新潮和酷的东西;

1-15　减肥是一种时尚;

1-16　减肥让我对爱情更加自信;

1-17　减肥让我对工作更加自信;

1-18　我减肥是为了穿上漂亮的衣服;

1-19　我减肥是因为自己觉得自己胖了,尽管别人可能不这样认为;

1-20　我减肥是因为大家都觉得我胖了;

1-21　运动是一种痛苦的减肥方式;

1-22　吃减肥药是一种无奈的选择;

1-23　我会主动尝试一种新的减肥品;

1-24　亲友的意见决定了我是否会购买一种新的减肥品;

1-25　只有亲眼看到别人瘦下来,我才会购买他们服用的这种减肥品;

1-26　减肥广告的内容不可信;

1-27　我喜欢主动详细地了解减肥广告的信息;

1-28　我喜欢和朋友聚会;

1-29　和朋友聚会相比,我更愿意和家人在一起;

1-30　我喜欢独处,而不是聚会;

1-31　我喜欢体育运动;

1-32　只要有空,我就会看杂志;

1-33　只要有空,我就会看报纸;

1-34　我喜欢看电视；

1-35　吃是人生最大的享受。

通过上面的态度语句，我们可以得到一个数据库，如表 11-1 所示。

表 11-1　用于聚类的部分数据

NO.	1-1	1-2	1-3	1-4	1-5	1-6	1-7
1	4	2	3	4	6	5	3
2	3	4	4	6	3	4	4
3	5	3	3	6	3	4	4
4	5	4	4	5	4	2	5
5	5	3	5	4	5	5	3
6	3	4	5	3	3	4	4
7	3	6	3	3	5	5	6

注：表中的数据库是不完整的，完整的数据库包含 471 个样本量（NO. ＝471），45 个列变量（主要包含上述 35 个变量以及消费者的背景资料）

（二）选择聚类尺度

聚类尺度是关于样本数据间的亲疏性的度量，通常样本数据间的亲疏程度是用样本间的距离或样本间相关系数来度量的。为了得到样本间的距离，我们可以将每个样本数据看作 K 维空间上的一个点。相对应，样本间的距离就是它们对应的 K 维空间上的点和点的距离，反映了相应样本间的亲疏程度。聚类时，距离较近的样本属于同一类，距离较远的样本属于不同的类。

对不同度量类型的数据可以采用不同的统计量来测量其距离，比如有测定连续变量的样本距离测度方法，也有测定名义变量的样本亲疏测度方法。在这里，我们将详细介绍几种测定连续变量距离的方法，主要包括欧氏距离、欧氏距离平方、切氏距离、马氏距离等。

为了更加形象地介绍计算指标，我们准备了一组数据，见表 11-2。

表 11-2　人们对几种产品的评价

产品种类	质量	服务	产品种类	质量	服务
A	8	9	D	5	3
B	4	5	E	2	3
C	9	7			

1. 欧氏距离（Euclidean distance）

欧氏距离是所有变量差值平方和的平方根。假设存在两样本 (x, y)，则它们的距离是 x、y 这两个样本的每个变量值之差的平方和的平方根（k 个变量），计算公式为

$$\text{EUCLID}(x, y) = \sqrt{\sum_{i=1}^{k} (x_i - y_i)^2}$$

例如在表 11-2 中，A 产品和 B 产品数据的欧氏距离为

$$\sqrt{(8-4)^2 + (9-5)^2} \approx 5.656$$

2. 欧氏距离平方(squared Euclidean distance)

两样本(x,y)的距离是各样本每个变量值之差的平方和,计算公式为

$$SEUCLID(x,y) = \sum_{i=1}^{k}(x_i - y_i)^2$$

例如在表 11-2 中,A 产品和 B 产品数据的欧氏距离平方为

$$(8-4)^2 + (9-5)^2 = 32$$

3. 切氏距离(Chebychev distance)

两样本(x,y)的距离是各样本所有变量值之差绝对值中的最大值(k个变量),计算公式为

$$CHEBYCHEV(x,y) = \max|x_i - y_i|$$

例如在表 11-2 中,A 产品和 B 产品数据之间的切氏距离为

$$\max(|8-4|,|9-5|) = 4$$

4. 马氏距离(Manhattan or city-block distance)

两样本(x,y)之间的距离是各样本每个变量之差的绝对值的总和(k个变量),其计算公式为

$$BLOCK(x,y) = \sum_{i=1}^{k}|x_i - y_i|$$

例如在表 11-2 中,A 产品和 B 产品数据之间的切氏距离为

$$|8-4| + |9-5| = 8$$

实际生活中,欧氏距离使用最为广泛。计算表 11-2 中数据的欧氏距离,结果如表 11-3 所示。

表 11-3　数据的各样本欧氏距离矩阵

记录	欧 氏 距 离				
	A	**B**	**C**	**D**	**E**
A		5.656	2.236	6.708	8.484
B	5.656		5.385	2.236	2.828
C	2.236	5.385		5.656	8.062
D	6.708	2.236	5.656		3
E	8.484	2.828	8.062	3	

从表 11-3 可以看出,产品 B 与产品 D 的距离最短(2.236),因此在聚类时它们可以首先聚成一小类。

(三) 选择聚类方法

聚类分析方法主要有层次聚类(hierarchical clustering)和非层次聚类(non-hierarchical clustering)。在市场营销中,层次聚类的用途最为广泛,因此本章重点介绍层次聚类的方法。

利用层次聚类对样本进行聚类时,同样需要采用不同的类别距离计算方法,主要包括如下几种。

1. 最短距离法(single linkage method)

首先将两个距离最短的对象聚合在一起,形成一个小类,然后将第三个对象与这个小类进行聚合,依此类推。

比如,在表 11-3 中,产品 B 和产品 D 的距离最短,首先聚为一类。然后,产品 C 和这个小类(B,D)的最短距离为 5.385,如图 11-2 所示。

2. 最长距离法(complete linkage method)

与最短距离法相似,最长距离法是以当前某个样本与已经形成的小类的各样本距离中的最大值作为当前样本与该小类之间的距离。

比如,在表 11-3 中,产品 C 和(B,D)小类之间的最长距离为 5.656,如图 11-3 所示。

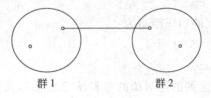

图 11-2　最短距离法

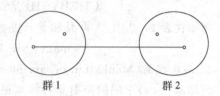

图 11-3　最长距离法

3. 平均距离法(average linkage method)

该方法就是定义两个小类之间的距离为所有样本对之间距离的平均距离。

比如,产品 A 和产品 B 聚成第 Ⅰ 小类,产品 C 和产品 D 聚成第 Ⅱ 小类。那么第 Ⅰ 小类和第 Ⅱ 小类之间的距离就是(A,C)、(A,D)、(B,C)、(B,D)之间距离的平均值。显而易见,平均距离法利用了所有样本对距离的信息,比最短距离法和最长距离法更加有效,从而在实际中应用最为广泛,如图 11-4 所示。

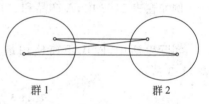

图 11-4　平均距离法

除了以上三种方法以外,还包括重心法(centroid clustering)和离差平方和法(ward's method)。由于相对于前面的三种方法这两种方法比较复杂,所以在此不作详细介绍,有兴趣的读者可以参考相关书籍。

(四)确定聚类个数

通过上述讲到的几类聚类方法,我们已经可以对样本数据进行聚类。在这里,我们还需要解决的一个问题就是确定聚类的数目。

确定聚类的数目是一个难度相对比较大的工作,与个人的兴趣爱好或者所要解决问题的性质相关,因此实质上没有统一的确认标准。

不过,针对聚类的数目,有以下几个原则可供参考:

(1)理论、概念和实际的考虑可能提供确定群数的依据。在这种情况下,我们应该将聚类的数目与相关科目的专业知识结合起来,以获取更加理想的结果。

(2)分层聚类时,可以将各群合并时的距离作为确定群数的标准,具体可以从 SPSS 或其他统计分析后提供的聚合表或树状图中获得这一信息。

(3)要根据样本的数量来确定合适的聚类数目与规模。比如,当对 1 000 个购买者进行聚类分析确定细分市场时,800 个或 900 个群的解决方案肯定是没有什么用途的,因为每一个群都太小,没有实际的意义。在这种情况下,使用 3～10 个细分市场会好一些。

(五) 解释聚类群体

在众多样本聚成几类以后,有必要根据类别的属性及类别之间的关系对聚类的类别进行解释和说明。

比如,对表 11-2 中人们对产品的评价进行聚类,根据情况可以聚成三类,具体方法为:第 Ⅰ 类(D,E),即由产品 D 和产品 E 组成第 Ⅰ 类;第 Ⅱ 类(B),即由产品 B 单独组成第 Ⅱ 类;第 Ⅲ 类(A,C),即由产品 A 和产品 C 组成第 Ⅲ 类。

在分成三类以后,我们就需要根据分类的实际情况对这三个类别进行解释与命名。经过观察我们发现,消费者对产品 D 和产品 E 的质量和服务评价都比较低,因此,我们可以将第 Ⅰ 类命名为"低劣型产品";消费者对产品 B 的质量和服务评价都一般,分别达到 4 分和 5 分,据此我们可以将第 Ⅱ 类命名为"平庸型产品";同时,我们可以发现消费者对产品 A 和产品 C 的评价都比较高,达到 7 分以上,因此可以将第 Ⅲ 类产品命名为"优异型产品"。

三、应用案例与 SPSS 的应用

SPSS 具有强大的统计功能,在聚类统计方面,SPSS 提供了两种可供选择的聚类程序:层次聚类(hierachical cluster)和快速聚类(k-means cluser)。通常情况下,采用层次聚类分析方法得到分析结果所需要花费的计算机运行时间比较长,需要占用的计算机内存比较多,容易出现死机。因此,在样本量较大的情况下,要尽量采用 SPSS 快速聚类分析方法作聚类分析。

由于 SPSS 快速聚类分析的结果比较简洁易懂,对计算机的性能要求也不是很高,因而得到广泛的应用。有鉴于此,在本书中将重点介绍 SPSS 的快速聚类分析方法。对其他聚类分析方法感兴趣的读者,请参考相关书籍。

(一) SPSS 快速聚类分析的思路

SPSS 快速聚类分析仍以距离衡量样本间的亲疏程度,基本思路如下。

(1) 用户应指定希望聚成几类,如希望聚成 K 类。

(2) 确定 K 个类的初始类中心点。初始类中心点可以通过两种方法指定:一种是用户自行指定,指定 K 组数据作为初始聚类中心点;另一种是由 SPSS 自动指定,系统会根据样本数据的具体情况选择 K 个有代表性的样本数据作为初始类中心点。

(3) 计算所有样本数据点到 K 个类中心点的欧式距离,SPSS 按照距 K 个类中心点距离最短的原则,把所有样本分派到各个中心点所在的类中,形成一个新的 K 类,完成一次迭代过程。

(4) 重新计算 K 个类的类中心点。计算每类中各个变量的变量值均值,并以均值点作为新的类中心点。

(5) 重复(3)和(4),直到达到指定的迭代次数或达到终止迭代的判断要求为止。

判断是否结束迭代过程的标准有两个,满足其中一个即可结束快速聚类分析过程,它

们是：①迭代次数等于指定的迭代次数,系统默认的迭代次数为 10 次;②迭代收敛标准,本次迭代产生的新的类中心点距上次迭代后确定的类中心点的最大距离应该小于 0.02。

(二) SPSS 快速聚类的操作步骤

【例 11-1】 有一个反映顾客对购物态度的数据库 toothpaste. sav。数据库包含 6 个态度变量,共 30 个样本,并用 7 级李克特量表进行描述(7 表示同意,1 为不同意,依此类推)。具体 6 个变量如下所示。

V1：购物是有趣的;

V2：购物会导致超支;

V3：我购物时通常在外就餐;

V4：我在购物时总喜欢讨价还价;

V5：我对购物没有什么兴趣;

V6：通过比较价格可以省下不少钱。

打开 SPSS11.0 的主程序,进行 Analyze→Classify→K-Means cluster 操作。出现如图 11-5 所示的窗口。

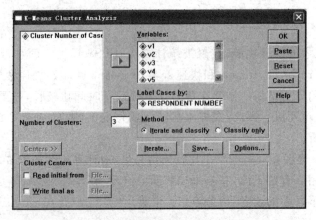

图 11-5　SPSS 快速聚类的基本操作窗口

在图 11-5 中,我们将需要参加聚类的变量(V1~V6)共 6 个变量放入 Variable 框中,然后选择一个字符型变量(ID)作为样本的标记放入 Label Cases 框中,随后在 Number of Cluster 框中输入快速聚类的聚类数目(本处暂定为 3 类),以确定最终聚类的数量。

然后,我们可以看到 Method 对话框中有 Iterate and classify 和 Classify only 两种选择方法。其中第一种方法是 SPSS 系统默认的方法,它表示聚类分析的每一步都重新计算新的类中心点;第二种方法表示聚类分析过程类中心点始终为初始类中心点,仅作一次迭代。通常情况下,我们应该选择第一种方法,即 SPSS 系统默认的方法。

在 Iterate 框中,我们可以选择确定快速聚类的迭代终止条件。其中,Maximum iteration 为最大迭代次数,当达到这个迭代次数时将终止聚类分析过程。SPSS 系统默认的迭代次数为 10 次;Convergence criterion 为迭代的收敛标准,当本次迭代后形成的若干个类中心点距上次迭代确定的若干个类中心点的最大距离小于指定数据时,终止聚类分析过程,SPSS 的默认值为 0.02。

经过上述操作以后,我们可以获得一系列的聚类结果,如表 11-4、表 11-5 和表 11-6
所示。

表 11-4　最终各类中心点的距离

群	1	2	3
1		5.4	5.895
2	5.4		7.022
3	5.895	7.022	

表 11-5　聚 类 单 位

记录数量	群	距离	记录数量	群	距离
1	3	1.393	16	3	1.337
2	2	1.296	17	3	1.500
3	3	2.116	18	3	1.865
4	1	2.312	19	2	1.670
5	2	1.829	20	1	0.919
6	3	0.796	21	2	1.006
7	3	2.437	22	3	1.692
8	3	1.550	23	2	2.710
9	2	1.798	24	1	1.531
10	1	3.754	25	3	3.177
11	3	1.365	26	1	1.611
12	2	1.457	27	3	2.818
13	3	2.257	28	1	3.405
14	1	1.611	29	1	2.417
15	2	1.829	30	2	2.003

表 11-6　各个聚类群体的基本特征分析

群		V1	V2	V3	V4	V5	V6
1	均值	3.38	5.75	3.25	6.00	3.75	5.88
	个数	8	8	8	8	8	8
	标准差	0.744	0.707	0.886	0.535	1.581	1.356
2	均值	1.67	3.00	1.89	3.44	5.56	3.22
	个数	9	9	9	9	9	9
	标准差	0.707	0.707	0.601	0.882	0.882	0.833
3	均值	5.85	3.38	6.15	3.38	1.92	3.77
	个数	13	13	13	13	13	13
	标准差	0.899	0.870	0.899	0.768	0.954	0.599

群		V1	V2	V3	V4	V5	V6
4	均值	3.93	3.90	4.10	4.10	3.50	4.17
	个数	30	30	30	30	30	30
	标准差	1.982	1.373	2.057	1.373	1.907	1.392

从表11-4可以了解各个聚类群之间的距离;而表11-5则表明了各个样本在3个聚类群体的归属问题;表11-6通过对聚类群体基本特征的描述,反映了不同聚类群体之间的差异。

通常情况下,我们需要将聚类分析和因子分析等分析方法结合起来,用于研究与解释实际问题。限于篇幅,在此不再详述,请有兴趣的读者参看相关书籍。

第二节 因 子 分 析

一、因子分析的含义及其应用

因子分析是把多个原始变量转换为少数几个互不相关的综合变量(因子),以再现原始变量之间的相互关系,同时据以对变量进行分类的一种多元统计分析方法,其主要目的是简化数据。它通过研究众多变量之间的内部依赖关系,探求观测数据中的基本结构,并用少数几个假想变量来表示基本的数据结果。这些假设变量是不可观测的,通常称为因子。它们反映了原来众多的观测变量所代表的主要信息,并能解释这些观测变量之间的相互依存关系。

在营销调研活动中,人们往往希望尽可能多地收集关于分析对象的资料,并在此基础上对这些数据进行加工和分析,以便更好地指导企业的营销活动。但是,通常我们所收集的资料会包含很多指标,比如要对消费者进行细分,我们会收集消费者的相关资料,如收入水平、年龄、教育程度、居住地区、性格等变量;要对某个市场进行评价,就要收集诸如总体规模、行业集中度、进入与退出壁垒、发展趋势等指标。收集到这些对象的资料以后我们会发现,尽管所收集的资料很多,它们能够比较全面、精确地反映分析对象的特征(但如何对这些资料进行分析,如何整合这些指标,会给我们的工作带来很大的麻烦)。一方面,收集的变量数目过多,会在很大程度上增加整个分析工作的工作量;另一方面,由于不同变量之间存在一定的相关性,因此容易造成信息的重叠,从而给统计工作造成麻烦。

针对以上出现的问题,我们引入因子分析方法。因子分析(factor analysis)最早是由心理学发展起来的,目的是借助提取出的公因子来代表不同的性格特征和行为取向,从而解释人类的行为和能力。由于长期的实践证实该方法能在减少信息损失的前提下将原始的众多指标综合成较少的几个综合指标(因子变量),并对数据进行有效的整合,因此该方法已经在医学、社会学、经济学和管理学等领域有了广泛的应用。

1. 因子分析在数据分析方面的应用

这主要表现在以下两个方面。

（1）寻求基本结构

通过因子分析，找到较少的几个因子，以它们来代表数据的基本结构，反映信息的本质特征。例如，快餐店的评价有 30 个指标，可能反映了快餐的质量、价格、就餐环境和服务等四个方面，经过因子分析就能找出反映数据本质特征的这四个因子。

（2）数据简化

通过因子分析将一组观测变量简化为少数几个因子后，可以进一步将原始观测变量的信息转换为这些因子的因子值，然后再对因子值进行其他统计分析，如回归分析、判别分析和聚类分析等。

总之，因子分析就是研究如何以最少的信息丢失把众多的观测变量浓缩为少数几个因子的统计分析方法。

2. 因子分析作为一种基本的分析工具，现已广泛应用于市场研究领域

（1）进行市场细分

在市场细分中，通过对消费者的消费心理和生活态度方式等方面的调查，提取若干重要的因子，如经济实惠、舒适安乐和高档时尚等。然后，根据消费者对这些因子的偏好程度，将它们细分为几个市场，如经济实惠型、舒适安乐型和高档享受型等细分市场。

（2）产品研究

在产品调研中，因子分析技术能被用来确定影响消费者选择品牌的特性，如可以从轿车的耗油量、舒适程度、性价比等方面评估各个品牌的轿车。

（3）广告研究

在广告研究中，因子分析技术能被用来确定目标市场的媒体接触习惯，比如在电视、广播、报纸、杂志、路牌、传单等媒体中找出主要媒体形式及其特征。

（4）价格研究

在价格研究中，通过因子分析技术可确定价格敏感型消费者的主要特征。例如，消费者可被划分为斤斤有条型、讨价还价型、货比三家型等。

二、因子分析数学模型分析

（一）因子分析的数学模型

因子分析能将多变量化简，其目的是分解原始变量，从中归纳出潜在的"类别"，相关性较强的指标归为一类，不同类变量的相关性则较低。每一类变量代表了一个"共同因子"，即一种内在结构，因子分析就是要寻找该结构。

假设原有变量 p 个，分别用 $x_1, x_2, \cdots, x_p$ 表示，其中 $x_i(i=1,2,\cdots,p)$ 是均值为零、标准差为 1 的标准化变量，$F_1, F_2, \cdots, F_m$ 分别表示 m 个因子变量，m 应小于 p。于是有

$$\begin{cases} x_1 = a_{11}F_1 + a_{12}F_2 + \cdots + a_{1m}F_m + \varepsilon_1 \\ x_2 = a_{21}F_1 + a_{22}F_2 + \cdots + a_{2m}F_m + \varepsilon_2 \\ \vdots \\ x_p = a_{p1}F_1 + a_{p2}F_2 + \cdots + a_{pm}F_m + \varepsilon_p \end{cases}$$

用矩阵表示为

$$X = AF + \varepsilon$$

该模型中，F 称为 X 的公共因子，可以把它们理解为在高维空间中互相垂直的 m 个坐标轴；a_{ij} 称为因子载荷，是第 i 个变量在第 j 个公共因子上的载荷。如果把变量 x_i 看成 m 维因子空间中的一个向量，则 a_{ij} 表示 x_i 在坐标轴 F_j 上的投影。ε 称为 X 的特殊因子，表示原有变量不能被公共因子所解释的部分。

（二）因子分析的相关统计量

1. 因子载荷

因子载荷主要用于反映因子和各个变量间的密切程度。当各公共因子间完全不相关时，因子载荷 a_{ij} 就是第 i 个原有变量与第 j 个公共因子的相关系数，a_{ij} 的绝对值越大，则公共因子 F_j 与原有变量 x_i 的关系越强，说明该因子 F_j 对变量 x_i 的影响程度越大。

2. 共同度

共同度又称公共方差，是因子载荷阵 A 中 i 行元素的平方和，即 $h_i^2 = \sum_j^m a_{ij}^2$。它反映了 m 个公共因子对原有变量 x_i 总方差解释的比例。共同度越大，表示用这些公共因子描述变量 x_i 越有效。

3. 因子的贡献

因子的贡献表示每个因子对数据的解释能力，可以用该因子所解释的总方差来衡量。定义为因子载荷阵 A 中第 j 列元素的平方和，即 $V_j = \sum_{i=1}^p a_{ij}^2$；所有公共因子的总贡献为 $V = \sum_{j=1}^m V_j$。在实际中常用相对指标衡量公共因子的重要性，即每个因子所解释的方差占所有变量总方差的比率。设 p 表示观测变量数，V_j/p 表示第 j 个因子所能解释的方差的比率，V/p 表示所有公共因子累计解释的方差的比率，是衡量因子分析效果的一个重要指标。

三、因子分析的一般步骤

通常情况下，因子分析包含以下步骤：判断是否适合因子分析→构造因子变量→因子旋转与命名→计算因子变量得分等（见图 11-6）。我们将根据这一步骤对因子分析进行详细解释。

图 11-6　因子分析的一般步骤

（一）判断是否适合因子分析

因子分析的重要目的是从众多的原始变量中综合出少量的变量，这就要求原有的众多变量之间应该存在较强的相关关系。如果原有的变量之间不存在较强的相关关系，那么根本就没有办法从它们中间综合出能够反映某些变量共同特征的几个较少的公共因子变量来，也就无法进行因子分析了。

因此我们在进行因子分析时，首先需要考查和判断这些变量是否适合因子分析，具体包括如下几种方法。

1. 相关系数分析法

这是一种最简单的方法,即计算变量之间的相关系数矩阵并进行统计检验。如果相关系数矩阵中的大部分相关系数都小于 0.3 并且没有通过统计检验,那么这些变量就不适合作因子分析。

2. 巴特利特球度检验(Bartlett test of sphericity)

用于检验相关矩阵是不是单位阵,即各变量是否各自独立。它的零假设是 H_0,相关系数矩阵是一个单位矩阵,即相关系数矩阵对角线上的所有元素都为 1,所有非对角线上的元素都为零。巴特利特球度检验的统计量根据相关矩阵的行列式的计算得到。如果该统计量值比较大,且其对应的相伴概率值小于用户心中的显著性水平,则应拒绝 H_0,即认为相关系数矩阵不太可能是单位阵,适合进行因子分析;否则,如果该统计量值太小,且其对应的相伴概率值大于用户心中的显著性水平,则不能拒绝 H_0,可以认为相关系数矩阵可能是单位阵,不太适合进行因子分析。

3. KMO(Kaiser-Meyer-Olkin)检验

KMO 检验是用于比较变量间简单相关系数和偏相关系数的一个指标,计算公式为

$$\text{KMO} = \frac{\sum\sum_{i\neq j} r_{ij}^2}{\sum\sum_{i\neq j} r_{ij}^2 + \sum\sum_{i\neq j} p_{ij}^2}$$

上式中,r_{ij} 是变量 i 和 j 之间的简单相关系数,p_{ij} 是它们之间的偏相关系数。可见,KMO 统计量的取值在 0 和 1 之间。当所有变量之间的简单相关系数平方和远远大于偏相关系数平方和时,KMO 的值接近 1。KMO 的值越接近 1,就越适合进行因子分析,反之亦然。Kaiser 给出了一个 KMO 的度量标准:0.9 以上非常适合;0.8 适合;0.7 一般;0.6 不太适合;0.5 以下不适合。

(二) 构造因子变量

构造因子变量是因子分析的关键步骤之一。有许多可以用于构造因子变量的方法,如主成分法、主轴因子法、极大似然法、最小二乘法等。鉴于主成分法在实际分析中应用的最为广泛,因此在此我们将重点介绍主成分法。有兴趣的读者可以参考相关书籍,了解其他方法的应用。

主成分分析希望用尽可能少的主成分来包含尽可能多的信息。如何确定需要保留的主成分的数量,有以下几点原则可以遵循。

1. 主成分的累积贡献率

一般来说,提取主成分的累积贡献率达到 $80\% \sim 95\%$ 就比较满意了,可以此决定需要提取多少个主成分。

2. 特征值

特征值在某种程度上可以被看成是表示主成分影响力度的指标,如果特征值小于 1,说明主成分的解释力度还不如直接引入一个原变量的平均解释力度大。因此,一般可以将特征值大于 1 作为纳入标准。

3. 综合判断

大量的实践表明,根据累积贡献率确定主成分往往较多,而用特征值来确定又往往偏

低,许多时候应将两者结合起来,以确定合适的数量。

（三）因子旋转与解释

经过上一步,即构造因子变量,可以获得因子载荷矩阵 a_{ij}。通过观察 a_{ij} 观察可以发现:a_{ij} 的绝对值可能在某一行的许多列上都有较大的取值,或者其绝对值可能在某一列的许多行上都有较大的取值。这表明,某个原变量 x_i 可能同时与几个因子变量都有比较大的相关关系。也就是说,某个原变量 x_i 的信息需要由若干个因子变量来共同解释。同时,虽然一个因子变量可能解释许多变量的信息,但它却只能解释某个变量的一小部分信息,不是任何一个变量的典型代表。这样的情况必然使得某个因子变量的实际含义模糊不清。因此,为了更好地进行因子分析,可以通过某些手段进行适当的调整,即使得每个变量在尽可能少的因子上有较高的载荷。在理想的状况下,让某个变量在某个因子上的载荷趋于1,而在其他因子上的载荷趋于0。

为了更好地达到这种目的,我们选择对因子进行旋转的方法来解决这个问题。旋转不影响公因子方差和解释的总方差百分比,但每个因子单独解释的方差比例会发生变化。每一个因子解释方差的比例通过旋转而重新分配。值得注意的是,采用不同的旋转方法可能会导致不同因子的产生。

因子旋转的方法可以分为正交和斜交两类。鉴于实际应用的需要,在此我们主要介绍方差最大化正交旋转和 Promax 斜交旋转法,有兴趣的读者可以参考其他书籍。

（1）方差最大化正交旋转

这是一种最常用的方法,一般都能简化对因子的解释。它旋转的原则是各因子仍然保持直角正交,但使得因子间方差的差异程度达到最大。

（2）Promax 斜交旋转法

这是斜交旋转中最常用的一种,它的计算速度较快,旋转后允许因子间存在相关。这种旋转方式往往是在有具体的分析目的的时候使用。

在进行因子旋转以后,我们可以发现原始变量只在某个因子上存在较高的载荷系数。在这种情况下,我们可以用因子来代替原始变量进行后续的分析和统计。值得注意的是,在因子的解释上,灵活性很高,会出现"仁者见仁,智者见智"的情况。具体如何对因子进行解释,需要结合具体的事例进行分析。

（四）计算因子变量得分

在对因子进行解释以后,如果需要的话,可以计算因子得分。在实际应用中,因子变量确定以后,对每个样本数据,我们总是希望得到它们在不同因子上的具体数据值,这些数值就是因子得分。有了因子得分,在后续的分析中就可以不再针对原有的变量,而是简化为对各因子得分变量的研究,从而达到降维的目的。

计算因子得分的基本思想,就是将因子变量表示为原有变量的线性组合,即通过以下的因子得分函数计算因子得分。

$$F_j = \beta_{j1}x_1 + \beta_{j2}x_2 + \cdots + \beta_{jp}x_p \quad (j = 1, 2, \cdots, m)$$

估计因子得分的方法有很多,如回归法、Bartlette 法和 Anderson-Rubin 法等。感兴趣的读者可以参考相关书籍来了解具体的方法。

四、应用实例与 SPSS 的应用

【例 11-2】　为了操作某一个商业项目的定位,我们对当地的居民进行了访问。在问卷调查中,为了了解消费者的消费习惯,更好地对消费者进行细分,我们用 33 条态度语句来了解消费者的消费心理(用 5 级量表进行测量,5 表示非常赞同,4 表示比较赞同,2 表示不很赞同,1 表示很不赞同,9 为说不清)。这 33 条态度语句分别为:

1	我向往过浪漫的生活	5	4	2	1	9	/D001
2	我很注意街上的广告	5	4	2	1	9	/D002
3	电视上的广告和节目我都喜欢	5	4	2	1	9	/D003
4	我喜欢追求流行、时髦与新奇的东西	5	4	2	1	9	/D004
5	我向往发达国家的生活方式	5	4	2	1	9	/D005
6	广告是生活中必不可少的东西	5	4	2	1	9	/D006
7	流行与实用之间我比较喜欢流行	5	4	2	1	9	/D007
8	如果东西坏了,我会更换而不是修理	5	4	2	1	9	/D008
9	我认为自己的饮食是有益健康的	5	4	2	1	9	/D009
10	我经常阅读报纸及杂志中的广告	5	4	2	1	9	/D010
11	吸引异性的注目是我很喜欢的感觉	5	4	2	1	9	/D011
12	我做事一向都有计划	5	4	2	1	9	/D012
13	我做事一向果断,不会犹豫不决	5	4	2	1	9	/D013
14	我对我的成就寄予很大的期望	5	4	2	1	9	/D014
15	我经常会很冲动地做些事情	5	4	2	1	9	/D015
16	我往往是最早购买最新技术产品的人	5	4	2	1	9	/D016
17	我偏爱对健康美容有益的食物	5	4	2	1	9	/D017
18	我喜欢穿时尚的服装	5	4	2	1	9	/D018
19	我对服装服饰非常讲究	5	4	2	1	9	/D019
20	对我来说,家人认为我做得成功是很重要的	5	4	2	1	9	/D020
21	购物前我通常会比较几家商店同类商品的价格	5	4	2	1	9	/D021
22	我喜欢花时间与家人待在一起	5	4	2	1	9	/D022
23	对我来说,家庭比事业更加重要	5	4	2	1	9	/D023
24	对我来说,股票和股份的风险太大	5	4	2	1	9	/D024
25	我工作只是为了谋生	5	4	2	1	9	/D025
26	我对自己的花销非常谨慎	5	4	2	1	9	/D026
27	与电视相比,我更愿意从报纸中获取信息	5	4	2	1	9	/D027
28	我将阅读过的杂志保留起来	5	4	2	1	9	/D028
29	我通常选择购买最便宜的产品	5	4	2	1	9	/D029
30	如果有富余的钱,我更愿意把它存入银行	5	4	2	1	9	/D030
31	杂志帮助我跟上最新潮流	5	4	2	1	9	/D031
32	有时我会买一些不需要的东西自娱	5	4	2	1	9	/D032
33	金钱是衡量成功的最佳标准	5	4	2	1	9	/D033

在对消费者进行调查以后,我们得到了数据库 customer.sav。下面我们将利用该数据库,同时结合 SPSS 分析工具,对这些资料进行因子分析。

（一）判断是否适合进行因子分析

打开数据库 customer. sav,选择 Analyze→Data Reduction→Factor,进入因子分析的初始窗口,并将需要分析的初始变量放入选择框中,如图 11-7 所示。

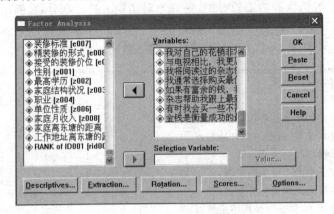

图 11-7　因子分析的初始窗口

为了对 variables 对话框中的变量进行判断,需要在如图 11-7 所示的窗口中选择 Descriptives 选项,并在弹出的对话框中选择 KMO and Barlett's test of sphericity,得到表 11-7。

表 11-7　KMO 与 Bartlett 球度检验

KMO 检验系数		0.806
Bartlett 球度检验	近似长方值	3530.832
	自由度	528
	P 值	0.000

从表 11-7 的数据我们可以发现,KMO 的取值为 $0.806 > 0.8$,符合 KMO 的判断标准(KMO 得分在 0.8 以上为适合),同样,从 Bartlett 球度检验可以发现,它的取值为 $0.000 < 0.05$,表明可以拒绝原假设(原假设:载荷矩阵为单位阵),因此很符合因子分析的条件。

（二）构造因子变量

在上面的分析中,我们已经通过 KMO 和 Bartleet 球度检验,表明原变量适合进行因子分析,因此我们将继续进行下一步分析——构造因子变量。在如图 11-7 所示的窗口中,我们选择 Extraction 选项,并在弹出的对话框中选择 principal components (主成分法),在 Analyze 下选择 correlation matrix (相关矩阵),在 Extract 下选择 Eigenvalues over 1(特征值大于 1),在 Maximum Iterations for Convergence 中选择 25(计算时的最大迭代次数),如图 11-8 所示。

通过上面的系列操作,我们可以得到如表 11-8 所示的结果。

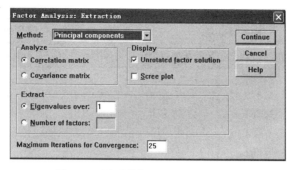

图 11-8　因子分析 Extraction 选项框

表 11-8　方差解释分析

序列	初始特征值			公因子的刻画精度		
	合计	方差百分比/%	累积方差百分比/%	合计	方差百分比/%	累积方差百分比/%
1	4.892	14.825	14.825	4.892	14.825	14.825
2	2.919	8.844	23.669	2.919	8.844	23.669
3	1.868	5.659	29.328	1.868	5.659	29.328
4	1.548	4.690	34.018	1.548	4.690	34.018
5	1.359	4.117	38.135	1.359	4.117	38.135
6	1.237	3.750	41.885	1.237	3.750	41.885
7	1.181	3.578	45.462	1.181	3.578	45.462
8	1.101	3.335	48.797	1.101	3.335	48.797
9	1.069	3.238	52.036	1.069	3.238	52.036
10	0.999	3.028	55.064			
11	0.949	2.875	57.939			
12	0.917	2.778	60.717			
13	0.891	2.700	63.417			
14	0.850	2.577	65.994			
15	0.817	2.476	68.470			
16	0.781	2.368	70.838			
17	0.779	2.360	73.198			
18	0.733	2.220	75.418			
19	0.710	2.151	77.569			
20	0.679	2.058	79.628			
21	0.661	2.003	81.630			
22	0.639	1.936	83.566			
23	0.606	1.837	85.404			
24	0.582	1.763	87.167			
25	0.569	1.724	88.891			
26	0.547	1.657	90.548			
27	0.514	1.558	92.106			
28	0.504	1.527	93.633			

续表

序列	初始特征值			公因子的刻画精度		
	合计	方差百分比/%	累积方差百分比/%	合计	方差百分比/%	累积方差百分比/%
29	0.494	1.497	95.130			
30	0.455	1.379	96.509			
31	0.418	1.267	97.777			
32	0.409	1.241	99.017			
33	0.324	0.983	100.000			

方法：主成分分析法

从表 11-8 中，我们可以发现，通过主成分法进行因子分析，并取特征值大于 1 的因子，在迭代 25 次的情况下，我们可以从原始的 33 个变量中提取 9 个因子，这 9 个因子可以解释总方差的 52% 以上。

在选择 9 个因子的基础上，表 11-9 给出了因子的载荷矩阵。从表中的数据我们可以发现，某些变量的因子负荷值太小，同时某些变量在某列的负荷值都比较大，这样就很难进行因子的解释工作，所以我们需要进行下一步的分析工作。

表 11-9　因子载荷矩阵

语　句	公 共 因 子								
	1	2	3	4	5	6	7	8	9
我向往过浪漫的生活	0.625	−0.230	0.171	−0.073	0.142	−0.113	0.092	0.188	−0.017
我很注意街上的广告	0.496	0.038	−0.204	0.296	−0.021	0.121	−0.293	−0.006	−0.178
电视上的广告和节目我都喜欢	0.489	0.183	−0.062	0.202	−0.111	0.175	−0.281	−0.170	−0.248
我喜欢追求流行、时髦的东西	0.618	−0.330	0.208	−0.100	0.059	−0.052	−0.037	−0.064	0.028
我向往发达国家的生活方式	0.454	−0.304	−0.068	−0.053	0.068	0.198	−0.089	0.215	−0.112
广告是生活中必不可少的东西	0.376	0.032	−0.347	0.374	−0.027	0.032	−0.268	−0.038	−0.322
流行与实用之间我比较喜欢流行	0.509	−0.312	0.347	−0.062	0.093	0.043	−0.165	−0.177	0.154
如果东西坏了，我会更换而不是修理	0.351	−0.12	0.002	0.119	−0.291	0.436	0.122	0.065	0.101
我认为自己的饮食是有益于健康的	0.250	0.305	−0.017	−0.454	−0.255	0.084	−0.025	−0.246	−0.012
我经常阅读报纸及杂志中的广告	0.456	0.246	−0.320	0.286	−0.118	−0.158	−0.083	−0.166	0.125
吸引异性的注目是我很喜欢的感觉	0.500	−0.234	0.068	−0.044	0.351	−0.159	−0.156	0.172	−0.019

续表

语　句	公 共 因 子								
	1	2	3	4	5	6	7	8	9
我做事一向都有计划	0.198	0.257	−0.439	−0.312	0.137	−0.128	−0.174	0.054	−0.002
我做事一向果断，不会犹豫不决	0.235	0.274	−0.424	−0.361	0.254	−0.249	0.018	−0.099	0.054
我对我的成就寄予很大的期望	0.369	0.002	−0.364	−0.188	0.459	0.158	0.147	−0.041	0.128
我经常会很冲动地做些事情	0.254	−0.212	0.245	0.336	0.300	−0.101	0.277	0.157	0.236
我往往是最早购买最新技术产品的人	0.473	−0.009	0.193	−0.054	−0.069	0.137	−0.186	−0.258	0.440
我偏爱对健康美容有益的食物	0.451	0.077	0.165	−0.319	−0.239	0.031	0.126	−0.146	−0.044
我喜欢穿时尚的服装	0.617	−0.300	0.126	−0.193	−0.256	−0.296	0.107	0.008	−0.153
我对服装服饰非常讲究	0.543	−0.217	−0.051	−0.237	−0.202	−0.169	0.177	0.067	−0.327
对我来说，家人认为我做得成功是很重要的	0.369	0.206	−0.272	−0.118	0.262	0.328	0.278	0.307	−0.077
购物前我通常会比较几家商店同类商品的价格	0.151	0.550	0.330	−0.032	0.100	−0.104	−0.126	0.099	0.006
我喜欢花时间与家人待在一起	0.134	0.553	−0.030	0.035	−0.004	0.197	0.193	−0.005	0.129
对我来说，家庭比事业更加重要	0.239	0.362	0.113	0.074	−0.050	0.263	0.443	−0.028	−0.219
对我来说，股票和股份的风险太大	0.179	0.220	0.298	0.017	−0.199	0.104	−0.213	0.608	−0.031
我工作只是为了谋生	0.091	0.292	0.214	0.345	0.131	−0.295	0.253	−0.200	−0.193
我对自己的花销非常谨慎	0.173	0.600	0.228	0.065	−0.003	−0.136	0.094	−0.039	−0.074
与电视相比，我更愿意从报纸中获取信息	0.273	0.173	−0.311	0.305	−0.148	−0.208	0.057	0.100	0.317
我将阅读过的杂志保留起来	0.294	0.378	−0.131	0.043	−0.169	0.028	−0.030	0.217	0.299
我通常选择购买最便宜的产品	0.170	0.465	0.394	−0.171	0.179	0.171	−0.276	−0.059	0.099
如果有富余的钱，我更愿意把它存入银行	0.105	0.526	0.229	−0.028	0.099	−0.194	0.025	0.033	−0.170

续表

语 句	公 共 因 子								
	1	2	3	4	5	6	7	8	9
杂志帮助我跟上最新潮流	0.538	0.010	−0.042	0.202	−0.165	−0.333	0.078	0.059	0.198
有时我会买一些不需要的东西自娱	0.351	−0.190	−0.103	0.090	−0.167	0.171	0.312	−0.196	0.093
金钱是衡量成功的最佳标准	0.261	−0.058	0.177	0.245	0.428	0.207	−0.018	−0.284	−0.126

方法：主要成分分析法
共提取了 9 个公共因子

（三）因子旋转与命名

要进行因子旋转，我们需要在因子分析对话框（见图 11-7）中，按 Rotation 按钮，以选择载荷矩阵的旋转方法。通常情况下，我们建议以旋转方差极大法进行旋转（varimax）。其中，Display 框指定输出那些与因子载荷矩阵有关的信息，Rotated solution 表示输出旋转后的因子载荷矩阵，Loading plots 表示输出载荷散点图。经过以上的相关操作，我们可以得到相关的旋转信息，如表 11-10 所示。

通过表 11-10，我们可以发现，经过因子旋转以后，因子的负荷系数比以前更高。因此，各个因子变量的含义也更加清楚（在表 11-10 中我们用阴影来反映变量对因子的归属情况）。根据以上的归属情况，我们可以对相关因子进行解释和命名。比如，我们可以将第 1 个因子命名为"流行因子"、第 2 个因子命名为"节俭因子"、第 3 个因子命名为"广告因子"……

表 11-10　旋转后的因子载荷矩阵

语 句	公 共 因 子								
	1	2	3	4	5	6	7	8	9
我喜欢穿时尚的服装	0.820	−0.025	0.063	−0.058	0.139	0.037	−0.098	0.021	−0.029
我对服装服饰非常讲究	0.720	−0.039	0.133	0.090	0.027	−0.157	−0.155	0.133	−0.009
我向往过浪漫的生活	0.636	0.040	0.069	0.154	0.056	0.160	0.267	0.069	0.127
我喜欢追求流行、时髦的东西	0.621	−0.061	0.128	0.048	0.006	0.359	0.138	0.026	−0.011
吸引异性的注目是我很喜欢的感觉	0.464	0.003	0.175	0.273	−0.018	0.183	0.329	−0.193	0.120
我偏爱对健康美容有益的食物	0.449	0.169	−0.022	0.031	0.029	0.211	−0.312	0.247	−0.015
我向往发达国家的生活方式	0.388	−0.239	0.267	0.174	−0.081	0.101	0.129	0.122	0.242

续表

语　句	公 共 因 子								
	1	2	3	4	5	6	7	8	9
我对自己的花销非常谨慎	−0.011	0.665	0.039	−0.001	0.144	0.004	−0.064	0.110	0.003
购物前我通常会比较几家商店同类商品的价格	−0.025	0.638	0.008	0.041	0.044	0.144	−0.021	−0.062	0.213
如果有富余的钱,我更愿意把它存入银行	0.024	0.637	0.018	0.059	0.007	−0.068	−0.043	−0.030	0.044
我通常选择购买最便宜的产品	−0.091	0.518	0.035	0.098	−0.154	0.460	−0.094	−0.014	0.220
我工作只是为了谋生	0.049	0.514	0.091	−0.149	0.099	−0.141	0.239	0.051	−0.341
我喜欢花时间与家人待在一起	−0.213	0.382	0.003	0.179	0.197	0.070	−0.087	0.373	0.064
广告是生活中必不可少的东西	0.081	−0.035	0.726	0.074	0.158	−0.115	0.028	0.001	−0.020
我很注意街上的广告	0.147	−0.002	0.657	0.085	0.162	0.095	0.041	0.060	0.093
电视上的广告和节目我都喜欢	0.142	0.166	0.640	0.001	0.067	0.175	−0.136	0.136	0.024
我对我的成就寄予很高的期望	0.098	−0.094	0.075	0.680	0.022	0.150	0.152	0.187	−0.110
我做事一向果断,不会犹豫不决	0.093	0.147	−0.008	0.654	0.181	−0.036	−0.205	−0.133	−0.170
我做事一向都有计划	0.027	0.064	0.126	0.564	0.150	−0.058	−0.262	−0.165	0.060
对我来说,家人认为我做得成功是很重要的	0.092	0.072	0.112	0.553	−0.006	−0.106	0.123	0.456	0.233
与电视相比,我更愿意从报纸中获取信息	−0.011	0.011	0.124	0.094	0.662	−0.029	0.084	0.047	0.014
杂志帮助我跟上最新潮流	0.401	0.096	0.121	−0.006	0.560	0.080	0.118	0.015	−0.015
我经常阅读报纸及杂志中的广告	0.067	0.121	0.404	0.140	0.552	0.091	−0.054	0.049	−0.146
我将阅读过的杂志保留起来	−0.038	0.180	0.052	0.160	0.468	0.112	−0.099	0.155	0.296
我往往是最早购买最新技术产品的人	0.182	0.014	0.063	0.009	0.227	0.694	−0.061	0.089	0.004
流行与实用之间我比较喜欢流行	0.458	−0.046	0.102	−0.054	−0.060	0.567	0.149	−0.025	−0.021

续表

语 句	公 共 因 子								
	1	2	3	4	5	6	7	8	9
我经常会很冲动地做些事情	0.212	0.035	−0.110	−0.040	0.160	0.130	0.652	0.108	−0.026
我认为自己的饮食是有益于健康的	0.160	0.202	−0.017	0.167	0.016	0.206	−0.576	0.160	−0.028
金钱是衡量成功的最佳标准	0.043	0.133	0.320	0.069	−0.252	0.293	0.366	0.130	−0.244
对我来说,家庭比事业更加重要	0.068	0.376	0.070	0.023	−0.035	−0.104	−0.006	0.599	−0.039
如果东西坏了,我会更换而不是修理	0.146	−0.213	0.169	−0.117	0.126	0.197	−0.021	0.505	0.192
有时我会买一些不需要的东西自娱	0.243	−0.204	0.074	−0.015	0.184	0.126	0.017	0.423	−0.210
对我来说,股票和股份的风险太大	0.115	0.246	0.061	−0.149	0.057	−0.011	0.019	0.031	0.729

提取因子方法:主成分分析法;旋转法:方差极大法
共进行 12 次迭代

(四) 计算因子得分

要计算因子得分,我们可以在因子分析窗口(见图 11-7)中选择 Scores 按钮,在随后弹出的窗口中旋转 Save as variables 选项,这样可以将因子得分保存到一个因子变量中。同时选择 Display factor score coefficient matrix 项,可以以矩阵的形式输出因子得分函数。

按照以上操作,我们可以得到表 11-11。

表 11-11 因子得分函数

语 句	公 共 因 子								
	1	2	3	4	5	6	7	8	9
我向往过浪漫的生活	0.203	0.040	−0.076	0.064	−0.016	−0.033	0.157	−0.019	0.094
我很注意街上的广告	−0.049	−0.032	0.385	−0.026	−0.012	−0.005	−0.002	−0.043	0.065
电视上的广告和节目我都喜欢	−0.037	0.038	0.393	−0.090	−0.092	0.049	−0.128	0.012	−0.022
我喜欢追求流行、时髦的东西	0.167	−0.009	−0.016	−0.005	−0.043	0.139	0.036	−0.048	−0.034
我向往发达国家的生活方式	0.077	−0.112	0.116	0.081	−0.123	−0.027	0.055	0.049	0.212
广告是生活中必不可少的东西	−0.037	−0.024	0.462	−0.033	−0.021	−0.144	−0.011	−0.072	−0.017

续表

语　句	公　共　因　子								
	1	2	3	4	5	6	7	8	9
流行与实用之间我比较喜欢流行	0.071	−0.015	−0.006	−0.049	−0.058	0.331	0.037	−0.077	−0.050
如果东西坏了,我会更换而不是修理	−0.049	−0.159	0.035	−0.116	0.046	0.093	−0.041	0.359	0.150
我认为自己的饮食是有益于健康的	0.058	0.038	−0.046	0.039	−0.048	0.128	−0.389	0.074	−0.083
我经常阅读报纸及杂志中的广告	−0.062	0.004	0.156	−0.008	0.297	0.043	−0.036	−0.056	−0.147
吸引异性的注目是我很喜欢的感觉	0.124	0.031	0.035	0.157	−0.061	0.025	0.203	−0.215	0.104
我做事一向都有计划	0.000	−0.007	0.038	0.303	0.038	−0.043	−0.138	−0.180	0.046
我做事一向果断,不会犹豫不决	0.038	0.048	−0.081	0.362	0.066	−0.028	−0.094	−0.153	−0.158
我对我的成就寄予很高的期望	−0.059	−0.071	−0.055	0.403	−0.051	0.086	0.129	0.106	−0.093
我经常会很冲动地做些事情	0.027	0.043	−0.174	0.001	0.138	0.035	0.441	0.069	−0.009
我往往是最早购买最新技术产品的人	−0.082	−0.061	−0.066	−0.036	0.148	0.490	−0.074	−0.005	−0.044
我偏爱对健康美容有益的食物	0.165	0.054	−0.092	−0.043	−0.041	0.061	−0.233	0.131	−0.068
我喜欢穿时尚的服装	0.339	0.028	−0.061	−0.101	0.039	−0.129	−0.122	−0.054	−0.050
我对服装服饰非常讲究	0.320	0.019	0.009	−0.012	−0.071	−0.269	−0.143	0.046	−0.026
对我来说,家人认为我做得成功是很重要的	−0.019	−0.018	−0.025	0.309	−0.105	−0.154	0.136	0.310	0.194
购物前我通常会比较几家商店同类商品的价格	−0.001	0.256	−0.018	0.001	−0.011	0.061	0.029	−0.111	0.131
我喜欢花时间与家人待在一起	−0.124	0.094	−0.064	0.070	0.084	0.053	−0.002	0.247	0.016
对我来说,家庭比事业更加重要	0.029	0.142	−0.005	−0.032	−0.117	−0.156	0.020	0.433	−0.077
对我来说,股票和股份的风险太大	0.046	0.064	0.018	−0.109	0.017	−0.092	0.042	−0.026	0.608
我工作只是为了谋生	0.067	0.276	0.043	−0.115	0.024	−0.153	0.170	0.012	−0.319

语 句	公 共 因 子								
	1	2	3	4	5	6	7	8	9
我对自己的花销非常谨慎	0.023	0.274	−0.013	−0.047	0.037	−0.046	−0.002	0.024	−0.052
与电视相比,我更愿意从报纸中获取信息	−0.066	−0.048	−0.042	0.001	0.442	−0.017	0.084	−0.024	0.017
我将阅读过的杂志保留起来	−0.082	−0.010	−0.076	0.042	0.291	0.069	−0.020	0.049	0.231
我通常选择购买最便宜的产品	−0.094	0.179	0.017	0.048	−0.144	0.315	−0.040	−0.070	0.126
如果有富余的钱,我更愿意把它存入银行	0.066	0.286	0.002	0.008	−0.053	−0.104	0.013	−0.072	−0.007
杂志帮助我跟上最新潮流	0.109	0.028	−0.069	−0.074	0.351	−0.023	0.072	−0.075	−0.028
有时我会买一些不需要的东西自娱	0.022	−0.112	−0.045	−0.052	0.093	0.051	−0.022	0.305	−0.191
金钱是衡量成功的最佳标准	−0.078	0.082	0.203	0.042	−0.241	0.167	0.215	0.072	−0.229

提取因子方法:主成分分析法;旋转法:方差极大法

通过上面的得分函数,我们可以进行相关计算,具体公式为

$$F_j = c_{1j}x_1 + c_{2j}x_2 + \cdots + c_{ij}x_i + \cdots + c_{pj}x_p \quad (j = 1, 2, \cdots, m)$$

其中,F_j 为第 j 个因子变量;

c_{ij} 为因子得分系数;

x_i 为第 i 个变量。

SPSS 会根据因子得分函数的得分自动计算各样本的 9 个因子得分,并将其保存在 9 个新的变量里面,以便进行其他的分析。至此,因子分析完成。

第三节 判 别 分 析

一、判别分析的含义及其应用

在市场研究中经常遇到判别问题。例如,忠诚客户与非忠诚客户的判别,潜在客户与非潜在客户的判别,价格敏感型顾客与非价格敏感型顾客的判别。这些判别问题可以用判别分析法来解决。

判别分析是一种重要的统计鉴别和分组技术,是根据观测或测量到的样本对象的若干变量值,判断研究样本对象所属类型的多元统计分析方法。具体而言,就是在已知某些观测对象分类和若干描述观测对象特征的变量值的前提下,筛选可以提供较多信息的预测变量,根据某些准则,创建尽可能把属于不同类型的数据区分开来的判别函数,在错判

率达到最小的原则下,利用该判别函数判断待判对象的类别(这一点与聚类分析不同,聚类分析是在不知样本需要分为多少类和都有些什么类的情况下,对样本进行分类处理)。在判别分析中,分类变量称为因变量,而用来分类的其他特征变量称为判别变量或自变量。该法主要用于标准变量或因变量为定类数据,预测变量或自变量为定距数据的情况。

通俗地说,判别分析是用来判别哪个变量能够区别两个或多个自然发生组。例如,教育者也许想调查哪个变量能够判别高中毕业生中哪些学生决定上大学、哪些学生决定上商业或技术专科学校,以及哪些学生不再寻求继续教育与培训。为了达到这个目的,研究者在学生毕业之前收集了大量的材料。毕业后,大部分学生自然都成为这三类中的一类。判别分析就是寻找哪个变量是反映学生们最后教育选择的最好指标。医学研究者为了知道哪个变量能够最好地预测病人是倾向于完全康复(第一组),还是部分康复(第二组),还是根本没法康复(第三组),也许会记录大量与病人背景有关的不同变量。生物学者也许会记录种系类似的花的不同特征,然后进行判别分析,判断能够最好地判别不同类系的花的各种特征群。

总体而言,判别分析的目的主要集中于以下几个方面:

(1) 建立判别函数,用于预测变量或者自变量的线性组合;

(2) 检查不同组别之间存在预测变量方面是否有显著差异;

(3) 决定哪个预测变量对组间差异的贡献最大;

(4) 根据预测变量对个体进行分类。

判别分析在市场营销中主要运用于以下领域:

(1) 产品的大量使用者、普通使用者和少量使用者在消费方面存在哪些明显的差异;

(2) 日常用品的价格敏感者和非价格敏感者具有哪些心理特征上的差异;

(3) 如何识别盈利潜力良好的顾客;

(4) 绘制产品空间图,以描述不同品牌在市场中的相对应位置。

二、判别分析模型

(一)判别分析的基本模型

判别分析的基本模型是判别函数,它表示为分组变量与满足假设条件的判别变量之间的线性关系,其数学形式为

$$D_i = b_0 + b_1 X_{1i} + b_2 X_{2i} + \cdots + b_k X_{ki}$$

其中,D 为判别得分,D_i 表示对应于第 i 个个体的得分($i=1,2,\cdots,n$);

　　b 为判别系数,b_j 表示对应于第 j 个自变量的系数($j=1,2,\cdots,k$);

　　X 为自变量,X_{ji} 表示对应于第 i 个个体和第 j 个自变量的值。

判别系数 b_j 的目的在于使各组在判别函数值上的差异最大化,同时保证组间平方和与组间平方和的判别分比率最大化,在其他形式因变量(预测变量)的线性组合下,这一比率都更小。

根据样本数据,可以计算出一个判别临界值 D_c 作为判断某个体归属到哪一个类别的基准。例如,假定要判别的是"忠诚顾客"还是"非忠诚顾客",那么其结果可能是:若 $D_i > D_c$,则判定第 i 个个体为"忠诚顾客";若 $D_i < D_c$,则判定第 i 个个体为"非忠诚

顾客"。

（二）判别分析的适用条件

与其他统计方法一样,判别分析具有一定的适用条件:

(1) 各自变量为连续性或有序变量,如果存在无序多分类变量,可以使用哑变量方式纳入。

(2) 样本来自一个多元正态总体,实际上该前提很难做到。

(3) 各组的协方差矩阵相等,该条件类似于方差分析中的方差齐。

(4) 各组间独立,无共线性,但该问题在判别分析中的影响不是特别严重,这是因为判别分析关心的重点是对应变量的判别效果,而不是自变量的影响程度。存在共线性可能使方程系数和变量发生改变,但不会对判别效果产生太大的影响。

(5) 一般而言,样本量在所使用的自变量个数的 10～20 倍以上时,函数才比较稳定;而自变量个数为 8～10 个时,函数的判别效果才可能比较理想。

三、判别分析的基本步骤

要对某些数据进行判别分析,通常要经过确定问题→估计与检验判别函数→解释与评估结果这三个步骤(见图 11-9),以下我们将进行详细介绍。

图 11-9　判别分析的基本步骤

（一）确定问题

判别分析的第一步就是要确定分析的问题,包括确认分析的目的、因变量和自变量等。在判别分析中,因变量通常要求是定类的数据,如果因变量是定距或定比的数据,则需要进行一定的转换。如消费者对某品牌的偏好得分可以用 7 级李克特量表进行测量,其得分为 1～7 分,我们可以令(1,2,3)为不喜欢,(4,5)为中度喜欢,(6,7)为非常喜欢,这样就可以将定距数据转化为我们所需要的定类数据。

在确定了因变量以后,我们可以开始确定自变量和分析的问题。这里我们需要注意,自变量的类型通常要求是定距的变量,而其数目可以事先确定,也可以根据分析的需要在下一步确定。

（二）估计与检验判别函数

1. 估计判别系数

在确定了分析的问题以后,我们首先需要做的就是确定估计判别系数的方法,主要包括两种方法。

(1) 直接法(enter independents together)。就是不考虑其他因素,将所有的自变量都带入函数求因变量。在自变量存在较强共线性的情况下,这种方法的效果不是很好。

(2) 逐步进入法(use stepwise method)。自变量根据其判别能力依次引入模型,类似于多元线性回归的逐步筛选法,可以有效地避免自变量的多重共线性。

2. 检验判别函数

在通过以上方法确定了判别系数以后,就需要对判别函数进行一定的检验,具体包含以下几种方法。

（1）距离判别。其思想是由训练样本得出每个分类的重心坐标，然后对新样本求出它们离各个类别重心的距离，分别归入离得最近的分类。最常用的距离是马氏距离，偶尔也会采用欧氏距离。距离判别的特点是直观、简单，适用于对自变量均为连续变量的情况下的分类，且它对变量的分布类型无严格要求，特别是并不严格要求总体协方差矩阵相等。

（2）Fisher 判别。又称典则判别，该方法的基本思想是投影，即将原来在 R 维空间的自变量组合投影到较低的 D 维空间上，然后在 D 维空间中再进行分类。投影的原则是使得每一类的离差尽可能小，而不同类间投影的离差尽可能大。

Fisher 判别法的优势在于对分布、方差等都没有什么限制，应用范围较为广泛。另外，用该判别方法建立的判别方程可以直接用手工计算的方法进行新观察对象的判别，这在许多时候是比较方便的。

（3）Bayes 判别。许多时候我们对各类别的比例分布情况有一定的先验信息，比如说客户对投递广告的反应绝大多数都是无回音，如果进行判别，自然也应当是无回音居多。Bayes 判别就可以利用这种先验信息，它的基本思想是认为所有 P 个类别都是空间中互斥的子域，每个观测都是空间中的一个点。Bayes 在考虑先验概率的前提下，利用 Bayes 公式按照一定准则构造一个判别函数，分别计算该样品落入各个子域的概率，所有概率中最大的一类就被认为是该样品所属的类别。

（三）解释与评估结果

在判别函数或系数确定以后，我们应该通过一定的方法，比如标准化，使得变量有较大的相对重要性。这样，我们就可以通过考查这些系数的大小，来确定各个变量对因变量的影响程度，从而可以对因变量进行解释。

当然，判别函数还需要进行一定的评估，主要通过对判别函数的解释进行评估，来了解样本是否可以通过判别函数进行较为正确的分类，最终确定判别函数的效果。

四、应用案例与 SPSS 分析

【**例 11-3**】　某公司为了研究"影响消费者对纸尿裤品牌偏好的关键因素"，特收集了 300 位婴儿母亲的数据。每个被访问者对随机选中的一个纸尿裤品牌（共 3 个品牌，Pampers、Huggies 和 Luvs）的偏好程度为因变量，纸尿裤的 9 个属性为自变量（以李克特 7 分量表进行测量），其具体含义如表 11-12 所示。

1. 问题的确定

由于消费者对品牌的偏好为定距变量（1～7），因此要将其转化为定类变量。我们对这些消费者进行分组，将品牌偏好得分为 1～3 分定为第一组（占 42.3%），即不喜欢该品牌的消费者；品牌偏好得分为 4～5 分定为第二组（占 30.7%），即中度喜欢该品牌的消费者；品牌偏好得分为 6～7 分的消费者定为第三组（占 27%），即非常喜欢该品牌的消费者。

表 11-12　9 个自变量的含义分析

变量代号	变量名称	含　义
Count	每包片数	是否希望每包的片数多
Price	价格	是否愿意支付高价
Value	价值	推销高价值
Unisex	不分性别	是不分性别还是分性别的尿裤
Style	样式	有图案/彩色的纸尿裤还是普通的纸尿裤
Absorbency	吸水性	一般还是超强吸水性
Leakage	防漏性	是窄/渐缩型裤裆还是普通裤裆
Comfort	舒适感	额外的衬垫和贴身形状
Taping	胶带	是重复粘贴胶带还是普通胶带

我们将其他 8 个变量都作为自变量,通过判别模型来判断消费者对品牌的偏好主要受哪些因素的影响。

2. 估计与检验判别函数

以下将通过 SPSS 统计软件的判别分析功能来完成估计和检验判别函数。首先,打开数据库 pampers. sav,并运行 Analyze→Classify→Discriminant 步骤,出现 SPSS 判别分析的主窗口。

在 Grouping Variable 按钮中加入分组后的品牌偏好(1～3 组),在 Define Range 按钮中键入 1～3,同时在 Independent 按钮中,加入所有的 9 个自变量,并选择采用逐步加入法(use stepwise method),得到如图 11-10 所示的窗口。

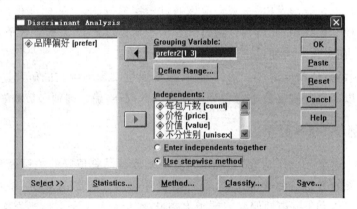

图 11-10　SPSS 判别分析主窗口

在如图 11-10 所示的窗口中,打开 Statistics 按钮,并在随后得到的对话框中(见图 11-11),选择 Descriptive 下的 Means(均值)、Univariate ANOVAs(单因素方差分析),同时在 Function Coefficients 中选择适当的参数。

同时,打开 Method 按钮,在 Method 选项(见图 11-12)中选择系统默认的 Wilis' lambda 方法,在 Criteria 选项中根据需要选择 F 值或者 P 值进行估计。

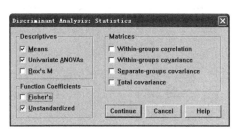

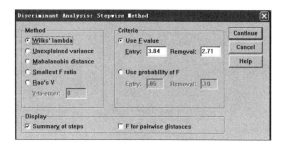

图 11-11　Statistics 子对话框　　　　　　图 11-12　Method 子对话框

与此同时,打开 Classify 按钮,在随后的子对话框(见图 11-13)中,选择 Prior Probabilities 下的 All groups equal 选项,在 Display 中选择 Leave-one-out classification (交互验证方法),其他选项采用 SPSS 默认的选择方法。

打开 Save 按钮,并在随后的子对话框(见图 11-14)中选择 Discriminant score ,以输出各个记录的判别分数。

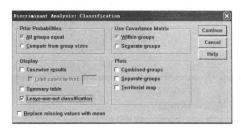

图 11-13　Classify 子对话框　　　　　　图 11-14　Save 子对话框

经过上述操作,我们可以得到如表 11-13 所示的结果。

表 11-13　自变量相关系数矩阵

项目	每包片数	价格	价值	不分性别	样式	吸水性	防漏性	舒适感	胶带
每包片数	1.000	0.814	0.658	0.200	0.170	0.214	0.177	0.208	0.248
价格	0.814	1.000	0.680	0.199	0.165	0.141	0.073	0.095	0.227
价值	0.658	0.680	1.000	0.160	0.102	0.218	0.153	0.220	0.207
不分性别	0.200	0.199	0.160	1.000	0.845	0.101	0.135	0.113	0.113
样式	0.170	0.165	0.102	0.845	1.000	0.129	0.138	0.123	0.162
吸水性	0.214	0.141	0.218	0.101	0.129	1.000	0.921	0.626	0.406
防漏性	0.177	0.073	0.153	0.135	0.138	0.921	1.000	0.642	0.410
舒适感	0.208	0.095	0.220	0.113	0.123	0.626	0.642	1.000	0.562
胶带	0.248	0.227	0.207	0.113	0.162	0.406	0.410	0.562	1.000

从表 11-13 我们可以发现,这 9 个自变量之间存在较大的相关性,进行分析时容易导致多重共线,因此,我们应该采用逐步进入法来确定判别变量,得到如表 11-14 的结果,即不分性别、吸水性和每包片数进入最终判别变量。

表 11-14　进入分析的判别变量

步骤	项目	容忍度	F 值	Lambda 系数
1	不分性别	1.000	122.649	
2	不分性别	0.993	59.739	0.562
	吸水性	0.993	54.281	0.548
3	不分性别	0.969	35.480	0.433
	吸水性	0.988	40.850	0.446
	每包片数	0.968	21.852	0.401

　　下面我们将不分性别、吸水性和每包片数作为判别变量,重新进行判别分析。首先检验这些数据是否符合判别分析的条件。从表 11-15 可以看出,几个变量之间的相关系数很小,基本满足"每个判别变量不是其他判别变量的线性组合"的假设。同时,从表 11-16 和表 11-17 的方差分析结果也可以发现,每个组别在三个变量方面都有显著性差异。

表 11-15　几个自变量的相关系数矩阵

相关性	每包片数	不分性别	吸水性
每包片数	1.000	0.200	0.214
不分性别	0.200	1.000	0.101
吸水性	0.214	0.101	1.000

表 11-16　各组各个自变量的均值和标准差

品牌偏好	项目	均值	标准差	数　量	
				非加权	加权
不喜欢	每包片数	4.07	0.901	127	127.000
	不分性别	3.03	1.091	127	127.000
	吸水性	3.13	0.900	127	127.000
中度喜欢	每包片数	5.10	0.742	92	92.000
	不分性别	4.47	1.021	92	92.000
	吸水性	4.01	0.805	92	92.000
非常喜欢	每包片数	5.58	0.804	81	81.000
	不分性别	5.46	1.255	81	81.000
	吸水性	5.02	0.935	81	81.000

表 11-17　单元方差分析结果

项　目	Lambda 系数	F 值	自由度 1	自由度 2	显著性水平
每包片数	0.620	90.882	2	297	0.000
不分性别	0.548	122.649	2	297	0.000
吸水性	0.562	115.525	2	297	0.000

根据表 11-18 中的标准化判别系数，我们可以分别写出两个判别函数：

$$Y_1 = 0.438 \times 每包片数 + 0.557 \times 不分性别 + 0.569 \times 吸水性$$

$$Y_2 = 0.703 \times 每包片数 + 0.126 \times 不分性别 - 0.753 \times 吸水性$$

同时，从表 11-18 中的组重心处的判别函数值，我们可以得到各组的组重心。

表 11-18　标准化判别系数、结构化系数和组重心处的判别函数值

项目	标准化判别系数		结构化系数		品牌偏好	组重心处的判别函数值	
	1	2	1	2		1	2
每包片数	0.438	0.703	0.578	0.659	不喜欢	−1.433	−0.066
不分性别	0.557	0.126	0.676	0.179	中度喜欢	0.396	0.210
吸水性	0.569	−0.753	0.652	−0.683	非常喜欢	1.797	−0.135

第 1 组：不喜欢该品牌的消费者

　　　　组重心处的函数值为 $Y_1 = -1.433, Y_2 = -0.066$

第 2 组：中度喜欢该品牌的消费者

　　　　组重心处的函数值为 $Y_1 = 0.396, Y_2 = 0.210$

第 3 组：非常喜欢该品牌的消费者

　　　　组重心处的函数值为 $Y_1 = 1.797, Y_2 = -0.135$

表 11-19 表明根据这两个判别函数，通过交互印证（cross-validation）的方法，我们可以得知，判别分析样本的命中率为 $(101+61+60)/300 \times 100\% = 74\%$，命中率一般。

表 11-19　分 类 结 果

项目		品牌偏好	包含记录个数			合计
			不喜欢	中度喜欢	非常喜欢	
初始情况	个数	不喜欢	103	23	1	127
		中度喜欢	10	61	21	92
		非常喜欢	5	14	62	81
	%	不喜欢	81.1	18.1	0.8	100.0
		中度喜欢	10.9	66.3	22.8	100.0
		非常喜欢	6.2	17.3	76.5	100.0
交互印证	个数	不喜欢	101	25	1	127
		中度喜欢	10	61	21	92
		非常喜欢	5	16	60	81
	%	不喜欢	79.5	19.7	0.8	100.0
		中度喜欢	10.9	66.3	22.8	100.0
		非常喜欢	6.2	19.8	74.1	100.0

思 考 题

1. 聚类分析的含义是什么？
2. 常用的测定连续变量样本距离的测度方法有哪些？
3. 利用层次聚类对样本进行聚类时，常采用的类别距离计算方法有哪些？
4. 因子分析的含义及其作用是什么？
5. 因子分析的一般步骤是什么？
6. 说明判别分析的含义及目的。
7. 判别分析的适用条件是什么？
8. 试说明判别分析的基本步骤。

第十二章

营销调研中的预测分析

B&E

市场预测是对未来市场不确定因素进行客观估计和主观判断的过程。在现代经济社会里,企业所处的外部环境变得越来越不容乐观,竞争达到白热化程度,不可控因素有增无减。在这种错综复杂、不断变化的环境中要有所作为,市场经营决策者单凭对过去和现在市场状况的调研而进行决策是远远不够的。过去和现在企业的营销效果良好,不能代表以后也有好的效果;企业现阶段市场占有率处于行业的领先地位,并不能保证将来不会被竞争对手替代。经营决策者应该在基本了解过去和现在市场的同时,注意对企业未来发展趋势的把握和未来市场环境的预知,以便尽快作出对变化市场的反应,及时调整企业的经营战略和市场策略。本章我们将介绍营销调研中预测分析的一般问题,并重点介绍预测的一些常用方法。

第一节 预 测 概 述

一、预测的定义

企业开展营销调研的主要原因之一是确定市场地位并预测市场机会。在调研前期的信息资料收集和整理工作结束以后,就要着手对整理后的资料进行定量和定性分析,并作出有依据的预测。

预测是根据调研所获得的经过整理的信息、数据、资料以及过去的经验,运用经验、软件程序和决策模型对事物未来的发展趋势作出客观的估计和科学的判断的过程。它能够帮助企业决策者掌握市场的未来发展趋势,寻找并把握市场机会,作出科学的经营决策。如对企业未来一段时间的销售预测,能帮助财务部门确定下一阶段筹集投资和经营所需的资金;帮助制造部门估计生产能力和产出水平;能够被采购部门用来确定采购原材料的数量;被人事部门用来确定所需员工数量等。但市场预测也有其局限性,它只能大概地或近似地描述未来事物变化发展的轨迹,因为影响事物发展的因素错综复杂,有些甚至是不可预测的,同时由于人的客观知识和主观经验的局限性,预测存在偏差在所难免。所以,我们在进行预测分析时一定要遵循科学的程序,尽可能地减小偏差。

二、市场预测分类

市场预测多种多样,但大致可分为以下几类。

(一)按预测涉及的范围不同,可分为宏观市场预测和微观市场预测

宏观市场预测是把整个行业发展的总图景作为研究对象,研究企业生产经营过程中相关的宏观环境因素,如政治、经济、文化、技术、法律、法规等的发展变化趋势及其对本企业经营方向和经营过程的影响。

微观市场预测是从单个企业的角度出发,研究预测市场竞争者地位、企业市场销售量、企业市场占有率等要素。

宏观市场预测和微观市场预测密不可分。宏观市场预测要以微观市场预测为基础,微观市场预测应以宏观市场预测作指导,因此企业在作预测时要注意二者兼顾。

（二）按预测的时间长短不同,可分为长期预测、中期预测和短期预测

长期预测是指对 5 年以上市场发展前景的预测,如企业对市场长期需求趋势的预测;中期预测一般是 1 年以上 5 年以下市场发展变化的预测;短期预测的预测时间一般在 1 年以下,如月(季)度预测。

（三）按预测方法的性质不同,可分为定性预测和定量预测

定性分析是对预测性质的分析,包括已知现象确定概念,判断其未来的发展。它主要是依据个人主观经验和直觉进行分析,对事物的性质、市场发展前途进行估计和预测。

定量分析主要是依据前期收集的数据资料,通过建立适当的数学模型分析过去和现在的市场变化情况,并预测未来市场的变化趋势。

在实际市场预测中,定性预测和定量预测一般应结合使用,单纯的定性预测或单纯的定量预测都是不可取的。

三、市场预测常用的方法

（一）定性预测法

企业经营管理者在很多情况下不可能清楚地掌握预测对象的历史或现实资料,且影响预测对象的因素复杂多变,以致有时难以对主要影响因素进行定量分析。在此情况下,经营管理者往往借助定性预测进行分析。

定性预测是指预测者根据已经掌握的部分历史和直观资料,运用个人的经验和主观判断能力对事物的未来发展作出性质和程度上的预测。它侧重在事物发展的性质上。在实际运用中,比较常用的定性预测法有专家意见法、市场调查法、主观概率法等。

1. 专家意见法

专家意见法是企业根据市场预测的目标和要求,向企业的内部和外部的专家咨询有关市场未来发展变化趋势的意见和建议,并作出预测的一种方法。专家意见法的形式多种多样,这里主要介绍世界广泛采用的德尔菲法。

德尔菲法最早由美国兰德公司提出并用于预测领域。这种方法是由预测者挑选专家,通过匿名通信的方式,以问卷反复征求专家意见,然后对专家意见进行适当的统计处理,得出最终预测结果。具体步骤如下。

(1)确定预测目标。通过一系列仔细设计的问卷,要求各专家提供可能的预测方案。

(2)每一位专家根据自己的知识和经验,匿名、独立地完成每一组预测问卷。

（3）把每一组问卷的结果集中在一起,进行整理、归纳。然后将归纳后的意见和补充资料反馈给专家,要求他们对自己原有的看法和意见进行修改或提出新的见解。

（4）将专家第二次的意见和看法重新收集在一起,仍然进行整理、归纳,再将归纳的见解和看法反馈给专家进行修订。这样反复征询、归纳、修改,直到专家们的预测意见基本一致或者专家们的预测意见不再改变为止。

（5）对最后所征询的专家意见进行统计处理,以专家们基本一致的预测意见或者经过统计处理得出的结论作为最终预测结果。

德尔菲法的优点在于这种方法能够集思广益,既发挥专家的集体智慧,又避免人为或心理因素的干扰,从而能较好地克服市场预测的主观性和片面性,提高预测质量,为企业实施营销战略提供比较可靠的信息。这种方法简单易行,预测比较快速,适合企业快速迎合市场需求,提高预测效果。

2. 市场调查法

市场调查法是通过实际调查,在掌握一手资料的情况下,对未来需求作出分析和判断的一种预测方法。它包括对现有市场需求和潜在市场需求的调查预测。

现有市场需求可根据需求者的订单和预购合同来测量,但在实际操作中,顾客和用户提出的购买量可能会随某些因素的变化而发生变化,如顾客取消订单和不能履行合同等。因此,在实际预测中,对现有市场需求的调查预测法不宜运用于长期的预测,而只适宜作微观和短期的预测。

对潜在市场需求的预测主要是通过直接访谈、邮寄调查、网络调查等手段了解潜在客户的购买意向,进而对未来的市场需求作出预测。企业的发展离不开潜在用户,而不同产品的潜在客户各不相同。例如,汽车的潜在购买者主要是中高层收入的人群,而时尚手机的潜在用户是那些追求个性的中青年。因此,企业在着手调查时首先应该明确调查对象,选择合适的潜在用户群。在调查过程中,企业多采用"购买概率"调查表。表 12-1 就是潜在客户在未来某一段时间内购买汽车的概率调查表。

表 12-1　潜在客户购买概率调查表

问　题	明年您是否打算买一部汽车?					
购买概率	0.00	0.20	0.40	0.60	0.80	1.00
购买意向	不买	不大可能	有点可能	较有可能	很有可能	肯定买
选择分布	150	100	100	80	50	20

根据表 12-1 提供的数据,可计算出明年汽车的潜在购买率。

$$潜在购买率 = (150 \times 0.00 + 100 \times 0.20 + 100 \times 0.40 + 80 \times$$
$$0.60 + 50 \times 0.80 + 20 \times 1.00)/500$$
$$= 0.336$$

即若这一地区有 10 000 个这样的潜在客户,那么明年在这个地区汽车的潜在需求量最大约为 3 360 部。

这一预测法通常适用于对生产资料、耐用消费品等商品的需求预测,而对非耐用品和日常用品,由于消费者的购买动机或购买计划的不确定性,运用此法准确性不高,故不适宜采用。

3. 主观概率法

主观概率法也是企业常用的一种定性预测法,它是在缺乏必要的数据资料的前提下,根据预测者对某事件发生的主观概率进行市场预测。主观概率不同于客观概率。客观概率是根据某事件发生的客观资料统计出来的概率,具有客观存在性。由于影响市场的因素不仅多,而且瞬息万变,在市场预测中,预测者很难确定预测事件发生的客观概率。在这种情况下,企业预测者只能凭借主观经验来判断事件发生的可能性。主观概率预测并不是完全凭主观臆断。虽然掌握的相关资料有限,但也有一定的参考价值,所以主观概率预测法是带有定量性质的定性预测。

在实际预测中,主观概率预测法常与其他定性预测法结合。下面举一个主观概率预测法同专家预测法结合起来预测某公司下一年度手机销量的例子。

【例 12-1】 某公司准备推出新品牌手机,于是聘请专家进行调研预测,其中有 40% 的专家认为这种手机面临的潜在竞争小,性价比高,投入市场后一定畅销,而 50% 的专家则认为市场需求在未来一段时间里不会出现太大的波动,故断定平销,只有 10% 的专家认为可能出现滞销的情况,统计数据见表 12-2。

表 12-2 统计数据表

销售状况	畅销	平销	滞销
主观概率/%	40	50	10
销量/台	10 000	6 000	2 000

根据以上资料,分析人员可预测到近期可能销售手机数量为

$$Q = 10\,000 \times 40\% + 6\,000 \times 50\% + 2\,000 \times 10\% = 7\,200(台)$$

当然,这一预测是建立在缺乏必要的客观资料和历史数据的基础上的。在实际预测过程中,这种预测法难免会受专家的个人能力、经验水平和市场的不确定性因素的影响而出现误差。所以,在预测过程中应充分发扬民主、集思广益,广泛地收集资料,尽可能地减少预测误差。

(二)定量预测法

定量预测法是与定性预测法相对应的一种预测方法。它根据一定的历史的和当前的数据资料,建立科学的数学模型和采用合适的统计分析方法,对预测目标进行定量的分析和研究。定量预测重视数据的作用和定量分析,研究手段主要是数学模型和统计分析方法,不存在主观定性判断。定量预测法预测结果客观,而且可靠性较高,在统计资料充分的条件下,常用此法进行预测。但定量预测法不能灵活地适应复杂变化的市场环境,因此,在实际预测中常将定量预测和定性预测相结合。常见的定量预测有回归分析预测法和时间序列分析预测法。

第二节　回　归　分　析

客观现象总是普遍联系和相互依存的。它们之间常常存在某种因果联系,并且有可能存在一定的数量关系。这一现象也存在于社会经济现象中。经济社会里,居民的可支配收入的增多,产品成本的降低,广告投入的增加等因素都可能促使产品销售额上升。我们把产品销售额作为一个变量,把其他各种影响因素各作为一个变量。当居民收入这一变量或居民收入、产品成本、广告投入这几个变量取一定数值时,与之相对应的变量——产品销售额有可能取到某一个数值,也有可能按某种规律在一定范围内变化。这种对应的因果变化规律可通过大量的调查数据的统计处理来寻求。回归分析就是找寻这种因果关系和变化规律的一种方法。

一、回归分析概述

"回归"(regression)一词始于英国统计学家 Galton。英国著名统计学家 Pearson 研究了儿子身高 Y 与父母平均身高 X 之间的关系,他们收集了 1 078 对夫妇和他们的儿子的身高,并用一条直线描述 Y 和 X 之间的关系。常识告诉我们,若父母平均身高较高,其子身高也较高;反过来,若父母平均身高较矮,其子身高也较矮。但是 Galton 研究发现,如果父母身高高于这 1 078 对夫妇的平均身高,其子比其个子高的概率就比较小,即儿子比父母个子矮的概率较大。反过来,若父母个子较矮,其子比其个子高的概率较大。所以,平均身高都偏高或偏矮的夫妇,其子的身高都有"向中心回归"的现象。基于这个事实,Galton 把他们所求出的描述儿子与父母身高关系的直线称为回归直线。后来这一名词被广泛用于变量间的数量关系。

因变量与自变量之间的关系可以分为两种类型。一种是确定性的函数关系,即对两个变量 X,Y 来说,当变量 X 值确定后,变量 Y 有确定的值与之对应,形成一种精确的关系。例如,某种商品的销售额 Y 与商品销售价格 X 之间的关系就属于这种类型。另一种是具有不确定性的相关关系,即当变量 X 值确定后,变量 Y 值不是唯一确定的,但它按某种规律在一定范围内变化。例如,产品销售额与产品成本、广告投入、居民收入的关系就是不确定性的相关关系。回归分析是研究变量之间相互关系的具体形式,对具有相关关系的变量之间的数量联系进行测定,确定一个相关的数学表达式,根据这个表达式,由已知量推测未知量,从而达到定量预测目的。

在研究变量相互关系的过程中,我们往往面对多种不同的变量。在变量关系为线性相关的前提下,当研究的因果关系涉及两个变量,即研究一个变量的变化对另一个变量变化的影响时,我们称之为一元线性回归分析;当研究涉及两个以上的变量,即某一变量受多个变量的变动的影响时,我们称之为多元线性回归分析。在实际生活中,某一现象的变动常受多种现象变动的影响。例如,消费除受本期收入的影响外,还会受以往销售和收入水平的影响;一个工业企业利润的大小除了与总产值有关外,还与生产成本有关。所以在研究时,应从一个因变量和多个自变量的联系来考虑。多元线性回归模型的基本原理与一元线性回归模型相似,只是在数学处理上麻烦一些,它只不过是一元线性回归模型的扩展,故我们在这里只介绍一元线性回归模型。

二、一元线性回归分析

(一)一元线性回归模型的建立

调研人员在很多情况下都面临两个变量之间的关系分析,目的是找出它们之间的内在联系,并力图通过一个变量的变化来推测另一个变量的变化。一般来说,我们把作为影响因素的变量称为自变量,发生对应变化的变量称为因变量。在实际调研中由于调研的总体对象单位数一般很多,在许多场合甚至是无限的,所以在实际操作中采取抽样调研,对样本数据进行回归分析来估计总体回归函数,进行实际预测。

一元回归模型的样本回归线可表示为

$$y_i = a + bx_i + \varepsilon_i \quad (i = 1, 2, \cdots, n)$$

式中,n 为样本空间,a、b 为回归参数,ε_i 为离差。

在实际预测时,离差项是无法预测的,其目的只是借助 $a + bx_i$ 得到预测对象 y_i 的估计值 $\hat{y}_i$,所以预测模型为

$$\hat{y}_i = a + bx_i$$

式中,$\hat{y}_i$ 为实际观察值 y_i 的估计值,a、b 为回归参数。

(二)最小二乘法估计参数 a、b

最小二乘法是最能体现两个变量 x、y 之间关系的数学方法,在根据样本资料确定样本回归方程时,一般要使变量的估计值 $\hat{y}_i$ 尽可能地接近实际观察值 y_i,即要使离差 $e_i = y_i - \hat{y}_i$ 尽可能小。用 Q 表示离差的平方和,则有

$$Q = \sum e_i^2 = \sum (y_i - \hat{y}_i)^2$$
$$= \sum (y_i - a - bx_i)^2$$

显然,Q 值越小,说明回归模型与实际情况拟合程度越高,Q 的大小依赖于 a,b 的取值,即 Q 为 a 与 b 的函数。根据微积分中求极小值的原理,可得

$$\begin{cases} \dfrac{\partial Q}{\partial a} = 0 \\ \dfrac{\partial Q}{\partial b} = 0 \end{cases}$$

一般来说,以上方程组有唯一解,即

$$b = \frac{\sum (x_i - \bar{x})(y_i - \bar{y})}{\sum (x_i - \bar{x})^2} = \frac{n \sum x_i y_i - \sum x_i \sum y_i}{n \sum x_i^2 - \left(\sum x_i \right)^2}$$
$$a = \bar{y} - b\bar{x}$$

式中:$\bar{x} = \dfrac{1}{n} \sum x_i, \bar{y} = \dfrac{1}{n} \sum y_i$。

【例 12-2】 表 12-3 列出了过去 10 年某企业投入的广告费用与年销售收入资料。若第 11 年投入广告费用为 236 万元,试预测第 11 年的销售额。

表 12-3　广告费用和销售额情况　　　　　　　　　　　单位：万元

年份编号	广告费用(x_i)	销售额(y_i)	$x_i y_i$	x_i^2
1	64	560	35 840	4 096
2	70	600	42 000	4 900
3	77	660	50 820	5 929
4	82	700	57 400	6 724
5	92	780	71 760	8 464
6	107	880	94 160	11 449
7	125	1 020	127 500	15 625
8	143	1 120	168 740	20 449
9	165	1 360	224 400	27 225
10	189	1 550	292 950	35 721
合计	1 114	9 290	1 165 570	140 582
平均数	111.4	929		

首先应确定广告费用与销售额这两个变量是否线性相关。可用表 12-3 中的数据通过描点方法得到一条近似直线，因此适合运用一元线性回归预测法。

设回归预测模型为

$$\hat{y}_i = a + bx_i$$

由表中计算的数据得

$$b = \frac{n\sum x_i y_i - \sum x_i \sum y_i}{n\sum x_i^2 - \left(\sum x_i\right)^2} = \frac{10 \times 1\ 165\ 570 - 1\ 114 \times 9\ 290}{10 \times 140\ 582 - 1\ 114 \times 1\ 114} = \frac{1\ 306\ 640}{164\ 824} = 7.927\ 5$$

$$a = \bar{y} - b\bar{x} = 929 - 111.4 \times 7.927\ 5 = 929 - 883.123\ 5 = 45.876\ 5$$

从而得

$$\hat{y}_i = 45.876\ 5 + 7.927\ 5 \times 236 = 1\ 916.766\ 5(万元)$$

（三）回归模型的检验

建立回归模型后，我们应该考虑自变量和因变量是否存在我们假设的那种相关关系。在例 12-2 中，我们简单地通过描点观察为一条近似直线，但那只是凭直观感觉而没有数学依据。下面介绍两种简单的检验方法。

1. R^2 检验

可决系数 R^2 是衡量因变量 y_i 与自变量 x_i 密切程度的指标，它的取值范围为 0～1。

$$R^2 = 1 - \frac{\sum(y_i - \hat{y}_i)^2}{\sum(y_i - \bar{y})^2}$$

当 R^2 接近 1 时，表明因变量 y 与自变量 x 具有强相关性，直线拟合得较好；当 R^2 接近 0 时，表明因变量 y 与自变量 x 具有弱相关性，直线拟合得不好，建立的回归模型并无多少实际意义。

2. F 检验

要判定回归方程在整体上是否显著成立，即所运用的回归方程能否有效地解释因变量的变化,此时采用 F 检验法更方便、更全面。

$$F = \frac{\sum (\hat{y}_i - \bar{y})^2}{\sum (y_i - \hat{y})^2 / (n-2)}$$

式中, $\bar{y} = \frac{1}{n} \sum y_i, n-2$ 为自由度 , n 为样本容量。

按显著水平 α 查 F 分布表,得到临界值 F_α,如果 $F > F_\alpha$,则认为回归效果显著,即样本回归方程和整体回归方程拟合程度高,否则认为回归效果不显著,建立的回归预测模型无实际意义。

(四)预测及应用

建立回归模型是为了应用,而预测是回归模型最重要的应用。在例 12-2 中,我们给出的预测值只是在给定自变量 x 的前提下,预测因变量 y 的值,而这个预测值只不过是第 11 年销售额的大概值。仅知道这一点意义并不大,我们往往更希望能给出销售额的预测范围,因为给出一个预测范围比只给出一个具体值更可信。这个问题也就是在给定显著水平 α 的前提下,即在 $1-\alpha$ 的概率保证下,确定预测目标未来真实值的一个区间范围。这个区间我们称为置信区间。

在样本容量 n 较大的情况下,预测精度较高。因此,在数据资料比较完备且数据比较多的情况下,采用置信区间预测更具科学性。其近似公式为

$$置信区间 = \hat{y}_i \pm t_a SE$$

式中: $\hat{y}_i$ 为预测值;

$\quad$ t_a 为 t 分布表中查得的临界值;

$\quad$ SE 为标准误差,其计算公式为

$$SE = \sqrt{\frac{\sum (y_i - \hat{y}_i)^2}{n-2}}$$

在 95% 的概率保证下,求第 11 年广告投入为 500 万元时销售收入的波动范围(置信区间),则有

$$置信区间 = \hat{y}_i \pm t_{0.05} SE$$

式中, $\hat{y}_i$ 为广告投入费用为 236 万元时的销售收入,即为 1 916.766 5 万元,SE 为标准误差,可算得 SE = 0.903 4 万元, $t_{0.05}(8)$ 查 t 分布表可知为 1.860,这样销售收入的近似置信区间为

$$1\,916.766\,5 \pm 1.860 \times 0.903\,4$$

即广告投入费用为 236 万元时,销售收入在 1 915.086 2 万元到 1 918.446 8 万元之间的概率为 95%。

第三节　时间序列分析

时间序列是变量依相等时间间隔的顺序而形成的一系列统计数据值。大量社会经济统计指标都依年、季、月或日统计其指标值,随着时间的推移,形成了统计指标的时间序

列。因此,时间序列是某一统计指标长期变动的数量表现。时间序列分析就是估算和研究某一时间序列在长期变动过程中所存在的统计规律性,如长期趋势、季节变动规律、周期变动规律,以此预测今后的发展和变化。

一、时间序列的变动因素

事物的发展变化同时受多种因素的影响。在诸多影响因素中,有些对事物的发展起着长期的、决定性的作用,有些使事物的发展成季节性变动,有些则致使事物的发展呈现交替波动,还有一些没有规律可循,随机性强。这些对各类事物普遍存在的影响因素,构成动态数列的共有因素。按它们的性质和作用,可以归纳为长期趋势、季节变动、循环变动和随机变动四种。每一动态数列都是由这些因素的全部或部分构成的。动态数列的因素分析任务就是要正确确定动态数列的性质,对构成动态数列的各种因素加以分解,再分别测定其对动态数列变动的影响。

(一)长期趋势(以 *T* 表示)

尽管时间数列的资料一般呈现随机起伏的形态,但在一段较长的时间内,时间序列仍然呈现逐渐增加或逐渐减少的转变或变化。时间数列的逐渐转变称为时间数列的趋势,这种转变或趋势通常是长期因素影响的结果。人口总量的变化、人口总体统计特征的变化、方法的变化和顾客偏爱的变化等都是长期因素。

(二)季节变动(以 *S* 表示)

季节变动是指变量的时间序列值因受季节变化而产生的变动。季节变动是一种年年重复出现的一年内的季节性周期变动,即每年随季节替换,时间序列值呈周期变化。例如,电风扇的销量具有明显的季节性变动特征,每年 4～6 月三个月电风扇的销量开始呈增长趋势,7～9 月三个月销量达最高点,以后三个月的销量呈下降趋势,第一季度的销量为最低点。年年如此循环。

(三)循环变动(以 *C* 表示)

循环变动是指现象以若干年为一个周期,近乎规律性地从低至高再从高至低地周而复始变动。循环波动不同于趋势变动,它不是朝着单一方向的持续运动,而是涨落相间的交替波动。例如,经济危机就是循环变动,每一循环周期都要经历危机、萧条、复苏和高涨四个阶段。

(四)不规则变动(以 *I* 表示)

不规则变动是指变量的时间序列值受突发事件、偶然因素或不明原因(如自然灾害、战争)等所引起的非趋势性、非季节性、非周期性的随机变动,因此,不规则变动是一种无法预测的波动。例如,1990 年伊拉克入侵科威特和 2003 年美伊战争都曾引起世界石油价格突变。这就是由于突发事件引起油价不规则的变动。在其他正常年份,石油价格也有不规则波动,这是由于偶然因素或随机因素造成的。不规则变动具有不可预测性,所以不能用数学模型来表达和说明。不规则变动在一段时间内相互作用,归于消失,因此可不必考虑其影响。

一个时间序列通常包括上述的四种或其中几种变动因素。在某些时间序列中,既呈现长期的增长趋势,又具有明显的季节变动,同时也有不规则的变动现象。但不是所有的时间序列都含有这四种变动因素。例如,年份统计表数据就不存在季节变动因素,而按季统计的数据不一定就存在循环变动因素。因此,分析时间序列的基本思路就是将其中的变动因素一一分解出来,测定其变动规律,然后再综合反映它们的变动对时间序列变动的影响。

采用何种方法分析和测定时间序列中各因素的变动规律或变动特征取决于对四种变动因素之间相互关系的假设。一般可对时间序列各变动因素关系作两种不同的假设,即加法关系假设和乘法关系假设,由此形成了相应的加法模型和乘法模型。

加法模型:

$$Y_t = T_t + S_t + C_t + I_t$$

乘法模型:

$$Y_t = T_t \times S_t \times C_t \times I_t$$

其中,Y_t 表示变量在 t 时间的取值;T_t、S_t、C_t 和 I_t 分别表示长期趋势值的变动、季节变动、周期变动和不规则变动。

显然,加法模型假设季节因素、周期因素和不规则因素的变动均围绕长期趋势值上下波动,它们可表现为正值或负值,以此测定其在长期趋势值的基础上增加或减少若干个单位,并且反映其各自对时间序列值的影响和作用。乘法模型也假设季节因素、周期因素和不规则因素的变动围绕长期趋势值上下波动,但这种波动表现为一个大于或小于 1 的系数或百分比,反映的是在 t 时间的长期趋势值的基础上增加或减少的相对程度。

二、长期趋势的分析

长期趋势是统计指标在较长一段时期内发展变化的基本形式和方向。长期趋势的分析方法主要有平滑法和趋势模型法,二者可依据时间序列的变动特点分别使用或搭配使用。下面主要介绍移动平均法、指数平滑法和趋势模型法。

(一) 移动平均法

移动平均法是对原动态数列由远而近按照一定时间跨度(称为跨越期)求平均数,并逐项移动得出由这些平均数构成的新数列。它可以消除某些周期因素及随机因素的影响,显示出现象的长期趋势。使用移动平均法应注意下列问题。

(1) 移动平均后的动态数列的项数减少了,并且所选时间跨度越大,减少项数越多。如用五项移动平均,首尾各少两项;六项移动平均,首尾各少三项。因此,移动平均后的动态数列会损失一部分信息量。

(2) 移动平均的跨越期应该根据时间序列的特点或者通过比较不同跨越期的预测误差进行选择。如果现象发展变化具有周期性,应以现象发展变化的周期长度或周期长度的倍数作为跨越期,以消除周期因素的影响。跨越期一般选为奇数。因为如果跨越期采用奇数,一次就能得到移动平均趋势值;而采用偶数,通常需要对移动平均后的数据再求两两平均值才能得到移动平均趋势值,这时移动平均显现长期趋势的效果较好。

（3）跨越期越小,移动平均得到的新数列反映长期趋势的效果则越差。

1. 一次移动平均法

一次移动平均数的计算公式为

$$M_t^{(1)} = \frac{y_t + y_{t-1} + y_{t-2} + \cdots + y_{t-n+1}}{n}$$

式中,y_t 为时间数列在 t 时间的观察值,$M_t^{(1)}$ 为时间数列中时间为 t 时对应的一次移动平均数,n 为移动平均的跨越期。

简单一次移动平均预测模型为

$$\hat{y}_{t+1} = M_t^{(1)}$$

【例 12-3】 根据某超市 2015 年 12 月上半月的销售额统计资料,运用移动平均法,测定长期趋势。具体步骤见表 12-4。

表 12-4　销售额统计资料及移动平均趋势值

日期	销售额(元)	5 天移动平均趋势值	6 天移动平均趋势值	6 天移动再平均趋势值
(1)	(2)	(3)	(4)	(5)
1	20 300	—		
2	20 020			
3	20 670	20 450	20 460	—
4	20 750	20 490	20 440	20 450
5	20 500	20 520	20 550	20 500
6	20 520	20 520	20 640	20 600
7	20 150	20 610	20 700	20 670
8	20 700	20 730	20 760	20 730
9	21 200	20 800	20 970	20 870
10	21 100	21 140	21 170	21 070
11	20 870	21 260	21 410	21 290
12	21 820	21 450	21 540	21 480
13	21 300	21 630	—	—
14	22 170	—	—	—
15	21 970	—	—	—

从表 12-4 可知,移动平均的结果为(3)栏和(5)栏,可明显看出销售额的上升趋势。

2. 二次移动平均法

简单一次移动平均预测模型在用于目标发展存在趋势变化的时间数列时,会产生滞后偏差。二次移动平均法可以解决这个问题。该法在简单一次移动平均的基础上再做移动平均,以求得移动系数,建立线性时间数列关系模型来进行趋势分析和预测。

二次移动平均数 $M_t^{(2)}$ 的计算公式为

$$M_t^{(2)} = \frac{M_t^{(1)} + M_{t-1}^{(1)} + M_{t-2}^{(1)} + \cdots + M_{t-n+1}^{(1)}}{n}$$

二次移动平均预测模型为

$$\hat{Y}_{t+i} = a_t + b_t \cdot i$$

式中，a_t 为预测直线模型的截距；

b_t 为预测直线模型的斜率；

$\hat{Y}_{t+i}$ 为第 $t+i$ 期的预测值；

i 为预测期与第 t 期的间隔期数。

其中 a_t、b_t 的计算公式分别为

$$a_t = 2M_t^{(1)} - M_t^{(2)}$$

$$b_t = \frac{2}{n-1}(M_t^{(1)} - M_t^{(2)})$$

（二）指数平滑法

指数平滑法是在移动平均法的基础上发展起来的一种时间数列平滑法，实际上可将其看成一种特殊的加权平均法，是加权移动平均法的改进。因其在预测过程中具有所需资料少、计算方便、更新预测模式简便等优点，所以是市场预测中常用的一种预测方法。

指数平滑法可分为一次指数平滑法、二次指数平滑法和多次指数平滑法。我们在这里只简单介绍一次指数平滑法和二次指数平滑法。

1. 一次指数平滑法

一次指数平滑法是计算时间序列的一次指数平滑值，以当前观察期的指数平滑值和观察值为基础，计算下期预测值。

（1）预测模型

设时间数列为 $y_1, y_2, y_3, \cdots, y_t$，一次指数平滑法的计算公式为

$$S_t^{(1)} = \alpha y_t + (1-\alpha)S_{t-1}^{(1)}$$

式中，$S_t^{(1)}$ 为 t 期时间数列的预测值；

y_t 为 t 期时间数列的观察值；

$S_{t-1}^{(1)}$ 为 t 期时间数列的预测值；

α 为平滑常数（$0 \leqslant \alpha \leqslant 1$）。

一次指数平滑法是以第 t 期一次指数平滑值作为第 $t+1$ 期的预测值，即

$$\hat{y}_{t+1} = S_t^{(1)}$$

由此，我们可得到预测公式的另一种表达方式：

$$\hat{y}_{t+1} = \alpha y_t + (1-\alpha)\hat{y}_t$$

（2）平滑系数 α 的确定

从上面的表达式可以看出：当 $\alpha = 0$ 时，下期预测值等于本期预测值；当 $\alpha = 1$ 时，下期预测值等于本期观察值；当 $0 < \alpha < 1$ 时，下期预测值等于本期观察值乘以平滑系数，加上本期预测值乘以 $1-\alpha$ 的和。$\hat{y}_{t+1}$ 是 y_t 与 $\hat{y}_t$ 的加权平均数。在运用一次指数平滑法预测时，α 的确定非常重要。α 的值越小，说明第 t 期的实际值对新预测值的贡献越小，以往的历史数据的作用就越大；α 的值越大，则说明第 t 期的实际值对新预测值的贡献越大，历史数据的作用就越大。平滑系数 α 的取值大小，反映了预测者对近期数据的重视程度。在实际预测过程中，平滑系数 α 的取值应根据时间数列的特点和经验来考虑，可取多个不同的 α 值进行预测，比较它们的平方误差，然后选择误差最小的 α。

（3）确定初始值 $S_0^{(1)}$

$$S_0^{(1)} = \frac{1}{k} \sum_{t=1}^{k} y_t$$

式中，k 为位于时间数列前列的 k 个数据个数或时间数列第一个周期所含数据个数。

2. 二次指数平滑法

二次指数平滑是对时间数列作一次指数平滑后，对由一次平滑形成的新数列再作一次指数平滑。其计算公式为

$$S_t^{(2)} = \alpha S_t^{(1)} + (1-\alpha) S_{t-1}^{(2)}$$

$$S_0^{(2)} = y_1 \quad 或 \quad S_0^{(2)} = \frac{1}{k} \sum_{t=1}^{k} y_t$$

当时间序列数值具有线性趋势时，二次指数平滑法直线趋势模型为

$$\hat{y}_{t+T} = a_t + b_t T$$

a_t、b_t 的计算公式为

$$a_t = 2S_t^{(1)} - S_t^{(2)}$$

$$b_t = \frac{\alpha}{1-\alpha}(S_t^{(1)} - S_t^{(2)})$$

（三）趋势模型法

趋势模型法是测定长期趋势时比较常用的方法。用这种方法测定现象的长期趋势，是以最小平方法建立一定的数学模型，对原有的时间序列配合一条适当的趋势线来预测现象的发展趋势。

由于时间数列的变动趋势有时呈直线，有时又呈曲线，因此在利用最小平方法进行趋势线配合时，首先应研究时间数列的变化特点和大体的变动趋势。所以在建立数学模型之前，要根据数列的发展趋势和特点，用直角坐标绘制散点图或利用现象发展趋势特点观察其分布形态，确定配合现象发展趋势的直线或曲线模型。

1. 直线趋势模型

如果时间数列的逐期增量（一阶差分或一次差）大体相同，则该时间数列的发展趋势呈直线趋势变化。设 $\hat{y}_t$ 为时间数列的趋势值，t 为时间变量，直线趋势模型为

$$\hat{y}_t = a + bt$$

模型中的两个参数 a、b 分别为截距和斜率。

对动态数列采用最小平方法配合趋势直线，是趋势测定最常用的方法。最小平方法的基本原理是对原动态数列配合一条趋势线，使之满足两个条件：

（1）使实际值 y 与趋势线上相对应的估计值 $\hat{y}_t$ 的离差平方和 $\sum (y-\hat{y}_t)^2$ 为最小值；

（2）使实际值与趋势线上相对应的估计值的离差总和为 0。

根据这一原理配合的趋势线计算原动态数列各期的估计值，就形成一条由各期估计值组成的新的动态数列，此数列消除了原数列中短期偶然因素的影响，从而体现了现象发展的长期趋势。直线趋势模型的参数求解公式为

$$a = \frac{\sum y}{n} - \frac{b \sum t}{n} = \bar{y} - b\bar{t}$$

$$b = \frac{\sum ty - \frac{1}{n}\sum t \sum y}{\sum t^2 - \frac{1}{n}\left(\sum t\right)^2}$$

式中,时间变量可设为自然数也可将时间变量调整为正负相对应的等距整数数列,使 $\sum t = 0$。当 $\sum t = 0$ 时,直线趋势模型求解参数的公式可简化为

$$a = \frac{\sum y}{n}$$

$$b = \frac{\sum ty}{\sum t^2}$$

【例 12-4】 根据某企业 4 年 16 个季度某种产品的销量统计资料,用直线趋势模型测定长期趋势。

将表 12-5 中有关数据代入趋势方程的参数求解公式得:$a = 6.799\ 7$;$b = 0.861\ 8$

则直线趋势方程为:$\hat{y}_t = 6.799\ 7 + 0.861\ 8t$

表 12-5　产品销量统计表　　　　　　　　　　　单位:千件

年	季度	t	y	t^2	ty	$\hat{y}_t$
2012	1	1	5	1	5	7.661 5
	2	2	8	4	16	8.523 3
	3	3	13	9	39	9.385 1
	4	4	18	16	72	10.246 9
2013	1	5	6	25	30	11.108 7
	2	6	10	36	60	11.970 5
	3	7	14	49	98	12.832 3
	4	8	18	64	144	13.694 1
2014	1	9	8	81	72	14.555 9
	2	10	12	100	120	15.417 7
	3	11	16	121	176	16.279 5
	4	12	22	144	264	17.141 3
2015	1	13	15	169	195	18.003 1
	2	14	17	196	238	18.864 9
	3	15	19	225	285	19.726 7
	4	16	25	256	400	20.588 5
合　　计		136	226	1 496	2 214	—

运用已估计出参数的趋势方程,求出趋势方程所确定的各期趋势值构成的新数列,将这些趋势值描绘在图上便形成一条上升的趋势线。

2. 曲线趋势模型

社会现象发展变化并不总是直线性的,有时是按照不同形式的曲线变化,这就需要配合相应的曲线方程来预测长期趋势值。常用的曲线趋势模型有二次曲线趋势模型、指数

曲线趋势模型、修正指数曲线趋势模型、逻辑曲线趋势模型、龚伯兹曲线趋势模型等。限于篇幅，在这里我们仅简单介绍指数曲线趋势模型和二次曲线趋势模型的建立与预测。

（1）指数曲线趋势模型

如果时间数列近似于呈等速增长或等速递减，即时间数列的环比速度大体一致，则该数列发展趋势往往呈指数曲线趋势。指数曲线趋势模型为

$$\hat{y}_t = ab^t$$

式中，a、b 为模型参数。对于指数曲线趋势模型通常是采用线性化方法来建立模型。对上式两边同时取对数，得

$$\lg y_t = \lg a + t\lg b$$

令 $y' = \lg y_t$、$a' = \lg a$、$b' = \lg b$，于是指数曲线趋势模型被线性化为

$$y' = a' + b't$$

此时可以参照直线趋势模型参数求取公式去求得 a' 和 b'，再取反对数，即可求得原方程的 a、b 值。

（2）二次曲线趋势模型

二次曲线趋势模型适用于描述时间数列二级增长量（二阶差分或二次差）大体接近的变化趋势。二次曲线趋势模型为

$$y_t = a + bt + ct^2$$

式中，a、b、c 为待定参数。

根据最小平方法的原理，当 $\sum t = 0$，$\sum (y - \hat{y}_t)^2$ 取最小值时可以求得

$$b = \frac{\sum ty}{\sum t^2}$$

$$c = \frac{n\sum t^2 y - \sum t^2 \sum y}{n\sum t^2 - \left(\sum t^2\right)^2}$$

$$a = \frac{\sum y - c\sum t^2}{n}$$

将 a、b、c 值代入二次曲线方程，利用此方程即可进行预测。

三、季节变动的分析

季节变动的分析方法依时间序列是否存在明显增或减的趋势而异。若时间序列无明显增长趋势，可采用"同月（季）平均法"；反之，可采用长期趋势剔除法。季节变动分析就是研究和测定统计指标随季节变动的规律性。在对存在季节变动的时间序列进行长期趋势分析时，也要通过季节变动分析来剔除季节因素的影响。

（一）同月（季）平均法

同月（季）平均法就是计算时间序列中统计指标各月（季）的平均数与总平均数之比，即月（季）指数，以此反映统计指标由于受季节变动因素的影响而高于或低于时间序列的总平均水平的程度。其计算公式为

月(季)指数＝同月(季)平均数/总平均数

显然,若在"旺月(季)",月(或季)指数将大于1;若在"淡月(季)",月(或季)指数将小于1。

但值得指出的是,按同月(季)平均法计算月(季)指数来反映季节变动时,要求统计指标的时间序列无明显的长期趋势,否则月(或季)指数就无法准确反映季节变动因素的影响程度。这是因为以该方法计算的月(或季)指数是同月(季)平均数与总平均数之比,其中总平均数是时间序列中所有统计指标值的平均值。

(二)长期趋势剔除法

由于长期趋势等非季节因素的存在,需要把测定好的非季节因素值从原数列中剔除,然后再求季节变动,以得到没有长期趋势等因素影响的季节比率。其基本步骤为:

(1)据各年的月(季)资料 y 以12(4)项移动平均求得长期趋势值 T。

(2)将各年月(季)的实际值 y 除以相应的各月(季)趋势值 T。

(3)将 y/T 的值按月(季)排列,求同月(季)的平均值,从而得到消除了不规则变动因素的平均月(季)季节指数。

(4)若各月(季)的平均月(季)季节指数的和不等于1 200%(400%),则要计算调整系数予以调整,计算公式为

调整系数＝1 200%(400%)/各月(季)的平均月(季)季节指数的和

(5)计算调整季节比率。即调整季节比率＝平均月(季)季节指数×调整系数。

【例12-5】 某公司近3年的销售业绩统计资料如表12-6所示。

表 12-6　销售额统计表　　　　　　　　　　　单位:万元

月份	2013 年	2014 年	2015 年
1	800	620	840
2	640	680	800
3	400	400	460
4	260	280	460
5	140	120	140
6	80	60	100
7	100	100	320
8	140	160	180
9	820	900	960
10	960	1 200	1 600
11	840	1 320	1 480
12	920	1 200	1 260

对表12-6中的原数列进行12项移动平均,可消除季节因素的变动,得到长期趋势值 T,见表12-7。

将趋势值等非季节因素剔除,计算3年内各月份实际销量和长期趋势值的比率 y/T。如2014年8月为160/610.0＝26.23%。对剔除长期趋势等因素后的数列求同月的平均值,再计算调整系数,最后求出各月季节比率,如表12-8所示。

表 12-7　长期趋势计算表　　　　单位：万元

年/月	1	2	3	4	5	6	7	8	9	10	11	12
2013	—	—	—	—	—	—	500.8	495.0	496.7	497.5	497.5	495.9
2014	495.0	495.9	500.0	513.3	543.3	575.0	595.9	610.0	617.5	627.5	635.9	638.4
2015	649.2	659.2	662.5	681.7	705.0	714.2						

表 12-8　销量季节比率计算表　　　　单位：%

年/月	1	2	3	4	5	6	7	8	9	10	11	12
2013	—	—	—	—	—	—	19.9	28.3	165.1	193.0	168.8	185.5
2014	125.3	137.1	80.0	54.6	22.1	10.4	16.8	26.2	145.8	191.2	207.6	188.0
2015	129.4	121.4	69.4	67.5	19.9	14.0	—	—	—	—	—	—
平均	127.35	129.25	74.7	61.05	21.0	12.2	18.35	27.25	155.5	192.1	188.2	186.75
季节比率	128.0	129.9	74.2	61.3	21.0	12.28	18.48	27.41	156.3	193.1	189.2	187.75

从表 12-8 中季节比率一行可知,该公司销售量 1、2、9、10、11、12 月份为旺季,其余月份为淡季。

思　考　题

1. 简述市场预测的一般程序。

2. 简述市场预测的分类。

3. 时间序列的变动因素有哪些? 各有什么特点?

4. 什么是长期趋势? 有哪几种测定长期趋势的方法?

5. 某企业 8 个月的销售额与广告花费如表 12-9 所示。

表 12-9　统计数据表　　　　单位：万元

月份序号	1	2	3	4	5	6	7	8
广告花费	11.6	12.9	13.7	14.6	14.4	16.5	18.2	19.2
销售收入	10.4	11.5	12.4	13.1	13.2	14.5	15.8	17.2

使用一元线性回归预测方法计算：

(1) 企业在第 9 个月投入的广告费用为 20 万元时的销售额。

(2) 显著水平为 $\alpha = 0.05$ 时的置信区间。

6. 某市连续 7 年的工业增加值如表 12-10 所示。

表 12-10　工业增加值　　　　单位：万元

年份序号	1	2	3	4	5	6	7
增加值	800	860	980	1 040	1 150	1 230	1 300

试分析该市工业增加值的发展变化类型并结合相应的趋势线来预测第 8 年的增加值。

第 十 三 章

营销调研报告

营销调研项目的最终价值取决于研究结果的沟通效果。研究结果的沟通通常是通过调研报告实现的,因此,营销调研报告作为市场营销调研的最后一步,也是调研人员必须高度重视的非常重要的一项任务。本章主要介绍调研报告的种类、结构、内容、写作要求以及营销调研报告的使用和评价等。

第一节 市场营销调研报告的作用、结构和要求

一、市场营销调研报告的作用

市场营销调研的目的是为企业决策者进行营销决策及时地提供有关市场、竞争以及市场营销策略方面的信息和建议。这就要求营销调研所提供的信息是客观、准确、可靠和具有建设性的。虽然企业的决策者或调研成果的使用者并不直接参与调研,而是委托给企业的研究部门或者外界专门的调研机构进行,但是他们迫切需要了解调研的过程、结果和专家们的建议。因此,当我们对某一市场现象或问题进行了深入细致的调研后,必须迅速与企业的决策者沟通,尽快将市场调研活动的整个过程和最终结果传递给决策者,而承担这一职责的最好角色就是市场营销调研报告。

市场营销调研报告是以各种适用的载体反映市场状况的信息资料以及调查研究的结论和建议,其具体形式可以是书面形式,也可以是口头形式,或者同时使用书面和口头形式。现在,随着计算机的普及,使用计算机汇报软件的形式也日益普遍。

在营销调研活动中,调研机构通过调研策划收集市场信息,并对资料进行整理分析,作出符合实际的结论和论断,最终形成某种形式的报告,提交给市场营销调研活动的委托方。针对一项正式的市场营销调研项目提交市场营销调研报告,也是项目委托合同或协议的重要内容。调研工作能否被委托方认可,调研报告是一个主要的衡量指标。从某种程度上讲,调研主体对调研活动最为关心的就是调研结果,进行市场调研活动的直接目的就是获得市场营销调研报告。

市场营销调研报告也是衡量和反映一项市场调研活动质量高低的重要标志。尽管市场调研活动的质量首先体现在调研活动的策划、方法、技术、组织和资料处理过程中,但调研活动的结论和论断以及总结性的调研报告无疑也是重要的方面。

营销调研报告的重要作用可以归纳为以下三点。

1. 调研报告是调研活动的历史记录,能被重复使用

调研报告是调研活动的有形产品,当一项市场营销调研活动完成以后,营销调研报告

就成为该项目的历史记录和证据。调研报告必须对已完成的市场调研作出完整而准确的表述,详细地表达市场调研中有关市场调研的目标、背景信息、调研方法及评价、以文字表格和形象化的方式展示的调研结果、调研结论和建议等内容。通过阅读调研报告,用户能够了解调研活动的整个过程。调研者具体做了哪些工作、完成了哪些任务、工作态度和专业水平如何等全部体现在调研报告里。作为历史资料,它有可能被重复使用,从而实现其使用效果的扩大。

2. 调研报告是营销管理决策的依据

调研报告的使命是决策者和领导者作出重大决策时的依据之一。调研报告包含了一系列意义重大的市场信息。决策者在研究问题时,往往要以调研报告作为参考。

3. 调研报告是调研活动的委托方(用户)评价调研活动的重要指标

用户对调研活动的感受仅限于调研报告,他们对调研活动及其价值的评价往往仅以调研报告自身的内容和表达形式为依据,甚至企业是否会继续采用营销调研的形式了解市场,也取决于用户对读过的书面报告与听过的口头陈述的评估和感觉。调研报告必须能够证明调研工作的可信度。调研报告必须让阅读者感受到调研人员对整个调研项目的重视程度和对调研质量的控制程度。因此,一份好的调研报告除了能够把调研结果反映出来以外,更应该让人感到可信、放心。

二、书面调研报告的结构与内容

调研报告主要分为书面报告和口头陈述两种形式。这里主要介绍书面报告的结构和内容。一般来讲,调研报告的结构、内容和风格等,会因为调研的性质、项目的特点、撰写人和参与者的性格、背景、专长和责任的不同而呈现差异。但是,营销调研报告要把市场信息传递给决策者的功能或要求是不能改变的。标准的调研报告都有一个基本固定的格式,即包括开始、主体和附录三大部分,各个部分又各有细目。

(一)开始部分

开始部分一般包括封面、授权书、目录、概要。

1. 封面

封面应该包括报告标题、执行计划的人或组织的信息(姓名、地址、电话和传真号)、报告服务对象的名称、报告公布日期等,标题应突出调研项目的特点。

2. 授权书

授权书是在调研活动展开之前,由委托方写给调研机构的说明信。在授权书中委托方将明确调研计划、工作范围及合同条款等。有时候在报告中有必要包括一个授权许可的副本。

3. 目录

在报告的开始部分要列示整个书面报告的内容目录。内容目录包括每一项的标题和副标题及相应的页码,紧接着内容目录之后是一系列的图表、附录、索引和展品的目录及对应的页码。目录的作用是方便阅读和资料查询。

4. 概要

概要是在完成书面调研报告主体部分的基础上对调研报告的高度概括和提炼。企业决策者通常只阅读书面报告的这一部分,其他用户也是最先阅读整体报告的这一部分。在概要中,应该明确调研目的,准确界定调研课题,简要说明调研方法及调研设计,重点突出调研结果、结论和建议,适当点明问题。概要的写作是在报告完成之后,其篇幅应控制在两页纸以内。书写概要的语言应通俗、精练,避免专业性强的技术性术语。

(二) 主体部分

主体部分包括引言、调研目的、调研过程(准备、设计、实施过程)、结论与建议、限制与忠告五大部分。

1. 引言

书面报告正文的开始内容是引言。引言的作用是向读者提供进行市场研究的背景资料和相关信息,如企业背景、面临的市场营销问题、市场现状等,使读者大致了解进行该项市场调研的原因、要解决的问题以及必要性和重要性。应该强调与决策者和行业专家进行的讨论,并讨论二手数据分析和定性分析的结果及被考虑的各个因素。

2. 调研目的

要明确该项调研的特定目的,向人们说明为什么要进行该项调研。比如,调研的目的就是了解消费者对不同奶酪口味的偏好,或一种新款手表的市场占有率预测等。在这一部分,应清楚地阐述管理层进行营销决策的问题、准确界定调研主题,并指出可能的解决办法。如果调研主题含混,目的也必定不清楚。

3. 调研过程

调研过程包括调研准备、调研设计和实施两大过程。

调研准备部分是对调研项目立项前所做准备工作的总结。这包括对指导调研的理论基础和已有的分析模型的考查、各种影响因素分析、可行性研究过程、调研假设的设立、项目的投入产出分析预测、其他风险预测等,以及与委托方的探讨交流过程和调研面对的种种约束与限制。

在调研设计和实施部分,读者将了解到调研目的是如何逐步实现的。在对整体方案设计概括描述的基础上,对调研方案的实施过程进行翔实、客观、公正的记录。报告应突出所采纳调研设计的特色。具体内容包括调研所需信息的性质、原始资料和二手资料的收集方案、问卷设计、标尺技术、问卷的预检验和修改技术、抽样技术、现场工作、信息的整理分析、应采用的统计技术以及缺失值的处理方法等。这些内容应以一种非专业性的、易理解的文字表述出来,太专业的内容则应放在附录里。调研活动的时间表、预算、人员安排等也应在这一部分讲明。

该报告的这个部分可以包括对二手资料收集过程的描述,但主要目的是描述获得原始资料的方法,并说明采用这些方法的必要性,比如,为什么要采用个人访问而不用其他方法。如果信息的收集用到抽样调研,则应该说明是概率抽样还是非概率抽样,为什么采用这种抽样方式,目标总体的定义(地区、年龄、性别等)是什么,采用的抽样框是什么。总之,要有足够的信息使读者判断样本资料的准确性和代表性。

4. 结论与建议

这一部分内容是报告的关键内容,也是读者最感兴趣的地方,我们应该针对调研课题、目标,依据定性和定量分析结果作出结论,并且在调研结论的基础上向企业决策者提出建议。既然是建议,就一定要可行且可操作,也就是说,要达到直接应用于制定管理决策的目的。

这一部分一般是报告中最长的部分。尽管内容繁复,但在报告的组织过程中,必须注意整体的一致性和合理性。一般来说,结论部分内容要比建议部分内容所占的比例大,但也并非绝对,这还与调研的目的有关。仅就结论部分而言,就可能分成几章论述。

调研结果的表述应充分考虑市场调研课题的特点及用户对信息的需求,细节部分应汇总在图表中,并与调研中的主要发现放在一起。

5. 限制与忠告

所有的市场调研计划都会因时间、预算和其他组织上的约束而受到限制,另外,所采纳的调研方法也很可能由于潜在的或现实的各种误差而有所局限。如果情况太严重,还要进行安全性讨论。这一部分应以平和、中立的态度,详略得当地加以叙述。调研人员还要明确两点:其一,调研人员必须使管理层懂得不应过分依靠调研结论,或将调研结论用于不相干的用途;其二,这一部分也不应损害调研结果的可信度,以致动摇委托方对整个调研活动的信心或对调研重要性的认识。

（三）附录部分

附录部分主要用于搁置并罗列一些与调研有关的文件或技术性较强的专业资料等,通常包括问卷、统计图表、专业技术资料、清单等,以备阅读者在必要的时候查阅。

在编写调研报告时,一定要按照市场营销调研的特点和要求来决定编写格式,尽量避免不同内容和形式的市场调研的调研报告千篇一律的呆板做法。

三、撰写调研报告中容易出现的问题

撰写调研报告的过程中会出现一些常见的错误,对此,调研者应予以警惕并尽量避免。

1. 篇幅冗长

对调研报告的认识中常见的一个错误观点是"报告越长,质量越高"。经过了长时间的辛苦工作之后,调研者试图告诉读者他所有的工作结果。因此,所有的证明、结论和上百页的打印材料都被纳入报告中,从而导致了"信息超载"。事实上,调研报告的阅读者本来就难得通读报告,篇幅冗长的报告更是降低了其被阅读的可能性。"信息超载"也增加了报告的组织难度,如果报告组织得不好,调研的价值也会随之下降。

2. 解释不充分

报告只是简单地重复一些图表中的数字,而不进行任何解释性工作,令读者对报告中的统计数字和图表产生疑惑。

3. 脱离现实

在报告中堆满与调研目标无关的资料或者提出的建议脱离目标是报告写作中的另一个常见毛病。

4. 过度使用定量技术

有时,过度使用多样化的统计技术是由于错误的目标与方法导致的。非技术型营销管理者往往会拒绝一篇不易理解的报告。因为在报告使用者心目中,过度使用统计资料常会引发对调研报告质量合理性的怀疑。

5. 准确性的错觉

在一个相对小的样本中，把引用的统计数字保留到两位小数以上常会造成对准确性的错觉。例如，"有68.47%的被调查者偏好我们的产品"这种陈述会让人觉得68%这个数字是合理的。因为读者会认为，调研者已经把数字保留到小数点后两位了，那么68%肯定是准确无误的。事实上，在样本很小的情况下，这可能就是一种误导。

6. 调研数据单一

某些调研者把过多精力放在了单一统计数据上，并依此回答客户的决策问题。这种倾向在购买意向测试和产品定位中时常见到。测试的关键点在于购买意向。如果"确实会买"和"也许会买"的人加在一起达不到预想的标准，比如说75%，那么这种产品概念或测试产品就被放弃了。事实上，并不能根据单一问题的调查结果作决策。过度依赖调研数据有时会错失良机，在某些情况下会导致营销错误的产品。

7. 资料解释不准确

调研者有义务对目标作出正确的解释，但有时也会出现失误。例如，在不精确的数据分析中，比例分析就是比较常见的一种。

例如，调研者测试饮料产品A和B，当用-2、-1、0、+1和+2的分值衡量从"一点都不甜"到"非常甜"的五个等级时，A的平均得分是1.2，B是0.8。前者减去后者，然后计算一个简单的百分比，结果是B要比A苦50%以上。

但如果使用不同的计值方法，又会出现另外一种情况。假设1~5代表上面所指"一点都不甜"到"非常甜"的程度，A、B的得分就应该分别为4.2、3.8，在同样的受调查者、同样的饮料和同样的调查问卷的条件下，却得出不同的百分比差异，即仅有10.5%。那么现在看起来饮料B还不算太坏。

再一次看同样的资料，还是使用1~5级别，但改变了顺序，"非常甜"现在是1，而"一点都不甜"是5，这就使饮料A、B的得分分别为1.8和2.2，那么其差别的百分比就变成了18.2%。

要想准确地解释问题，报告撰写者必须熟悉比率假设、统计方法，并了解各研究方法的局限性。

8. 虚张声势的图表

一图抵千言，图表能使事实形象生动，用图表和其他视觉工具来加强调研报告中的关键信息是非常重要的。视觉工具可以在很大程度上促进信息的传达并提高报告的明晰度和影响力。但有些图表却过于虚张声势了。一张虚张声势的图表不仅毫无用处，而且还会产生误导，并不能履行它的使命。

四、撰写调研报告的要求

一份好的市场营销调研报告除了要精心设计其结构和格式以外，还必须遵循以下要求。

1. 目的导向

在撰写报告之前以及在书写报告的过程中，研究人员始终要提醒自己"是否偏离了调研的目标""是否始终面对报告的读者",以保证写出的报告有的放矢。市场营销调研报告是供客户阅读和使用的,是为客户解决市场营销问题的。因此,调研报告的内容要反映调研组织者所要求的有关市场的信息资料和符合这些信息资料的结论、建议,以及得出这些结论和建议的分析处理方法的科学性、正确性的证明。这样的调查报告才是调研组织者所需要的,也才能为其所用。

2. 实事求是

实事求是是调研报告写作的基本原则。调研人员在任何时候都不应被外界因素所迷惑而忘记他们中立的角色。调研人员应做到不迎合他人意志、尊重事实、反映事实。市场营销调研报告所使用的市场信息资料和结论建议都必须符合实际,不能有任何虚假内容,要防止片面性,更要避免因结论和建议的错误而对组织者造成误导。

3. 突出重点

在调查内容的编排上,既要保证对市场信息做全面、系统的反映,又要突出重点,特别是对调研目标的完成和实现情况的反映,要有较强的针对性和适用性。

4. 服务性

市场营销调研报告的阅读和使用有特定的对象,因此,在编写调研报告时,要尽可能地考虑他们的需要。市场营销调研报告的使用者对调研报告的要求因其工作的范围和岗位的不同而有不同的侧重点。此外,他们或许不太懂得调查研究的专业名词、术语,或许因为工作繁忙,所以需要能清楚地表达观点、结论和建议的内容集中的调研报告。

为满足上述要求,在调研报告的撰写过程中,应尽可能做到如下几点。

(1) 篇幅适当。篇幅不代表质量,调研报告的价值不是用篇幅而是用质量、简洁和有效来衡量的。市场营销调研工作量巨大,通过调研工作所积累起来的资料繁多,对资料的分析所总结出来的市场特征及其变化趋势以及根据这些所得出的结论和所提出的建议相当丰富。这些调研工作的成果虽然因为调研人员付出了巨大的努力而弥足珍贵,但没有必要全部纳入调研报告,否则就会因为信息量过大而产生"信息过载"或称"信息噪音",反而使需要阅读和使用调研报告的人产生反感和拒绝接受。所以,调研报告要由调研目的和调研内容的需要来决定,应该写些什么、舍弃些什么,哪些应该详细、哪些应该简略,都要根据需要来定。

(2) 合乎逻辑。调研报告应该结构合理、逻辑性强。报告的书写顺序应该按照调研活动展开的顺序,做到环环相扣、前后呼应。对必要的重复性调研工作要给予特别的说明。为了便于读者辨别前后内容的逻辑关联性,使报告层次清晰、重点突出,有必要恰当地设立标题、副标题或小标题,并标明项目等级符号。

(3) 解释充分、结论准确。调研报告中罗列的资料数据或图表需要用科学的理论来解释,才能使人们明白其具体的含义。丰富的资料说明的市场现象所蕴含的特征、规律和趋势,不是每个人都能正确领会的。调研人员要充分运用自己的专业知识和丰富经验,采用各种形式的表现方法,对此作出充分的解释,让阅读者和使用者接受和认同。同样,根据市场调研资料,经过分析研究所作出的结论应该准确和符合实际,提出的建议应该具有可行性和可操作性。

第二节 市场营销调研报告的使用和评价

一、市场营销调研报告的使用

(一)市场营销调研结果的沟通

市场营销调研结果的沟通是指调研人员同市场营销调研的委托方、市场营销调研报告的使用者就市场营销调研结果所进行的一种信息交换活动。市场营销调研结果沟通的意义不亚于市场营销调研活动本身。

(1)市场营销调研结果的沟通活动是调研结果得以在实际中应用的前提。市场营销调研活动本身不是目的,而只是一种手段,目的是为企业的经营活动或宏观经济调控提供决策依据。市场营销调研活动不形成市场营销调研报告,市场营销调研活动的结果就无从体现。同样,调研活动和调研报告无论多么完美,如果没有有效的沟通,使用者就无法利用调研结果,调研目的也就无从实现。

(2)市场营销调研结果的沟通有利于调研成果的阅读者和使用者更好地接受有关信息。市场营销调研结果的沟通过程也是市场调研人员对调研结果的使用者的指导过程。通过沟通可以使阅读者和使用者更全面、更准确地了解调研结果,有利于他们制定正确的营销决策或切实、有效的宏观调控措施,从而更好地发挥市场营销调研活动的效用。同时,还有利于扩大调研结果的使用范围,发挥更大的作用。

(3)市场营销调研结果的沟通还有利于调研人员能力的提高,有利于调研结果的进一步完善。在沟通的过程中,调研人员可以获得有关市场信息、调研工作方面的意见和建议,从而使调研项目的研究更加完善,使调研的准确性和适用性有更大的提高。

(二)市场营销调研结果沟通的方法——口头介绍

市场营销调研结果沟通的最重要的形式是调研结果的口头介绍。在正式的市场营销调研报告形成以前,采取口头介绍的形式,既可以及早向调研活动的组织者提供调研活动所反映的市场信息,又可以征求调研活动的组织者对调研活动报告的意见。在调研报告出来以后,口头介绍也可以起到辅助书面报告的作用。口头介绍在帮助阅读者和使用者理解书面报告的内容,介绍某些无法用书面语言阐述清楚的内容,消除使用者的疑虑,解释不清楚的问题等诸多方面,都有非常好的效果。因此,口头介绍是一项不可忽视的重要工作。

要做好口头介绍,事前要做好充分的准备。这些准备工作包括:

(1)分析、了解调研报告的对象的特征,掌握他们的身份、文化程度、兴趣爱好,了解他们所关心的问题,有针对性地从内容、重点和形式等各方面为满足他们的需要和要求做好准备。

(2)精心安排适当的内容。一般来说,口头介绍的内容是以调研结果为基础的,准确介绍调研的有关情况是口头介绍的出发点。但是,针对不同的听众以及不同的要求,口头介绍的内容和重点也应有所不同。为此,在进行口头介绍前,要做精心的准备,选择必要的、合适的内容,力求做到简练清晰、明确易懂。

（3）在正式进行口头介绍前，先编写汇报大纲，最好形成介绍文稿，散发给听众。为把握起见，最好先演习一遍，听取意见，对汇报的内容进行改进，以求完善。

（4）配以多种形式的介绍工具，增强口头介绍的效果。为了便于直观解释，帮助听众理解和加深印象，同时也为了体现报告人本身的专业素质和对报告的重视程度，可在报告前准备数量适宜的投影胶片或多媒体报告提纲。需要展示的表格和图形，必须事先做好。

在口头介绍过程中，报告者应注意用目光与听众交流，及时注意他们的反应。在口头介绍过程中和结束后，要给听众提问的机会。口头介绍中可适当插入简短的、针对性强的典故、例子或格言等，以使之生动和富有感染力。应杜绝口头语。下列原则在组织和准备口头介绍时会起到事半功倍的作用：

（1）告诉他们你将要告诉他们什么。

（2）告诉他们接下来要讲什么。

（3）告诉他们你已经讲了什么。

另外，还要注意运用肢体语言，以提高口头表达的效果。夸张的姿势可以用来强调说过的话，提示性的姿势是观点与情感的象征，快速的举动用来在听众中引起希望获得的反应。讲话人应当调节音量、音调、清晰度、音色及语速。需要特别说明的是，得体、适度是口头介绍时使用强调方式的前提，切不可矫揉造作、哗众取宠。为了强调口头介绍的重要性，最好请一位客户方的高级管理人员出席。口头介绍之后，客户方的高级管理人员应该有时间详细阅读报告全文。

二、对营销调研报告使用者的指导

市场营销调研报告的编写和口头介绍的完成，并不意味着市场营销调研过程和调研任务的结束。对调研结果的使用者进行指导，也是调研工作的一个组成部分。

市场营销调研的目的是获取市场信息资料，为经营管理活动提供依据。仅仅得到调研结果并没有实现调研的目的。只有当使用者以调研结果为依据，实现了对经营管理的指导时，才算是达到了调研目的。

对使用者的帮助、指导，可以使他们更好地理解调研报告的结论和建议，以付诸实践，去改进经营管理。

对使用者的指导，也是评价调研结果的有效途径。使用者只有在对调研结果的使用中才能对调研结果作出客观性较强的全面评价。调研人员通过与使用者在使用过程中的沟通，也能够听取批评和建议，及时采取补救措施，使市场营销调研工作做得更好。

对市场营销调研报告使用者的指导，首先要在思想上予以重视，要树立良好的为用户服务的观念。在措施上，要有行之有效的时间、方式和方法等方面的具体规定。

三、市场营销调研结果的评价

对市场营销调研活动进行总结和评价，总结成绩和经验，发现不足和问题，吸取教训，是十分必要的。它既可以及时采取补救措施，避免结论和建议的错误或偏差给使用单位带来损失，也可以为以后的调研活动积累经验。

对市场营销调研活动的评价可以由使用者进行，也可以由调研人员进行。无论是由谁进行,评价工作都要围绕"调研活动有没有可能做得更好"这一内容展开。

例如,在这一调研项目的调研设计上是否做得完美;在调研方法的选择上是否做得最恰当;在调研经费和调研成本上是否最节约;在市场信息资料的收集方法上是否最合适;在样本的规划和选择方式上是否最有利;在对有可能出现的调查误差的有效控制上是否做得最好;在参与调研工作的人员的选择、培训和监督上是否做得最好;在资料的分析、处理技术上是否能有效地保证结论的准确性;所作出的结论和建议是否对用户最有用;市场营销调研活动是否在预定的时间和预算内完成;整个项目的实施过程中还存在一些什么问题。

得出对市场营销调研活动结果的评价之后,要及时反馈。这种反馈应该是多元化的,既要反馈成绩,也要反馈问题;既要反馈总体情况,也要反馈局部情况;既要反馈实施过程中的情况,也要反馈结果出来以后的情况;既要反馈使用方的意见,也要反馈调研方的意见。通过对调研结果评价的反馈,能够加深使用方和调研方的了解和友谊,增加和积累市场营销调研的知识和经验,既有利于使用者更好地应用市场营销调研活动的成果,把生产经营活动做得更好,也有利于调研单位把以后的市场营销调研活动开展得更好。

思 考 题

1. 试说明营销调研报告的重要作用。
2. 撰写调研报告应予以警惕并尽量避免的常见错误有哪些?
3. 市场营销调研报告必须遵循的要求是什么?
4. 市场营销调研结果沟通的意义何在?

主要参考文献

[1] [美]阿尔文·C.伯恩斯等著. 营销调研[M]. 第二版. 梅清豪,等,译. 北京：中国人民大学出版社,2001.

[2] [美]阿尔文·C. 伯恩斯等著. 营销调研[M]. 第六版. 于洪彦,等,译. 北京：中国人民大学出版社,2011.

[3] [美]小卡尔·迈克丹尼尔等著. 当代市场调研[M].范秀成,等,译. 北京：机械工业出版社,2000.

[4] [美]西摩·萨德曼,爱德华·布莱尔著. 营销调研[M].宋学宝,等,译. 北京：华夏出版社,2004.

[5] 陆军,周安柱,梅清豪. 市场调研[M]. 北京：电子工业出版社,2003.

[6] 柯惠新,丁立宏. 市场调查与分析[M]. 北京：中国统计出版社,2000.

[7] 李少华,雷培莉. 市场调查与数据分析[M]. 北京：经济管理出版社,2001.

[8] 景奉杰. 市场营销调研[M]. 北京：高等教育出版社,2001.

[9] 黄孝俊. 市场调查分析[M]. 杭州：浙江大学出版社,2002.

[10] 王谊,许德昌等. 现代市场营销调查[M]. 成都：西南财经大学出版社,2003.

[11] [美]纳累希·K.马尔霍特拉著. 市场营销研究——应用导向[M]. 第三版. 涂平,译. 北京：电子工业出版社,2002.

[12] 薛微. 统计分析与SPSS的应用[M]. 北京：中国人民大学出版社,2002.

[13] 张文彤. SPSS 11 统计分析教程(高级篇)[M]. 北京：希望电子出版社,2002.

[14] 郭志刚. 社会统计分析方法——SPSS软件应用[M]. 北京：中国人民大学出版社,1999.

[15] 贾俊平等. 市场调查与分析[M]. 北京：经济科学出版社,1999.

[16] 张梦霞,郭抒. 成功的市场调研[M]. 北京：石油工业出版社,2000.

B&E

本书由中南财经政法大学欧阳卓飞主持编著。

全书共十三章,欧阳卓飞撰写了第一章、第二章、第三章、第四章、第五章。第六章、第八章由陈红霞撰写,第七章由钟超军撰写,第九章、第十一章由郑国喜撰写,第十章由郑茂柱撰写,第十二章由梁天宝撰写,第十三章由欧阳肆晶撰写。田启涛撰写了第三章、第四章初稿。

由于市场调研知识涉及很多的基本方法、技术,因此在本书的编写过程中参阅借鉴了较多的国内外已出版的相关著作(见主要参考文献),谨向这些著作的作者致以衷心的感谢!

对于书中可能存在的不足或缺陷之处,诚恳地欢迎读者和同行们提出宝贵意见!

欧阳卓飞

2006.2

教学支持说明